복 있는 사람

오직 여호와의 율법을 즐거워하여 그 율법을 주야로 묵상하는 자로다.
저는 시냇가에 심은 나무가 시절을 좇아 과실을 맺으며 그 잎사귀가 마르지 아니함 같으니
그 행사가 다 형통하리로다. (시편 1:2-3)

저자는 짧지만 심오한 하박국서를 가슴으로 대면하고 오늘의 언어로 탁월하게 해석한다. "왜", "언제까지"의 질문들로 고뇌하며 영혼의 어둔 밤을 지나는 이들에게, 이 하박국의 고통의 노래는 새 희망의 노래가 될 것이다. 간절한 마음으로 필독을 권한다.

이동원, 지구촌교회 원로목사

이 탁월한 책은, 고난이 삶의 한 과정이자 소중한 선물임을 우리에게 일깨운다. 온 우주를 다스리시는 하나님의 주권을 인정하는 데서 출발하는 저자는, 하나님의 뜻에 대해 회의하는 현실의 상황들을 화두 삼아, 역사와 신학, 삶의 경험으로 고난을 생생하게 풀어낸다. 무엇보다도, 사랑으로 함께 고난받기를 자처한 아내에게 헌정하는 저자의 마음으로 인해 더욱 빛을 발한다.

김병년, 다드림교회 담임목사

고통의 문제는 인류 역사만큼이나 오래되었다. "나는 고통받는다. 고로 존재한다"라고까지 말한다. '신정론'이란 간단한 용어로 함축될 수 있는 악의 번성과 신의 침묵, 무고한 자들의 고난과 처절한 부르짖음, 신의 부재와 신앙의 의미, 구속적 고난의 가능성 등을 구약의 예언자 하박국을 통해 살펴보는 저자의 치열한 실존적 추구는 구도자의 엄숙성과 작가의 현란한 수사법을 통해 그 심오함이 더해진다. 하박국서를 통해 악과 고난과 하나님이라는 인간 실존의 가장 어려운 철학적·신학적 문제를 솔직하게 들춰내면서 조심스레 풀어가는 저자의 지적 집요함과 문학적 순발력에 찬사를 보낸다. 고통에 대한 성경 가르침의 단편을 보고자 하는 이들이라면 누구나 읽어야 할 필독서다.

류호준, 백석대학교 신학대학원 구약학 교수

이 책은 하박국을 다루는 동시에 욥과 예레미야를 거쳐서 십자가의 그리스도에게로 거슬러 올라간다. 하박국과 십자가의 그리스도는 이유를 알기 어려운 고통 속에 힘겨워하며 살아낸 저자 자신이기도 하고, 우리 시대의 이웃들이기도 하다. 그래서 이 책은 성경을 읽는다는 것이 실상 고통에 직면하고 나아가 고통을 노래하게 되는 것임을 보여준다. 고통과 괴로움, 절망과 한숨 가득한 세상과 교회에서 이제껏 들은 모범답안을 붙잡고 허우적거리는 오늘 우리에게 우리가 걸어가야 하는 길이 어디쯤인지를 간절하면서도 따뜻하게 보여주는 김기현 목사의 책은 참으로 소중한 자산이다.

김근주, 기독연구원 느헤미야 구약학 교수

하박국의 노래는 기쁨의 노래이자 동시에 고통스런 애가다. 이 책은, 이 신비로운 이중성을 깊고도 감미롭게 노래하고 있다. 이 땅에 많은 글과 노래와 이야기가 있지만, 이 책만큼 지성과 감성 모든 면에서 "참된 영성"을 자극하는 진정어린 책을 찾기란 쉽지 않다. 나는 이 책 한 권만을 선택하는 데 주저하지 않겠다.

민호기, '소망의 바다' 찬양사역자

고통은 인생의 모국어다. 저자는 고통을 노래했으나 고통만을 노래하지 않았다. 그의 고통의 노래는 우리네 인생과 통찰을 담은 매체였다. 하박국이 시작한 항변과 슬픔의 노래는 저자의 노래로 번역되어 마침내 나의 노래 안에 스며든다. 내일의 희망을 맞이하기 전, 오늘의 고통과 시련을 치열하게 직면한 자가 고통을 해소받으리라. 오랜 가뭄 끝의 단비가 굳은 땅을 적시듯, 고통의 터널을 통과한 기쁨의 눈물이 우리의 언 가슴을 녹일 것이다.

반성수, 부산 세흥병원 신경외과 의사

하박국, 고통을 노래하다

하박국, 고통을 노래하다

김기현

복 있는 사람

하박국, 고통을 노래하다

2008년 6월 11일 초판 1쇄 발행
2012년 3월 23일 초판 3쇄 발행
2016년 7월 12일 개정판 1쇄 발행
2021년 7월 6일 개정판 3쇄 발행

지은이 김기현
펴낸이 박종현

㈜ 복 있는 사람
주소 서울특별시 마포구 연남동 246-21 (성미산로23길 26-6)
전화 02-723-7183, 7734(영업·마케팅) 팩스 02-723-7184
이메일 hismessage@naver.com
등록 1998년 1월 19일 제1-2280호

ISBN 978-89-6360-185-4 03230

이 도서의 국립중앙도서관 출판예정도서목록(CIP)은
서지정보유통지원시스템 홈페이지(http://seoji.nl.go.kr)와 국가자료공동목록시스템(http://www.
nl.go.kr/kolisnet)에서 이용하실 수 있습니다. (CIP 제어번호: 2016016239)

아내 이선숙에게 드립니다.

차례

일러두기

이 책에 인용한 성경구절은 새번역을 주로 사용했다. 그러나 필요에 따라 다양한 번역본을 참
조했다. 새번역이 아닐 경우에는 따로 표시해 두었다.

머리말

죽이고 싶을 만큼 미운 당신들이 있었다. 죽고 싶을 만큼 내가 미웠던, 그러나 죽일 수도, 죽을 수도 없던 고난의 연대기를 통과했다. 그들을 어찌하고 싶었다. 그러나 차마 어찌할 수 없었다. 남을 어찌지 못하니 나를 어찌할 수밖에 없어서 만만한 나를 날마다 죽였다. 날이면 날마다 죽음을 생각했다. 죽음만이 이 상황을 영구히 종결시킬 것이기에. 돌아보면 별일이 아니었건만, 그 당시는 별일이었다. 사느냐 죽느냐의 문제였다. 이 책은 그때의 이야기다.

먼저, 하나님의 은혜가 나를 죽지 않게 붙잡았다. 고난의 시기가 지난 어느 날 아내가 말했다. "당신이 잘 해서 고난이 지나간 게 아닐 거야. 하도 불쌍해서 하나님이 살려 주신 거야. 그러니 함부로 까불지 마." 맞다. 사실 그대로다. 나를 구덩이로 몰아넣으신 하나님이 그곳에서 건져내셨다. 그 말도 안 되는, 터무니없는 주의 은혜를 말해 보련다. 이 책은 고난으로 시작하지만, 결국 하나님의 은혜로 끝나는 이야기가 될 것이다. 죽을 나를 살린 놀라운 은혜!

다음은 지지공동체가 되어 준 가족이다. 내가 세상에서 최고인 줄 아는 아들과 딸을 보며 살고 싶었다. 안아 달라고 두 손을 뻗거나 뽀뽀해 달라고 뺨을 내미는 두 아이는, 내가 누군가의 힘이 되어 주고 누군가의 사랑을 받고 있음을 온몸으로 말해 주었다. 아이들의 사랑이 나를 전율케 했다. 살고 싶었다. 살아야 했다. 그리고 살았다.

특히 아내는 내게 이루 말할 수 없는 힘이 되었다. 내 어깨가 축 처지면, 나를 한껏 격려해 주었다. "당신이 대통령 후보로 나온다고 해도 나와 희림, 서은이는 당신을 지지할 거야." 말도 안 된다. 안다, 나도 안다. 허무맹랑한 말인데도 힘이 난다. 그렇게 해서라도 내 기를 살려 주고 싶은 아내의 마음이 읽혀졌다. 살고 싶었다. 가족이 나를 살렸다.

마지막은 책이다. 당시 내가 할 수 있는 것이 그다지 없었다. 할 일도, 갈 곳도 없었다. 부산은 내가 나고 자란 곳이 아니라 만날 친구도 거의 없었다. 궁한 형편에 놀러 다닐 처지도 아니었다. 할 일 없어서, 심심해서 책을 펼쳤다. 그 전부터 책과 가까웠다. 대학 다닐 때부터 독서의 맛을 들였고, 공부가 너무 재미있어서 죽기 살기로 읽고 읽었다. 이제는 물 만난 고기마냥 미친 듯이 읽었다.

독서는 고통으로부터의 도피였다. 현실을 직면하기에는 너무 버거웠고, 정면으로 응시하기에 너무 무서웠다. 하지만 눈을 돌린다고 눈을 감고 살 수 없는 노릇. 인간은 눈이 있는 한 무언가를 보며, 고통을 바라보지 않는다면 대신 다른 무언가를 보게 된다. 그 무엇이 바로 책이다. 그때 나는 책 속으로 줄행랑쳤다. 그것이 나를 살릴 줄은 전혀 모른 채, 현실 세계로부터 달아나서 책의 세계로 유배를 떠났다.

독서가 도피이지만, 창조적 도피다. 누구라도 실수가 있고, 착한 행실에도 허물이 있는 법이다. 그러나 오직 폐단이 없는 것은 단 하나, 독서뿐이다. 눈앞의 삶을 외면하는 수단이었고 모든 중독에는 문제가 있기 마련이지만, 독서는 그다지 해악도 없었다. 책을 읽으면서 모진 세월을 버텨냈다. 독서는 힘이 세다!

　　내게 책 중의 책은 성경이요, 성경 중의 성경은 하박국서다. 주전 6세기 예언자의 글이 도무지 이해할 길 없는 현실을 해석하고 극복하게 해주었다. 나는 읽고 또 읽었다. 그리하여 삶이 불공평하다고 툭하면 욕하고 투덜거리던 나는 하박국처럼 고통을 노래하게 되었다. 내가 하박국이었고, 하박국이 나였다. 하박국이 나를 살렸다.

　　하박국을 통해 나는 하나님께 따져 물었다. 왜 고난 가운데 침묵하십니까? 고난의 원인이 대체 무엇입니까? 고난이 하나님의 뜻이 될 수 있단 말입니까? 왜 선한 하나님이 참혹한 고통을 주시는 겁니까? 고난이 어떻게 위장된 축복일 수 있는지요? 내게 고난을 준 사람을 향해 저주하고 복수하고픈 열망을 어떻게 처리해야 합니까? 그리스도인이라고 해서 원수와 가해자를 용서하고 싶지 않는데 반드시 용서해야 하나요? 고난 가운데 기적 같은 승리가 다른 사람들에게는 일어나는데 왜 내게는 없는 겁니까? 암담한 고난 속에서 무엇을 보고 희망을 품는단 말입니까? 고통에 대한 최종적 대답이 왜 십자가입니까? 나는 끝도 없는 물음을 끝도 없이 물었다.

　　고난에 관한 책을 쓰는 것 자체가 고통이었다. 초판의 초고를 쓰는 데만 꼬박 3년이 걸렸다. 당시의 상황을 사진처럼, 영화처럼 내면에서 재연하는 것은 또 하나의 고통이었다. 그 눈빛, 말투, 몸짓 하나하나가 무섭게 떠올랐고, 싫었다. 이제는 쓸 수 있겠지 하고 다가서면 나는 속절없이 무너졌다. 몇 발자국 뒤로 물러나 한참을 머뭇거리다가 또다시 앞으로 조금씩 나아갔다. 여기서 물러설 수도, 주저앉을 수도 없다고 다시 일어서기를 숱하게 반복했다. 참으로 지긋지긋한 싸움이었다. 고통을 기억하는 자체가 고통이다. 그러나 그 과정을 통해 고통을 해석하게 되었고, 고통을 떨구어내면서 조금씩 자유롭게 되었다.

　개정판을 위해 이전 글을 읽는 과정도 별반 다르지 않았다. 우선, 다시 읽기 싫었다. 고통은 결코 익숙해질 수 없다. 언제까지나 불화할 수밖에 없다. 하나님의 아들 예수조차도 고통 속에서 절규했는데, 만약 고통이 편하다면 그는 사디스트이거나 정상이 아닐 것이다. 다시 쓴다는 것은 다시 산다는 것이었다. 노래는 반복이 아름답고 깊이를 더하지만, 고통의 반복은 생각만으로도 끔찍하다.

　다시 쓰기 싫었다. 왜냐하면 초판에는 내 삶의 이야기를 되도록 쓰지 않았는데, 이번에는 좀 더 집어넣어야 했기 때문이다. 지금도 그렇지만 내가 겪은 일은 사람과의 관계인지라, 그것을 자세히 기록하는 것은 어떤 점에서는 그들에 대한 내 나름의 정신적 복수일 가능성이 있다. 그래서 상세한 설명을 초판에서는 가급적 피하려 했던 것이다.

　그러나 외적으로는 얼추 15년이라는 시간이 지났고, 내적으로 충분히 토설했기에 당시보다 거리를 유지하기가 수월했다. 여전히 힘들지만 이제는 좀 더 편하게 말할 수 있었다. 지금 나는 내가 당한 일을 말하려는 것이 아니다. 내 고난 속에서 일하시는 하나님을 말하고 싶다. 고난 때문에 내가 일부 망가진 것도 사실이지만, 고난 때문에 이전보다 성숙하게 된 과정을 이야기할 것이다.

　그 이야기를 할 내적 힘을 준 것은 로고스교회와 로고스서원이다. 성경을 읽고 성경을 살아내는 로고스교회와 책을 읽고 책을 쓰는 로고스서원은 광야를 건너는 과정에서 하나님이 내게 주신 선물이다. 교회와 서원 식구들 모두에게 감사드린다. 글 쓰는 작가이자 목사가 되고자 하는 나의 열망과 비전을 이해해 주고, 기도해 주고, 성원을 아끼지 않는 고마운 분들이다.

초판에서 덜어내야 할 것이 너무 많았다. 로고스서원의 신혜진 선생님(5기), 고영숙 권사님과 조진웅 목사님(10기)은 조금이라도 불필요한 것을 모조리 수거해서 버려야 할 것을 지적해 주었다. 그리고 『깨어진 세상, 희망의 복음』의 저자인 김유복 목사님(4기), 신경외과 의사로 인간의 영혼과 뇌에 관한 연구와 번역을 하고 계신 반성수 선생님(17기), 『꿈사냥을 떠나다』의 저자인 여상현(14기), 그리고 한양숙 선생님(2기), 이연우 목사님(3기), 손정숙 집사님(8기), 김혜옥 사모님(12기), 전형렬 목사님(12기), 최병유 목사님(21기) 등이 원고를 정성껏 검토해서 내게 건네주었다. 이 책이 한결 읽기 쉽고 부드러워진 것은 이들의 수고다.

어려운 여건 속에서 개정을 결정해 주신 박종현 대표, 부족한 글을 좋은 책으로 매만져 준 문준호 편집자, 표지와 내지를 예쁘게 꾸며 준 채승 디자이너, 그리고 나머지 복 있는 사람 식구들에게 감사하다.

아들 희림이와 딸 서은이가 고맙다. 작가 이전에 독자여야 하고, 목사 이전에 신자가 되어야 하고, 가장이기 전에 아빠여야 하는데, 특히 좋은 아빠인지는 자신이 없다. 그런 아빠가 쓴 책이 좋은 책이 되도록, 많은 사람이 읽을 수 있기를 기도해 주는 두 아이를 보는 것만으로도 행복하다. 이미 저자가 된 아들과 저자가 될 딸을 기대한다. 성경을 통해 하나님을 사랑하고, 독서를 통해 세상을 알아 하나님과 이웃을 위해 살기를 기도한다.

아내 이선숙에게 가장 감사하다. 감사하다는 말을 하는데 왜 이리 눈물이 나는지. 내가 아파할 때 나보다 더 큰 아픔을 겪었을 아내에게, 그러면서도 내게 큰 용기와 사랑을 아끼지 않은 아내에게 무엇 하나 잘해 준 것이 없다. 인생의 동반자요 사역의 동역자인 아내의 격려와 질책, 용기와 지혜가 있었기에 오늘이 있었고, 이 책이 있게 되었다. 그래

16

서 이 책을 아내에게 헌정한다.

여기서 한 가지 밝혀 둘 것이 있다. 이 책에서 주로 사용되는 '악', '고난', '고통'이라는 용어에 대한 설명이다. 간단히 말하면 악은 우리를 고통스럽게 하는 것의 실체다. 고통이 객관적인 아픔이라면, 고난은 주관적인 아픔이다. 고통이 육체적이라면, 고난은 정신적이다. 그러나 나는 고난과 고통을 그리 엄밀하게 구분하지 않고 두루뭉술하게 사용했다. 왜냐하면 철학적으로는 엄정하게 구분해야 마땅하지만, 현실에서 주관적·객관적 아픔이라는 구분이 별 의미가 없다. 또한 일상에서 이 단어들을 그렇게 정밀하게 구별해서 사용하지 않기 때문이다.

처음에는 책을 낸다는 것이 뿌듯하고 자랑스러웠지만, 한 권 더 보탤수록 걱정이 앞선다. 하물며 고난에 관한 책일까? 욥의 친구들이 범한 결정적 과오 중 하나는 그들이 고난에 관해 뭔가 좀 안다는 착각이다. 잘 알지도 못하면서, 깊이 헤아리지도 못하면서 하나님의 이치를 부질없는 말로 흐리게 한 것이 아닌지 염려된다(욥 4:23).

고난에 관한 한, 고난의 학교에는 입학생만 있을 뿐 졸업생은 없다. 고난에 관한 한, 이겼다고 생각하면 넘어지고 만다(고전 10:12). 고난에 대해 좀 안다고 말하면, 아직 몰라도 한참 모르는 사람이다(고전 8:2). 하물며 하나님 앞에서 아무것도 아닌 나랴. 안다 말하는 것은 내 자신을 속이는 일이다(갈 6:3).

그러나 부디 바라기는, 이 책이 고난과 하나님에 관한 이야기를 부분적으로 알고 부분적으로 말한 것에 지나지 않지만, 그 부분 속에 온전한 것을 암시하고 지시하는 것이 되기를 바라고 또 바란다(고전 13:9-13). 그래서 그날이 오면, 얼굴과 얼굴을 맞대고 보는 날에는 모든 불완전한 것들은 불필요하여 자연스레 사라질 테지만, 그날이 오기까지는 하박국처럼 고난받는 당신, 하박국처럼 고난받을 당신에게 부분적으로나마 이 책이 사용되고 사랑받기를 기도한다.

부산 좌천동에서 김기현

01   여는 말: 인생, 단 하나의 물음

어찌하여 나로 불의를 보게 하십니까? 어찌하여 악을 그대로 보기만 하십니까?
하박국 1:3

나는 하나님께 꼭 여쭙고 싶은 일생일대의 물음이 있다. 루터는 인간이
어떻게 하나님 앞에서 의로울 수 있는지 물었고, 칼뱅은 구원받은 하나
님 백성이 어떻게 하나님 앞에서 살 수 있는지를, 본회퍼는 오늘 우리에
게 예수 그리스도는 누구인지를, 키르케고르는 어떻게 그리스도인이 될
수 있는지를 물었으며, 마틴 루터 킹은 어떻게 하면 모든 사람이 피부색
과 무관하게 하나될 수 있는지를 묻고 그런 세상을 꿈꾸었다. 그들은 제
각기 평생의 물음이 있었다. 우리 모두도 마찬가지다.

나의 물음은 고난이다. 한마디로 의인의 고통과 악인의 형통이다.
하나님의 선하심에도 불구하고 왜 세상에 악이 존재하는가? 왜 악한 사
람이 선한 사람보다 더 흥하고 흥청거리며 잘 사는가? 왜 착한 사람은
남달리 노력해도 늘 힘든가? 욥은 의인으로서 왜 자신이 고난받아야 하
는지를 따졌고, 아삽은 악인의 형통 때문에 실족할 뻔했다고 고백한다.
두 사람은 내 안에서, 나는 그들을 통해서 소리쳤다. "왜요, 하나님?"

그러나 저 크고 묵직한 질문을 한 꺼풀만 걷어 보면 단순하기 그지
없다. 단도직입적으로 말하자. 왜 내게 고난이 있는가? 다른 누구도 아
닌, 바로 내가 받는 고난이 절박하게 만든다. 왜 고난이 있느냐는 추상

적 물음보다는 지금 당장 내가 겪는 고난 때문에 하나님께 대든다. "하
나님, 왜 내가 고난받아야 하나요?" 모든 고난은 '나'의 것이고, '내'가
당하기 때문이다.

누구나 고난받는다

이처럼 내가 악과 고난의 문제에 몰두하게 된 데는 몇 가지 이유가 있
다. 첫째, 고난은 모든 인간의 보편적 문제요, 근본적 현상이기 때문이
다. 간혹 "당신은 고난이라고는 전혀 겪지 않은 사람 같네요"라고 말하
는 이들을 본다. 고생 한 번 안 한 것처럼 보이니까 그렇게 말한다. 그들
을 속속들이 알지 못하니까 쉽게 말할 수 있는 것이다. 단언컨대, 고난
없는 사람은 없다! 남보다 적게 고난을 겪었거나 고난을 속으로 삭혔거
나, 둘 중 하나다.

　사람이라는 단어에는 고난의 냄새가 배어 있다. 사람이 된다는 것
은 곧 고난을 받았다는 말이다. 고통은 모든 인류에게 원초적이며, 예외
없는 경험이다. 우리는 고난받는다는 점에서 한 가족이다.[1] 누구나 고난
당한다.

　창조 신학의 관점에서 보면, 인간이 창조되었다는 점에서 유한하
고, 유한한 피조물은 불가피하게 고통받을 수밖에 없다.[2] 그것이 피조물
인 이상 불가항력적인 한계요 본질이다. 그 누구도 인간인 한, 고통으로
부터 자유로울 수 없다. 다른 어떤 것, 예컨대 우리가 자유로부터(에리히
프롬) 또는 이성으로부터(프랜시스 쉐퍼) 도피할 일말의 가능성이 존재
하더라도, 고통으로부터 도망할 가능성은 원초적으로 없다. 고통이 없
다면, 그는 산 사람이 아니다. 지상에 고통이 없는 곳이 한 군데 있는데,

그것은 무덤이다. 고난으로부터 도피할 수 있는 사람은 아무도 없다.

예수님조차도 예외일 수 없다. 그분은 태어나면서부터 고초를 겪었다. 사악한 왕 헤롯의 학살을 피해 애굽으로 피신했고, 광야에서 유혹을 받았으며, 당대의 권력자들에게 살해 위협에 처했고, 종교지도자들로부터 정죄를 받았다. 민중들로부터는 열광적인 지지 못지않게 극단적인 오해를 받았고, 동향 사람들로부터 비난받았으며, 가족들에게도 인정받지 못했다. 또한 제자들에게는 버림받았다. 끝내 가장 참혹한 형태의 사형 방식인 십자가에서 죽음을 맞았다.

그런 예수께서는 악이 판치는 세상으로부터의 도피가 아니라, 악한 세상에 순응하는 것을 경계하는 기도를 하셨다. "내가 아버지께 비는 것은, 그들을 세상에서 데려가시는 것이 아니라, 악한 자에게서 그들을 지켜 주시는 것입니다"(요 17:15). 우리는 악과 고난 없는 현실을 바라고 기도하지만, 예수께서는 악과 고난 속에서 자신을 지키는 것을 기도한다.

인간이 살아 있는 한 고난을 피할 수 없다면, 고난 속에서 어떻게 살 것인가를 묻는 것이 올바른 태도일 것이다. 어쩔 수 없이 우리는 욥과 아삽처럼 하나님과 자신에게 묻게 된다. 결국 모든 인생의 물음과 신학적인 문제는 '왜 선한 사람에게 나쁜 일이 일어나는가?'에 귀결된다. 이 문제를 배제한 "다른 모든 신학적 대화들은 지적 유희에 불과"하다.[3] 고난받는 자를 외면한 채 예루살렘으로 올라가는 제사장과 레위인의 가르침은 엉터리다. 모든 신학과 신앙의 주제는 내가 맞닥뜨린 고통의 문제를 건드려야 한다. 누구도 고난의 문제를 피할 수 없으니까 말이다. 나도 고난을 피할 길 없는 사람이기에 고난을 묻지 않을 수 없다.

둘째, 나의 학문적 관심사 때문이다. 내 전공은 신학에서 종교철학이라는 분야다. 학자와 전통에 따라서 기독교 철학이라고도 하고, 철학적 신학이라고도 한다. 종교와 신앙을 철학적으로 설명하고 비판하는 작업을 한다. 기독교가 믿는 신앙이 이치에 들어맞는지를 검토한다. "왜? 그 근거는 뭐야?"라는 물음을 던지는 것이 몸에 배어 있다.

종교철학에서 다루는 중요한 의제 중 하나가 악의 문제다. 악은 하나님이 존재하지 않는다는 강력한 반박 근거로 제시된다. 전능하고도 사랑 많으신 하나님이 어떻게 악을 창조하며 내버려두냐는 것이다. 악이라는 명백한 실체를 볼 때 하나님의 존재에 의문을 품게 되고, 악과 하나님이 동시에 존재한다는 것은 논리적 딜레마가 된다.

나는 악과 고난이 논리와 증거로 따질 물음 이상의 것이라고 생각한다. 그것은 궁극적으로 실존적이고 실천적 사안이다. 고난이라는 현실 앞에서 내가 밤새워 공부한 악에 관한 많은 이론들이 무기력했다. 현실과 동떨어진 공허한 추상적 담론이라는 인상을 지우기 어렵다. 그렇다고 논리를 완전히 배제할 수 없다. 아무튼 고난의 문제는 종교철학을 공부하는 내게 중요한 관심사다.

고난은 사라지지 않을 것이므로

셋째, 고난의 현실이 앞으로도 바뀌지 않을 것이기 때문이다. 2000년을 목전에 둔 1999년 가을 어느 날, 부목사로 사역하던 교회 청년들과 열띤 토론을 한 적이 있다. '인류는 진보하는가, 미래는 새로운가'라는 주제였다. 그들은 계속 발달하는 과학기술이 영화 「블레이드 러너」Blade Runner 와 「매트릭스」The Matrix 에서 보듯이 원본과 사본, 실상과 가상의 경계를 허물 것이고, 전혀 새로운 삶을 창조할 것이라고 내다봤다. 엄청난 속도로 진화하는 과학기술에 의해 내일의 인간 삶은 현재의 것과는 질적으로 비교할 수 없을 만큼 개선된다는 것이다.

내가 보기에 그것은 사실도, 진실도 아니다. 그저 희망사항일 뿐, 인생사와 세상사는 실제로 그렇게 되지 않는다. 물론 역사에 많은 발전이 있었다는 것은 부인 못할 사실이다. 특히 물질문명의 진보는 눈부실 정도다. 과학과 의학 발달이 가져다준 인간 삶의 변화와 혜택은 말로 다할 수 없다. 그럼에도 정신문명의 진보는 더디기만 하고, 그리 발전한 것 같지 않다. 지금도 정신문명을 좌우하는 영적 스승들은 하나같이 고대의 사람들이다. 아우슈비츠나 킬링필드, 1980년 광주 그리고 세월호를 보건대, 과연 역사가 진전하고 있다고 말할 수 있을까?

이런저런 대화가 오가다 막바지에 내가 물었다. "그렇다면 21세기에는 경찰서와 병원이 사라질까?" 경찰서와 병원으로 상징되는 바, 인간과 인간 사이의 갈등과 분쟁, 그리고 질병과 죽음의 문제가 해결되지 않는 한, 삶은 여전히 그대로다. 어제와 하나도 다를 바 없다. 진보하지 않으면 곧 퇴화라는 말이 맞다면, 인류는 계속 퇴보하는 중이다. 과학기술과 사회의 진보로 갈등의 양태와 질병의 양상이 다를 뿐 여전히 아프고 다툰다면, 삶은 그대로다. 생로병사의 문제가 존속하는 한, 세상은 결코 변하지 않는다. 고난의 눈금으로 보면, 세상의 진보와 진화 운운하는 것은 허튼 낭설이다. 우리가 살아가는 한, 고난 없는 때는 없다. 언제나 고난은 물어야 하고, 묻지 않으면 안 될 인생 단 하나의 물음이다.

고난이 없다면?

넷째, 고난이 없다면 종교는 존재하지 않았거나 필시 지금과는 완연히 다른 모습일 것이다. 대담하게 말한다면, 고난이 없다면 종교도 없다!

그렇다면 종교란 무엇이기에 고난이 사라지면 종교도 사라지는가? 종교는 구원이다. 종교에 관한 정의가 많아도, 그 모든 것이 지향하는 바는 구원이라는 점에서 일치한다. 종교의 형태와 그 역사가 달라도 모든 종교를 묶을 수 있는 지점은 구원 또는 해방이다.[4] 이는 현재 상태가 불만족스럽다는 것이고, 현 상황의 변화를 추구한다는 뜻이다. 따라서 구원을 제기하는 고난과 죄의 현실이 없다면, 해방이 필요하지 않을 테니 당연히 종교는 존재하지 않게 되는 것이다.

기독교 신학의 언어로 말해 보자. 예수의 십자가 사건은 우리의 구원을 위한 하나님의 계획이요 실행이다. 십자가는 하나님의 구원의 역사에 결코 없어서는 안 될 절대적인 하나님의 계시다. 그렇더라도 인간이 죄인이 아니라면 십자가는 애당초 계획되지 않았을 것이다. 예수께서 십자가에 못 박혀 돌아가시기 위해 우리가 죄인 된 것이 아니며, 하나님이 인간을 구원하기 위해 인간이 타락한 것은 아니지 않는가. 예수께서 구원자가 되기 위해서 인간이 죄인이 될 수 없지 않은가.

손봉호 선생은 고통이 없었다면 세계는 현재 모습과는 많이 달랐을 것이라고 말한다.

> 윤리적이든 윤리 외적이든, 우리의 삶에 악이 차지하는 위치는 매우 중요하다. 악이 존재하지 않는다면 우리의 삶과 문화는 지금과는 전혀 다른 모습을 갖추었을 것이다.[5]

고난이 없다면 종교도 없다는 말이 억측이라고 하더라도, 각 종교가 달라졌을 것이라는 사실만큼은 분명하다. 고난이 없다면 세상이 파라다이스라는 말이 지나치다면, 지금과는 판이할 것이라는 점은 자신 있게 말할 수 있다. 그만큼 고난이 종교에서 차지하는 비중은 실로 막대하다.

나는 고난받는다. 고로 존재한다

다섯째, 이것이 질문이 된 이유는 나의 개인적 경험에서 기인한다. 나는 비교적 일찍 아버지를 잃었다. 그 상실의 상처는 실로 깊었다. 나뿐 아니라 가족 모두에게 큰 상처와 아픔이었다. 아버지의 죽음 이후의 개인사와 가족사는 순탄하지 못했다. 다섯 남매를 양육해야 하는 어머니의 고생은 일상 그 자체였다. 형제들 모두 말하지 않아도 가슴 한편에 시린 추억들을 한둘씩 간직하고 있다. 지역에서 수재로 인정받아 고등학교를 대구에서 다니던 바로 위 누님은 끝내 고향으로 돌아와야 했고, 나중에는 가난한 가정 형편으로 대학을 나에게 양보해야 했다. 나는 다른 누구보다도 그 누님에게 지금도 감사하고 미안하다.

아버지의 긴 투병생활과 사별 이후, 내가 가장 좋아했던 성경 구절은 전도서 1:2이었다. "전도자가 이르되 헛되고 헛되며 헛되고 헛되니 모든 것이 헛되도다"(개역개정). 내 마음 한편에는 늘 인생은 허망하다는 의식이 있었다. 죽기 살기로 달려들다가도 '에이, 해봤자 뭐해'라며 신포도 타령하는 여우처럼 손 털고 돌아섰다. 때로 길을 걷다가 뽕짝이 나오면 울적하고 허전한 마음을 달래려고 한참을 듣곤 했다. 그냥 눈물이 나왔다. 아버지의 빈자리 때문이리라.

예수를 믿고도 제대로 하나님을 아버지라 부르기가 힘들었다. 예수께서는 기도할 때면 으레 하나님을 '아빠'라고 불렀다. 내가 자란 세대 문화에서 남자아이가 아버지를 아빠라고 부르려면 둘 사이의 친밀한 인격적 관계가 전제되지 않으면 쉽지 않았다. 하나님을 '아빠'는커녕

'아버지'라고 부르며 기도하는 것도 어려웠다. 한두 번 시도를 안 해본 것은 아니지만, 그때마다 느껴야 했던 참담함이란……. 아비 없는 내 처지에 대한 애달픔과 눈앞에 없는 아비에 대한 그리움이 동시에 몰려왔다. 어색함, 그리움 같은 오만 가지 감정에 사로잡히면서 어쩔 줄 몰라 쩔쩔맸다.

땅의 아비를 제대로 불러 보지 못했으니 하늘 아버지만이라도 아빠라고 부르고 싶었다. 신학대학원을 다닐 때의 일이다. 정호승 시인의 어느 시집 뒤편에 "한 아이의 아비가 됨으로써 나는 아비 부재를 넘어갈 수 있을 것이다"라고 썼다. 돌아가신 아버지가 다시 올 리 만무하고, 언젠가 아버지가 될 터인데, 아버지다운 아버지가 될 때에, 아버지 없음이 내게 남긴 상처가 치유될 것이라는 생각이 불현듯 떠올랐다. 그냥 그랬으면 하는 바람이었고, 그렇게 되지 않겠느냐는 막연한 예감이었다. 그만큼 아비 부재의 상실과 갈망이 깊었다.

아주 오랜 시간이 지난 후, 내가 한 아이—지금은 두 아이지만—의 아빠가 된 다음에서야 겨우 하나님을 아버지라 부르는 것이 낯설지 않게 되었다. 나를 아빠라고 불러 주는 아들이 있어서 그렇다. 그래서 종종 아들에게 고맙다고 말한다. "너는 아빠에게 특별한 아이야. 너는 나를 아빠로 만들어 주었어. 나를 이 세상에서 최초로 아빠라고 부른 사람이야. 고마워. 사랑해."

또 하나의 경험은 대학 다닐 때의 학생운동이다. 대학에 들어가서야 듣고 보게 된 한국 근현대사, 특히 1980년 광주의 진실은 내게 엄청난 충격이었다. 시인 김준태가 「아아 광주여, 우리나라의 십자가여」에서 절규했듯이, 하나님도 새떼마저도 떠나가 버린 참혹한 역사에 한편으로 죄인처럼 부끄러움에 고개를 숙였고, 다른 한편으로 분노에 치를

떨었다. 신학이란 모름지기 텍스트로서의 하나님과 성경을 콘텍스트 속
에서 해석하고 살아내는 것이라면 이 땅의 소리, 그것도 한에 사무친 아
우성을 외면해서는 안 될 것이다.

그 이후, 나의 중요한 신학적 물음 중 하나는 '복음의 진리'와 '역사
의 진실'과의 관계다. 그 둘이 어떻게 괴리되지 않고 만날 수 있을까? 그
리스도인들이 추구하는 경건에 사회적 약자와 역사, 민족이 안중에도 없
는 경우가 허다하다. 경건의 시간이나 제자훈련, 세계 선교, 교회 봉사에
열중하면서도 이 땅에서 일어났던, 그리고 지금도 일어나고 있는 역사의
진실을 외면한다. 진리를 믿는 그리스도인들이 역사의 진실에 눈감지 않
고 사는 법이 무엇일까? 하나님이 살아 계신데, 그것도 전능하시고 선하
신 분인데 왜 이 땅에 그런 일이 벌어졌는지를 끊임없이 물어야 한다.

결정적으로는 담임목회를 하면서 겪었던 경험이다. 완전히 보장된
후임 자리를 박차고 나오면서 '목사가 편안하게 기성 교회를 물려받으
려는 안일한 자세를 가져야 되겠나, 개척해야지'라며 시작한 개척교회
의 현실은 참으로 고달팠다. 나 스스로 교회를 개척할 경제적 여유가 전
혀 없었던 탓에 모든 것을 준비하고 있으니 함께하자는 다른 교회 몇몇
집사님들의 제안을 받아들여 목회를 시작했다.

하지만 그분들은 이전 교회 목사와 심각한 갈등을 겪은 분들인지
라 상처도 많았고, 리더십에 대한 반감이 극심했다. 게다가 나 역시 부
족함과 연약함이 너무 많은 탓에 제대로 된 리더십을 발휘하지 못했다.
그러다 보니 갈등이 불거질 수밖에. 문제들이 툭툭 생겨날 때마다 하박
국처럼 하나님께 항의했다. "어찌하여 내게 죄악을 보게 하시며 패역을
눈으로 보게 하시나이까?"(합 1:3, 개역개정) 그것이 이 책을 쓰게 된 결
정적 계기다. 그 당시의 일들을 이 책 곳곳에서 간간이 읽게 될 것이다.

어쨌든 내 개인의 내면, 가족사, 우리 당대의 투쟁, 학문적 관심, 목회적 경험은 나로 하여금 고난의 문제에 몰두하게 만들었다.

고난은 하나님의 문제

마지막으로, 고난은 비단 우리 인간만의 것은 아니기 때문이다. 고난은 하나님 자신에게도 문제다. 하나님 자신이 문제의 출발점이자 문제의 일부다.[6] 논리적으로 따져 보면, 하나님의 존재 자체가 악의 문제와 서로 연결된다. 기독교에는 하나님이 창조하지 않은 것이 없다는 창조 신앙이 있다. 이 신앙에 따르면, 악도 명백한 존재요 실체라는 점에서 하나님이 만드신 것이다. 그렇다면 하나님이 악의 창조자가 되신다. 그래서 하나님이 문제가 된다. 만약 기독교가 조로아스터교처럼 선한 신과 악한 신으로 구별되는 이원론이나 힌두교와 같이 다신교라면, 특정한 한 신에게 악의 책임을 지우면 그만이다. 그러나 기독교의 창조자는 단한 분이기에 그분에게까지 책임이 소급된다.

하나님의 존재만이 아니다. 그분의 성품도 문제가 된다. 그분은 전능하고 사랑이 많으시다. 그런 분이 왜 악을 제거하지 않느냐는 것이다. 하나님이 전능하지 않거나 사랑이 없는 냉혹한 신이거나, 둘 중 하나라는 것이다. 둘 다를 부정할 수 없으니 곤혹스럽다. 그래서 C. S. 루이스Lewis는 "기독교는 고통의 문제를 푸는 것이 아니라 오히려 만들어낸다"고 했다.[7] 차라리 악이란 환영幻影에 불과하다고 해버리면 그나마 낫다. 그러나 기독교는 그렇게 말하지 않는다. 그러니 이도저도 못하고 중간에 끼여 곤욕을 치르는 것은 기독교의 운명인지도 모르겠다.

예수께서도 아버지를 향해 우리 모두가 듣도록 소리쳐 묻는다. "나

의 하나님, 나의 하나님, 어찌하여 나를 버리셨습니까?"(마 27:46) 예수
께서 고난받는 우리를 구하신다고 말하기 전에, 그분 자신이 고난받은
자라는 사실을 기억해야 한다. 고난받았기에 고난받는 자를 돕는다. 하
나님과 사람 모두에게 버림받았기에 버림받은 자들을 구원한다. 고난당
하셨기에 우리의 연약함을 체휼하시고, 시험받고 고난당하는 자를 일으
키신다.

　　하나님의 아들 예수님마저도 왜 당신이 버림받아 십자가를 져야
하는지 따져 물었다면, 우리가 고난의 문제를 묻는다고 해서 그리 불경
한 것도 아니거니와, 또한 그분 뒤를 따르는 제자에게도 허락된 행동일
것이다. 주님의 물음이 우리의 것이며, 우리의 물음 또한 주님의 것이니
까 말이다. 주님의 고통에 찬 외침이 곧 우리 것이고, 우리를 대신하고
대표하는 것이라면, 우리도 지금 여기서 주님의 외침을 따라서 고통을
묻는 것은 조금도 이상하지 않다. 고난은 인간만이 아니라 하나님께도
문제다.

해결인가, 해소인가

이상의 이야기들이 내가 고난에 관해 묻게 된 배경들이다. 대답을 찾았
기에 이 책을 쓴 것이 아니다. 구하고 찾고 두드리는 과정의 기록이다.
아무 대답도 듣지 못한 사람이 아니라, 조금 찾은 것을 실마리 삼아 날
마다 더 알아가는 순례자의 한 사람으로 쓴다. 알면 알수록 당혹스럽고,
경이롭다. 때로는 기존의 내 생각의 목덜미를 잡아채서 뒤통수를 한 대
후려갈기는 하나님을 만나고, 심지어는 삶 전체를 송두리째 뒤흔드는
하나님으로 인해 어쩔 줄 모르는 바보도 된다.

고난의 뜻을 알아가는 여정에 들어선 자로서의 대답은, 고난은 신비라는 것이다. 고난은 지성으로 궁구해야 할 문제라기보다 살아내야 할 신비다. 이를테면 의미의 문제다. 이해할 수 없는 고난의 현실과 하나님의 자비를 조화시키기에는 인간의 지성이 심히 허약하다. 숱한 '신정론'이 일말의 진리는 담고 있지만, 포괄적인 틀을 제시하지 못한다. 오히려 고통을 가중시키고 있다는 비난의 소리마저 들린다. 어느 학자는 "신정론의 악"이라는 말도 서슴지 않는다.[8] 자세한 것은 7장과 17장에서 다룰 것이지만, 분명히 고난은 앎과 이해 너머에 있다.

고통은 문제 이전에 온몸으로 경축해야 할 신비의 영역에 속한다. "우리는, 비록 모든 가능한 과학적 물음들이 대답된다 하더라도 우리 삶의 문제들은 여전히 조금도 건드려지지 않은 채로 있다고 느낀다"는 루트비히 비트겐슈타인Ludwig Wittgenstein의 말에 흔쾌히 동의한다.[9] 왜 고난이 존재하는가에 관한 모든 논리적 물음들이 해결된다고 해서 고난이 사라지는 것은 아니다. 문제는 사라지지 않았는데 이론적 탐구의 결과를 자꾸 들이미는 것은 고통을 가중시킬 뿐이다. '고통의 문제'가 아니라 '고통의 의미'를 다루는 것이 보다 현실적이고 성경적이다. 고난은 '해결'solution이 아니라 '해소'dissolution되어야 한다.

고난 자체가 원천적으로 문제가 되지 않는 것, 그것이 고난을 묻는 자에게 주어진 대답이다. 그것은 그 자신이 대답이 되는 것이다. 고등학생 아들과 목사 아빠인 내가 기독교 신앙에 관한 숱한 의문을 편지로 교환한 적이 있다. 놀랍게도 아들의 첫 질문은 고난에 관한 것이었다. 왜 그리고 언제 고난을 이기게 될 것이냐는 물음에 "우리 자신이 고난의 대답이 되는 삶을 살아내는 것"이라고 대답했다. 우리의 고난에 관한 답이 예수 그리스도이시라면, 우리의 물음에 대한 답은 나 자신일 것이다.

하박국도 끝내 자신의 물음에 대한 답이 되었다. 그럼 지금부터 고통과
신앙, 나와 주님의 이야기를 하박국서를 중심으로, 무엇에도 얽매이지
않고 자유롭게 풀어 볼까 한다.

02   하박국, 그는 누구인가

이것은 예언자 하박국이 묵시로 받은 말씀이다. 하박국 1:1

이것은 시기오놋에 맞춘 예언자 하박국의 기도이다. 하박국 3:1

하박국서는 하박국이라는 한 사람에 대해 말하는 것으로 시작해야 한다. 하박국서에서 하박국은 개인인 동시에 예언자다. 고난받는 한 사람으로서의 하박국과 고난 때문에 하나님과 싸우는 예언자로서의 하박국은 분리될 수 없는 하나다. 우리는 예언자라는 보다 큰 맥락에서부터 그를 보는 전략을 취할 것이다. 하박국은 예언자다!

하박국의 신상 정보는 충분하지 않다. 그는 성전에서 노래하는 찬양대의 일원, 레위인 출신으로 추정된다. 2장에서 그는 성전에서 하나님을 체험하고는 불평을 멈춘다. 3장에 등장하는 "시기오놋", "셀라", "영장"(지휘자) 등의 단어는 그가 히브리 음악에 정통했음을 보여준다. 이로 미루어 보건대, 그가 성전에서 일하는 레위인일 가능성이 크다. 하지만 이런 객관적 정보 서술만으로 그의 사역과 인품을 추론하기에는 턱없이 부족하다. 예언자로서의 하박국이 그의 사역과 인품, 고난에 관해 더 많은 것을 말해 준다. 그렇다면 과연 예언자로서 하박국은 누구인가?

하박국의 정체

20세기 마지막 히브리 사상가로 불리는 아브라함 헤셸^{Abraham Joshua Heschel}
은 "예언자란 도대체 어떤 사람인가"를 묻고는 "악에 대해 민감한 사
람"이라고 대답했다.[1] 세상에 악이 얼마나 많으며, 불의가 어디 한두 가
지겠는가? 예언자들은 인간을 해치는 사소한 악에 대해서도 과하다 싶
으리만치 흥분한다. 사회적인 공헌은커녕 짐으로 간주되는 약자나 소수
자에게 가해지는 불의를 그다지 대수롭지 않게 여기는 우리와 달리, 그
들은 마치 땅이 폭삭 꺼지고 하늘이 무너진 듯 난리를 친다. 예언자들이
격렬한 반응을 보이는 것은 하나님의 심정과 고통받는 자의 눈물을 철
저하게 느끼기 때문이다.

　　악에 대한 진지한 감수성은 애통의 언어로 표현된다. 땅에 떨어진
하나님의 공의와 땅을 치는 하나님 백성들의 현실에 걸맞은 언어는, 특
급호텔에서 열리는 논문 발표회장의 세련된 언어가 아니라 장례식장
곡성이 제격이다. 그러기에 예언자들의 언어는 "비통의 언어"다.[2] 풍요
로운 삶을 위해 진리를 냉소하고 약자의 하소연을 짓밟는 처지를 고발
하는 데 적합한 언어가 바로 통곡이다. 죽음과 고통에 무심하기 짝이 없
는 시대에 고함소리와 큰 울음은 그 사회가 잘못 돌아가고 있다는 비판
이자, 그 위선의 폭로다.

　　예언자를 악과 고통에 대해 처절하리만치 예민한 사람이라고 정의
한다면, 그것은 예레미야와 하박국에게 딱 맞아떨어진다. 두 사람은 동
시대를 살았다. 예레미야가 애통의 예언자라면, 하박국은 의심의 예언
자다. 예레미야가 애통의 언어로 예언했다면, 하박국은 의심의 언어로
예언한다. 예레미야가 눈물의 예언자라면, 하박국은 분노의 예언자다.[3]

두 사람은 언어뿐 아니라 전하는 메시지도 다르다. 예레미야는 바벨론
에 투항할 것을 외친 반면, 하박국은 그 바벨론을 향해 저주하고 심판을
선언한다.

　하박국서를 펼치면 예언자라는 사람이 일말의 체통이나 예의도 없
이 다짜고짜 하나님을 향해 대드는 장면을 보게 된다. 마구잡이로 따진
다. 하나님의 답변을 기쁘게, 하다못해 묵묵히 수긍하기는커녕 반발하
여 "어찌하여"를 연발한다. 악에 대한 급진적 감성이 아니고서는 이러
한 그의 행동을 도무지 이해할 수 없다.

　그런 점에서 하박국은 통상적인 예언자와는 선명하게 구별된다. 그
를 틀에 박힌 예언자의 전형에 구겨넣을 수 없다. 그를 두드러지게 구별
해 주는 독특성은 무엇일까? 통상적 의미에서 예언자란 하나님의 말씀
을 선포하는 사람이다. 예언자를 가리키는 히브리어 '나비'*Nabi*는 '대언
자'라는 뜻이다. 하나님 앞에서 백성들을 향해 말하는 하나님의 입이라
할 수 있다.

　그러나 하박국은 정반대로, 백성 앞에서 하나님을 향해 말한다. "어
느 때까지이니까", "어찌하여"라는 표현은 하나님께 반역하는 백성들에
게 던지는 도전이 아니다. 무려 네 번이나 거듭해서 나타나는(합 1:2, 3,
13, 14) 질문은 하나님을 향해 내뱉는 불경스러운 어투다. 이것은 숫제
도전이요 도발이다. 그는 백성들의 죄와 씨름하기보다 하나님과 그분의
공의를 향하여 대거리한다. 하나님의 계시에 대해 묻고, 하나님의 섭리
에 항의한다. 백성들 속에 부글부글 끓는 불평과 의혹을 일점일획도 가
감하지 않고 하나님께 여쭙는다. 그는 묻는 사람, 의심하는 예언자, 더
나아가 항의하는 예언자다.

하박국의 시대

왜 하박국은 하나님께 불평만 잔뜩 늘어놓는 예언자가 되었을까? 그의 기질이나 성향, 자라 온 환경이나 몸에 밴 어린 시절 습관이나 심리로 환원할 수 없다. 시대가 그래서 그렇다. 하박국이 살던 시대는 그의 정체를 밝혀내는 것 못지않게 간단하지 않다. 본문 자체가 명시적으로 언급한 대목이라고는 고작 1장 6절뿐이다. "갈대아 사람"(개역개정)에서 하박국이 살았던 시대의 단서를 얼추 찾을 수 있다. 갈대아는 바벨론의 다른 이름이다. 흔히 신바벨론Neo-Babylonian이라고 한다. 바벨론은 요시야 왕 때부터 세력이 활발해지면서 신흥 강자로 등장하여 앗수르와 패권을 다투게 된다.

새로이 떠오르는 바벨론을 견제하려는 애굽은 앗수르가 망하지 않는 것이 유리하다고 판단한 반면, 요시야 왕은 앗수르의 패망이 남유다의 독립에 유리하다는 판단하에 바벨론을 공격하는 애굽의 진격을 막아선다. 므깃도 전투에서 요시야가 전사하고, 이후 애굽의 꼭두각시 정권이 들어서면서 외적으로는 바벨론과 대립하고 내적으로는 온갖 학정과 불의가 횡행한다. 1장은 이런 시대를 반영한다. 2-4절 질문은 유다 내부의 상황에 대한 물음이고, 12-17절은 바벨론의 침략에 대한 물음이다.

하박국 당대의 왕이었던 여호야김은 하나님의 말씀을 기록한 두루마리를 서슴지 않고 불살라 버렸다. 예레미야서에서 보듯, 종교적으로는 거짓 예언자들이 거짓 평화의 약속을 남발했다. 전쟁이 임박했고, 삶은 변하지 않았는데도 하나님의 축복으로 평화가 지속될 것이라고 확신한다. 이런 신앙 체계에 알맞은 이름은 칼 마르크스가 말한 "민중의 아편"일 것이다.

　　정리하면, 국제적으로는 임박한 전쟁, 정치적으로는 포악한 독재 정권의 통치, 종교적으로는 거짓 예언자의 활보가 하박국의 시대상이다. 이런 현실을 날마다 목격하는 하박국의 심정은 참담했을 것이다. 그러므로 하박국의 거친 예언은 시대의 반영이자 산물이다.

　　이러한 시대적 상황 속에서 요시야 왕의 전사는 진실한 유대인들에게 신앙적 물음을 던졌다. 요시야가 누군가? 그는 다윗 왕 이후로 유일하게 다윗에 근접했던 왕이다. "요시야와 같이 마음을 다하며 뜻을 다하며 힘을 다하여 모세의 모든 율법을 따라 여호와께로 돌이킨 왕은 요시야 전에도 없었고 후에도 그와 같은 자가 없었더라"(왕하 23:25, 개역개정)는 평가를 받았던 성군의 돌연한 죽음은 온 백성에게 크나큰 슬픔이었다.

　　요시야의 죽음에 대한 그들의 슬픔은 "이스라엘에 규례가 되어 오늘까지 이르렀다"는 기록을 남길 정도다(대하 35:25, 개역개정, 여기서 "오늘"은 추측건대, 에스라 시대일 것이다). 훗날, 포로기 후 예언자인 스가랴는 이스라엘에 닥칠 큰 슬픔을 일컬어 "므깃도 골짜기 하다드림몬에 있던 애통과 같을 것"(슥 12:11, 개역개정)이라고 할 정도로 그의 죽음은 역사에 어두운 큰 그림자를 드리웠다.[4]

　　따라서 요시야의 죽음은 그저 어버이 같은 왕을 잃은 슬픔에 그치지 않고 "하나님의 섭리를 의심하게 되는 신앙적 고민"이 아닐 수 없다. 악한 왕 여호야김 체제에서 세워진 우상을 제거한 것이 도리어 요시야가 화를 당하게 된 요인이 아니냐며 불의한 자들은 이를 비판한다. 선과 악, 의인과 악인의 삶과 운명에 관한 신정론적 물음이 야기된 것이다. 정의가 실종된 사회에서 정의로우신 하나님을 믿는다는 것이 무엇을 의미하는지를 질문선상에 올려놓은 것이다.

요시야의 죽음이 영적으로는 하나님의 통치에 대한 의문을 제기했다면, 사회적으로는 폭력적 통치를 발생시켰다. 동시대인 예레미야가 그토록 많은 조롱과 비방을 받았던 이유, 그리고 자신이 그렇게도 힘들어했던 까닭을 이렇게 설명한다. "내가 입을 열어 말을 할 때마다 폭력을 고발하고 파멸을 외치니, 주님의 말씀 때문에 나는 날마다 치욕과 모욕거리가 됩니다"(렘 20:8). 그가 유다에 하나님의 심판을 선언한 궁극적 이유도 그 사회에 만연한 폭력 때문이었다.

1장 2-3절의 "강포"(개역개정)라는 단어는 그 의미를 정확하게 전달하지 못한다. 강포의 히브리어는 '하마스'인데, 구약에서 사용된 용례를 보면 그 뜻을 잘 알 수 있다. 비근한 예로 창세기의 노아 홍수 사건이다. 하나님께서 세상을 심판한 근본 이유를 창세기 6:11, 13은 "포악함이 가득"한 것에서 찾는다.[5] 여기서 포악함은 '폭력'violence이다. 그래서 데이빗 프라이어David Prior는 다음과 같은 말로 하박국서 주해를 시작한다. "하박국은 폭력에 의해 사회가 뒤흔들리는 시대를 살았다."[6]

하박국은 그가 살던 시대가 마치 노아 홍수 이전 상황을 방불케 한다고 탄식한다. 타인에게 폭력을 행사해서라도 자신의 욕심을 채우는 의지가 충만한 사회가 노아와 하박국의 시대였다. 약자들은 주변 어디를 둘러봐도 도무지 구원받을 길이 없다. 하나님의 직접적인 개입을 바라며 애타게 기도하고 구원을 바라지만 아무 응답이 없다. 세상은 폭력이 가득하고, 약자는 고통으로 신음하며, 하나님은 침묵할 뿐이다.

고난과 폭력의 상관성을 포착한 아더 맥길Arthur C. McGil은 인간의 생활을 침해하는 일체의 행동과 사건을 '폭력'으로 규정한다.[7] 이 정의에 따르면, 폭력은 항상 고난과 연결된다. 폭력은 고통을 강화하고 가중시킨다. 하지만 그는 모든 고난이 폭력과 연결되는 것은 아니라며 이 정의

를 대폭 확대하는 것은 제한한다. 매 시대마다 악의 모양과 감수성이 다
르기 때문이다. 그렇지만 "우리 시대는 폭력이 야기하는 고난에 시달리
고 있다"는 점에서 별반 다르지 않다. 모든 고난이 폭력과 연결된 것은
아니지만, 어느 시대의 고난이든 간에 폭력과 결부되어 있다. 그 증거가
하박국의 예언서다.

　"오늘 우리에게 그리스도는 누구인가"라는 본회퍼의 물음을 우리
시대에 맞게 질문을 바꾼다면, "폭력의 시대에 그리스도는, 복음은 무슨
의미인가?"이다. 지극히 사적인 대화에서조차 드러나는 폭력, 부모와
자녀 관계에서의 폭력, 부부 간의 폭력, 학교 폭력, 사회적 폭력, 국가와
국가 간의 전쟁에 이르기까지 우리 사회 곳곳이 폭력으로 물들고 있고,
도처에 상처받은 영혼들의 신음이 가득하다. 우리는 하박국과 동시대를
살고 있다.

　실존주의의 아버지라고 불리는 코펜하겐의 철학자 쇠렌 키르케고
르^{Søren Kierkegaard}는 그의 책 『그리스도교 훈련』에서 우리가 1,800년의 역
사를 훌쩍 뛰어넘어 예수와 어떻게 동시대인이 될 수 있는지 묻는다. 예
수는 역사적으로 실재했던 인물이다. 그러나 그 예수 사건이 그저 과거
에 머물지 않고, 그래서 망각 속으로 가라앉고 마는 사건이 아니라, 지
금 여기에 현존하는 그분을 따라 사는 것이 바로 신앙이다. 따라서 "만
일 그리스도인이 된다는 것이 그런 동시성의 경지에까지 도달하지 못
한다면, 그것은 장난이고 공상이며 허영"일 뿐이다.[8]

　그리스도와의 동시성이 신앙의 본질이라는 키르케고르의 말은 성
경 읽기에도 적용된다. 우리는 신구약성경을 동시대적으로 읽는다. 결
국 우리는 언제나 성경의 시대를 살고 있으며, 동시에 성경을 살고 있
다. 성경은 그 누구도 아닌 바로 우리 자신의 이야기이며, 우리를 위한,

그리고 우리를 향한 하나님의 말씀이다. 그러므로 하박국과 동시대인인 우리는 다음과 같이 말해야 한다.

하박국처럼 우리는 "비록……가 없을지라도, 나는……하나님 안에서 기뻐하련다"(합 3:17-18)고 잠잠히 말할 수 있는 곳까지 도달할 필요가 있다. 그러나 하박국처럼 우리는 하나님과의 대화, 즉 "언제까지입니까", "어찌하여"라는 물음으로 출발하지 않으면 안 된다. 후자와 함께 출발하지 않은 채 전자를 주장하는 것은 그럴싸하고 번지르르한 말에 지나지 않는다.[9]

1부

그대,

고난에 직면하거든

03   의심하라

살려 달라고 부르짖어도 듣지 않으시고, "폭력이다!" 하고 외쳐도 구해 주지 않으시니, 주님, 언제까지 그러실 겁니까? 어찌하여 나로 불의를 보게 하십니까? 어찌하여 악을 그대로 보기만 하십니까? 약탈과 폭력이 제 앞에서 벌어지고, 다툼과 시비가 그칠 사이가 없습니다. 율법이 해이하고, 공의가 아주 시행되지 못합니다. 악인이 의인을 협박하니, 공의가 왜곡되고 말았습니다. 하박국 1:2-4

"네? 믿는 게 너무 쉽다고요?"

"네, 저는 그렇더라고요. 성격이 단순해서 그런가 봐요. 하나님을 믿는 것이 쉬워요."

"아웅, 너무 부럽다. 저는 믿는 게 힘들어요."

"그런데 이따금 하나님이 없는 것 같아요. 하나님이 살아 계신다는 것을 한 치도 의심해 본 적이 없어요. 그것이 제 신앙의 기초였어요. 그런데 주변을 둘러보면 하나님은 안 계신 것 같아요."

"집사님도 그래요? 저두요."

독실한 50대 중년의 여성도와의 대화다. 모든 신자는 의심한다. 아주 가끔은 하나님이 계신 것에 대해 의심이 생긴다. 대개 의심은 불신앙의 전형으로 간주되곤 한다. 심한 경우에는 영적인 질병으로 비난받는다. 누군가 신앙에 관해 의문을 제기하고, 목사의 설교에 토를 달고, 교회의 전통이 왜 그런지 꼬치꼬치 캐물으면, 그는 단박에 나쁜 신자가 되거나 덜떨어진 신자로 매도되기 일쑤다. 참 신앙은 일점일획의 의혹도 갖지 않는 절대적이고 순수무구한 상태로 받아들여지고 있다.

믿음의 본질이 신뢰요 순종이라면, 의심은 신뢰 여부를 확신하지 못해 우물쭈물하고, 딱 부러진 순종을 유보한다. 이해타산에 맞지 않으니 우왕좌왕하는 것이다. 그런 점에서 기독교 신앙에서 푸대접을 받는 것은 일견 당연하다. 이런 상황에서 내부에서 들끓는 의문을 공개적으로 표명하는 데는 용기가 필요하다. 대부분의 신자들은 자기 안의 의심을 불신앙으로 간주하고 억누르기 바쁘고, 영적이고 지적인 질문을 정죄하는 데 익숙하다.

의심해도 되나요?

내가 그래서 그런지 신앙에 관하여 의문을 품은 이들의 연락이 종종 온다. 그들이 하나같이 힘들어하는 것은 답이 없다는 것보다는 대답을 해주지 않는 것, 그냥 무조건 믿으라는 것, 이상한 사람 취급하는 태도와 시선이다. 진짜 알고 싶어서, 이해가 안 되어서 물어보았을 뿐이다. 그러다 보니 자신이 잘못 생각하고 잘못 믿고 있는 것은 아닌지를 스스로 검열한다. 나의 대답은 항상 같다. 신자가 질문과 의문을 품는 것은 건강한 믿음을 가지고 있다는 증거다. 따지는 욥, 캐묻는 하박국, 대드는 요나는 불신앙의 표본이 아니라 신앙의 한 모델이다.

믿음의 반대말은 의심이 아니라 불신앙이다. 불신앙의 동의어는 불순종이다. 믿음은 신뢰, 이해, 순종을 총괄하는 용어다.[1] 의심은 그중 이해의 영역에 해당한다. 믿음에는 의문이 포함된다. 반면에 불신앙은 무관심으로서, 어떠한 의심도 하지 않거나 무조건 의심하는 절대적 회의주의다. 우리는 의문을 품은 채 믿는다. 신자에게 의심은 성장을 위한 과정이지만, 불신앙은 성장을 저해하는 요소다.

의심은 신앙의 일부다. 그렇다고 믿음과 의심을 동일시해서는 안된다. 의심은 전체적으로 신앙과 불신앙 사이의 회색 지대에 존재한다. 신앙과 불신앙의 양쪽에 다리를 걸치고 있다. 신앙적인 면도 있고, 아닌 측면도 있다. 요는, 의심이 신앙의 한 모습이라는 것을 간과하지 말자는 것이다. 욥과 요나와 하박국에게서 보듯이, 따져 묻고 의심하고 항의하는 것은 신앙의 일부분이다.

우리는 의심하면서 순종할 수 있다. 부활하신 주님을 눈으로 보고, 손으로 만지고, 귀로 듣고, 고개 들어 경배하면서도 제자들은 여전히 의심에 휩싸여 있다(마 28:17). 그런 그들에게 가장 위대한 명령을 수행하라는 분부가 떨어졌다. 여전히 의문을 품고 있는데 말이다. 불굴의 투지와 반석 같은 믿음이 철철 넘쳐나는 제자들이 아니었다. 의심이 믿음의 반대말이었다면, 그런 명령을 하달하지 않았을 것이다. 그렇다. 의심은 믿음의 행동이다. 의심하라!

누구나 의심한다

고난은 우리가 당연하게 여기는 모든 것을 일거에 의문에 부치는 특이한 힘을 지닌다. 하나님이 살아 계시며 삶의 모든 것을 섭리하신다는 사실을 일말의 의심 없이 믿던 신자라도, 고난에 직면하면 순식간에 흔들린다. 도저히 이해할 수 없는 그분의 계획으로 인해, 그동안 인지하지 못한 채 내면에 켜켜이 묻어 두었던 물음들이 터져나온다. 사랑의 하나님이, 전능한 하나님이 왜 이 순간에, 그것도 당신을 사랑하고 신뢰한다고 고백하는 나에게, 다른 누구도 아닌 바로 나에게 이다지도 혹독한 시련을 주시는지 수긍하기 어렵다.

성경에 등장하는 위대한 믿음의 용사들도 예외가 아니다. 구름같이 허다한 믿음의 증인들도 그랬다. 시편은 어떠한가. "주님, 어찌하여 주님께서는 그리도 멀리 계십니까? 어찌하여 우리가 고난을 받을 때에 숨어 계십니까?"(시 10:1) 고난 속에서 바라본 하나님은 그저 멀리 계신 것이 아니라 아예 등을 돌리고 외면하고 계시다. "주님, 언제까지 나를 잊으시렵니까? 영원히 잊으시렵니까? 언제까지 나를 외면하십니까?"(시 13:1) 정도가 지나쳐서 아예 우리를 고난의 구덩이로 내동댕이친 장본인이 하나님이다. "나의 하나님, 나의 하나님, 어찌하여 나를 버리십니까? 어찌하여 그리 멀리 계셔서, 살려 달라고 울부짖는 나의 간구를 듣지 아니하십니까?"(시 22:1) 왜요, 왜 이러시는데요?

욥의 의심은 시편을 능가한다. 그는 초지일관 자신의 무죄를 주장한다. "내게는, 내가 죄가 없다는 확신이 있다"(욥 13:18). 자신이 재앙의 나락에 빠진 것은 하나님 때문이라며 그분의 정의와 사랑에 이의를 제기한다. "나를 궁지로 몰아넣으신 분이 하나님이시고 나를 그물로 덮어 씌우신 분도 하나님이시다"(욥 19:6). 그가 볼 때, 하나님은 "흠이 없는 사람이나, 악한 사람이나, 다 한 가지로 심판"한다(욥 9:22). 욥에게서 모든 재산과 자녀와 건강까지 한꺼번에 앗아가 버린 것도 모자라 자신을 원수같이 여겨서 위협한다(욥 13:24-25). 욥의 불평이 하도 심하니까 빌닷은 말한다. "너는 언제 입을 다물 테냐?"(욥 18:2) 욥은 결코 말을 그치지 않았다. 왜, 내게 이러십니까?

이것은 성경 이야기에 그치지 않는다. 현재 진행형이다. 철학자 니콜라스 월터스토프Nicholas Wolterstorff는 사랑하는 아들을 잃었다. 자식을 아비의 손으로 묻어야 하는 참담함에 직면하여, 뛰어난 철학자가 영문을 알 수 없는 고난으로 아파한다. "대답 없는 물음이 내 상처인 것이다.

대답 없는 질문이 전 인류의 상처가 되었다."² 어느 누구보다도 고난에 관한 이론에 정통할 세계 최고의 전문가도 자신이 고통을 당하면 자꾸 묻는다. 왜요? 왜 대답이 없으신가요?

고난에 처한 많은 믿음의 사람들도 우리와 마찬가지로 하나님에 대해 의심을 품는다. 고난은 의심하게 만든다. 이는 의문의 여지 없이 확실하다. 예외 없다 단언해도 좋다. 그동안 자명하게 받아들였던 것을 다시 한 번 눈여겨보게 한다. 모든 성경의 사람들과 믿음의 사람들이 의심하니까 말이다.

하박국은 백성들 마음속에 부글부글 끓는 불평과 의혹을 일점일획도 더하거나 빼지 않는다. 아무도 대놓고 묻지 못하던 것을 대담하게 묻기를 주저하지 않는다. 눈을 씻고 보아도 하나님의 공의와 임재를 찾을 수 없는 시대다. 악한 자들의 폭력이 난무한다. 당연히 놀라고 의심할 수밖에. 놀람의 형식이 물음이라면, 내용은 의심이다. "하나님, 왜 그렇죠?" 법과 공의가 눈곱만큼도 없는 시대를 아무런 문제의식 없이 승인하니, 종교가 악의 원인으로 지목당하는 게다. 하나님에 대한 의혹은 시대의 어둠이 더 깊어 갈수록, 가슴을 짓누르는 고통이 더 심해질수록, 날로 증폭된다.

나는 하나님의 선하심을 한 치도 흔들림 없이 확신한다. 그러나 가슴이 미어지는 아픔 한가운데 서 있을 때 그동안 믿었던 것에 대해 회의가 드는 것은 어쩔 수 없다. 모든 의심이 정당한 것은 아니며, 모든 물음에 대답이 늘 마련되어 있지 않아도, 고난 가운데 처절하고 진지하게 묻는 것을 비난하거나 정죄할 수 없다. 예언자가 무엄하게도 감히 하나님께 대드는 모습을 연출하는 것이 불경해 보일지 몰라도, 신앙의 중요한 요소다. 의심하는 하박국의 모습이 우리를 한껏 고무시킨다. 넘기 힘든

48

시험으로 하나님을 믿기 어렵다고 느끼신다면, 과감하게 하나님께 묻자. 의심을 한 자락도 억누르지 말고 속마음을 다 쏟아 놓자. 하박국처럼.

다만, 제대로 의심하자

그렇다고 모든 의심이 정당한 것은 아니다. 의심하지 않는 것, 물음을 던지지 않는 것도 잘못이지만, 무턱대고 의심부터 하겠다는 것도 바람직하지 않다. 무릇 의심이 영혼이 병들지 않고 살아 있다는 흔적이기 위해서는 전제되어야 할 것이 있다.

먼저, 믿음이다. 의심보다 믿음이 우선한다. 의심에서 출발하면 믿음에 이르지 못한다. 믿음은 의심을 경유하여 다시 믿음에 당도한다. 믿음으로 믿음에 이르게 된다(롬 1:17). 르네 데카르트[René Descartes]는 확실성을 얻기 위해 모든 것을 의심한다는 '방법론적 의심'을 새로운 학문의 방법론으로 활용했다. 모든 것을 의심한다고 했지만, 그것은 애당초 불가능하다. "모든 것을 의심하려는 사람이 의심까지도 의심하는 데 이르지는 않을 것이다. 의심하는 놀이 자체는 이미 확실성을 전제"하기 때문이다.[3] 우리는 무언가를 믿는 것에 근거하여 의심한다.

의심의 전제는 신앙이며 "합리적 의심은 신앙에 의존한다. 다만 합리적 신앙은 의심에 의존하지 않는다"고 말할 뿐이다.[4] 신자에게 의심의 뿌리는 믿음이다. 오직 믿는 자만이 의심한다. 성경을 의심하는 것도 기독교인이다. 폴 틸리히[Paul Tillich]는 의심과 믿음의 상관관계를 멋지게 말했다. "진지한 의심은 믿음을 확인하는 행위다. 이것은 관심의 대상에게 진지한 태도를 보이는 것을 의미한다."[5] 관심이 있으니 물으며, 관심이 있으니 진지하다. 믿기 때문에 우리가 의문을 품고 질문하는 것이다.

이와 반대로, 의심에 그치는 의심도 있다. 고난을 한갓 토론의 대상으로 일삼는 것이다. 의심의 끝에서 터득한 것을 제 삶에 적용할 의사가 전혀 없는데도, 묻기를 즐거워하고 의심의 늪에 계속 머물러 있는 것이다. 복음서에서 부자 관리와 율법교사는 각기 영생의 길을 물었지만, 결코 그 길을 위해 어떠한 대가도 지불하기를 거절했다. 그들은 자신의 물음에 대한 대답을 뻔히 안다. 알면서도 묻는 것은 순종을 피해 보자는 속셈인 것이다. 그러나 주님은 요점을 결코 잃지 않는다. "가서, 너도 이와 같이 하여라"(눅 10:37). 따르지는 않고 따지기만 하는 것, 그것은 신앙적 의심이 아니다.

믿는 자는 의심한다. 믿기에 묻고, 묻기에 믿는다. 의심하는 자가 곧 믿는 자는 아니지만 말이다. 그러나 의심하는 자는 진지하다. 순종의 각오 없이 하나님을 물음의 대상으로 삼고 턱없이 의혹의 눈길을 주어서는 안 되겠다. 고난의 신비에 관한 우리의 물음과 의심에 대해 하나님께서 뭐라고 하시든지 그대로 따르겠다는 결연한 의지 없이 객기와 치기로 의심하는 것은 영혼이 병들었다는 증거다. 그럴 바에는 본회퍼의 말마따나, 묻지 말고 행하는 것이 백번 낫다.[6]

믿는가? 의심하라!

의심하는가? 믿게 되리라!

믿는가? 행하라!

묻지도 않는구나

의심은커녕 묻는 것조차 껄끄러운 것이 현실이다. 하지만 이는 신앙의 타락을 알리는 조짐이다. 종교학자 찰스 킴볼Charles Kimball에 따르면, 종교가 사악해진다는 것을 가늠하는 다섯 가지 징후가 있다. 진정한 종교와 타락한 종교를 식별하는 요령이라고 할 수 있다.[7] 그중 눈에 띄는 부분은 두 번째 징조인 '맹목적 복종'이다. 도쿄 중심부의 지하철역 16군데에 치명적인 신경가스 사린을 살포했던 옴진리교와 교주 아사하라 쇼코, 집단 자살로 종지부를 찍은 짐 존스와 인민사원은 카리스마적 지도자와 잘못된 교리에 대해 어떠한 의문도 제기하지 못하게 했다. 맹목적 복종을 강요하는 종교는 처절하리만치 사악해질 수 있다. 반면 진정한 종교는 생각하도록 자극하고, 질문을 격려한다.

킴볼은 종교의 교리와 카리스마적 지도자를 부정하지 않는다. 그런 것은 종교의 핵심적 특징이다. 다만, 어떠한 의문도 허용하지 않는 숨막히는 강압에 짓눌려 제 스스로 사고하는 법을 반납하게 만드는 생각 없는 종교를 비판할 따름이다.

의심을 허락하지 않는 신앙의 분위기는 타락의 징조인 동시에 죄악이다. 참된 믿음이 의심을 내포하는 것이라면, 조금의 의심도 없는 것은 죄다. 스캇 펙Scott Peck은 원죄를 게으름으로 정의한다.[8] 환자를 치료하는 과정에서 부딪히는 그들 최대의 적은 게으름으로, 마치 그것이 성경이 말하는 원죄와 같다는 것이다. 뱀이 은밀하게 다가와 속삭이며 선악과를 먹으라고 유혹할 때 아담과 하와는 딱 한 가지를 하지 않았는데, 그것은 묻지 않은 것이다. 은혜로우신 하나님이 왜 선악과를 먹지 말라고 하셨는지 물어야 했고, 그것은 어려운 일이 아니었다.

하지만 참으로 안타깝게도 그들은 아무 일도 하지 않았다. 질문도, 토론도 생략했다. "아담과 하와는 뱀과 하나님 사이에 논쟁을 붙였어야만" 했다. 그러고는 얼토당토않게 묻지도 않았고, 말씀은 의심하였으되 뱀과는 대화를 나누었고, 뱀의 말은 철석같이 믿었다. 이것이 말로는 간

단해 보여도 실제로는 어렵다. 게으르지 않고 묻는다는 것, 그리고 하나
님과 토론하는 것은 피곤하다. 왜냐하면 "논쟁을 벌여 보는 것, 즉 심사
숙고해 본다는 것은 고통과 투쟁의 길로 들어섬을 의미"하기 때문이다.
그것은 마치 시사 토론 프로그램에 참여하는 논객이 상대방의 입장과
약점을 파악하고 파고들 부분과 방어할 것을 미리미리 챙기는 것과 같
은 고된 일이다.

고난과 생각하지 않는 것의 관계를 극적으로 보여준 이는 한나 아
렌트^{Hannah Arendt}다. 그녀는 '생각의 무능력'이 죄와 악에 동참하게 하는
주요한 원인이라고 말한다.[9] 그것이 홀로코스트의 기획자요 집행자였던
칼 아돌프 아이히만^{Karl Adolf Eichmann}의 재판에 참관한 다음 내린 결론이
다. 아렌트가 본 아이히만의 범죄 원인은 사고하는 능력의 부재다. 한마
디로 생각 없음, 무사유^{無思惟}다.

그녀는 그 근거를 아이히만의 상투적인 말에서 찾았다. 그는 히틀
러의 선전 문구와 관청 용어 외에는 한 마디도 제대로 말할 능력이 없었
다. 양심과 이성은 자신의 상관이 지시한 일을 하지 않은 것에는 작동했
지만, 유대인들의 비참한 죽음에는 침묵했다. 아렌트가 보기에 그는 관
료로서 자기에게 주어진 일에 최선을 다했을 뿐, 그것의 옳고 그름에 대
한 판단 능력이 없었다. 일말의 의심은커녕 생각조차 하려 들지 않았다.

물론, 지나치게 생각을 많이 하는 것도 문제다. 하지만 인간의 심리
와 성품에 관한 한 생각의 많고 적음이 문제라면, 고난과 관련해서는 오
히려 생각 없음이 훨씬 더 심각한 부작용을 초래한다. 고난의 현장에서
생각이 과하면 약한 자를 돕지 못하는 잘못을 범할지언정 그들을 짓밟
는 경우는 아주 드물 것이다. 타인의 고난에 대한 아무런 의식 없이, 그
저 상부의 명령에 복종하는 것만을 최고의 미덕으로 삼는 생각의 무능

력이 더 큰 잘못이다.

이런 맥락에서, 생각하지 않는 것을 죄악이라고 확언해도 무방하다. 때문에 차라리 묻는 것, 의심하는 것은 신앙의 진지한 표현이다. 묻지 않는 것, 물음을 묵살하는 것은 병든 신앙의 징표다. 게으른 믿음이다. 이것이 바로 멸망하기 직전 남유다의 초상이다.

'이집트 땅에서 우리를 이끌고 올라오신 분, 광야에서 우리를 인도하신 분, 그 황량하고 구덩이가 많은 땅에서, 죽음의 그림자가 짙은 그 메마른 땅에서, 어느 누구도 지나다니지 않고 어느 누구도 살지 않는 그 땅에서, 우리를 인도하신 주님은, 어디에 계십니까?' 하고 묻지도 않는다(렘 2:6).

묻지도 않는구나! 그러므로 욥과 같이 말하자. "이제는, 전능하신 분께서 말씀하시는 대답을 듣고 싶다."(욥 31:35).

04   항의하라

주님, 주님께서는 옛날부터 계시지 않으셨습니까? 나의 하나님, 나의 거룩하신 주님, 우리는 죽지 않을 것입니다. 주님, 주님께서는 우리를 심판하시려고 그를 일으키셨습니다. 반석이신 주님께서는 우리를 벌하시려고 그를 채찍으로 삼으셨습니다. 주님께서는 눈이 맑으시므로, 악을 보시고 참지 못하시며, 패역을 보고 그냥 계시지 못하시는 분입니다. 그런데 어찌하여 배신자들을 보고만 계십니까? 악한 민족이 착한 백성을 삼키어도, 조용히만 계십니까? 주님께서 백성들을 바다의 고기처럼 만드시고 다스리는 자가 없는 바다 피조물처럼 만드시니, 악한 대적이 낚시로 백성을 모두 낚아 올리며, 그물로 백성을 사로잡아 올리며, 쳉이로 끌어 모으고는, 좋아서 날뜁니다. 그러므로 그는 그 그물 덕분에 넉넉하게 살게 되고 기름진 것을 먹게 되었다고 하면서, 그물에다가 고사를 지내고, 쳉이에다가 향을 살라 바칩니다. 그가 그물을 떨고 나서, 곧이어 무자비하게 뭇 백성을 죽이는데, 그가 이렇게 해도 되는 것입니까? 하박국 1:12-17

이제 내게 가장 소름끼치는 비밀을 털어놓을까 한다. 나는 때때로 하나님께 몹시 화가 난다. 특히 그분이 내가 아프도록 내버려둘 때가 그렇다. 나는 대다수 그리스도인들이 말하지 않는 소름끼치는 비밀을 이 책을 읽는 모든 불신자들과 회의론자들에게 말한다. 내가 생각하기로, 기독교를 믿는 거의 모든 이들, 아마도 유대교와 이슬람교 신자 대부분도 때때로 하나님께 화를 낸다. 이것은 특별히 복음주의자들과 근본주의자들에게는 공공연한 비밀이다. 나는 그것이 걸림돌의 원인이거나 불신앙의 원인으로 작용한다고 말하려는 것이 아니다. 단지 그것이 사실이라고 고백할 뿐이다. 그리고 나는 우리에게 항상 사랑이 필요한 것과 마찬가지로 진리도 항상 필요하다고 믿는다. 왜냐하면 그것이 하나님의 두 가지 속성이기 때문이다.[1]

피터 크리프트 $^{Peter\ Kreeft}$ 의 이 말은 사실이다. 그리고 공공연한 비밀이다. 많은 그리스도인들이 하나님께 분노한다. 항상은 아닐지라도 자주 분개한다. 다만, 그것에 대해 아무 말도 하지 않을 뿐이다. 그런 감정 자체가 나쁘고, 표현하는 것은 불안하고, 남들에게 들키면 위험하다고 여긴 탓이다. 믿음 안에 의심이 있다는 것을 인정하기도 힘든 지경인데, 은혜 안에 감사와 더불어 분노와 항의가 내재되어 있다는 말에 거부감을 느낄지 모르겠다. 그러나 신자가 주체할 수 없는 은혜에 감격하지만, 간혹 치밀어 오르는 분노를 속으로 삭이고 있다는 것, 그것이 한두 사람이 아니라 대다수 신자들의 모습이라는 것, 그리고 그것을 애써 부인한다는 것, 내가 보기에 이 모두가 사실이다.

그러면서도 많은 그리스도인들은 이런 모습을 신앙이 삐딱한 문제아거나 아직 미숙한 초보자로 본다. 기독교 신앙의 기본은 누가 뭐래도 은혜이며, 은혜가 자아내는 정서는 감사와 기쁨이다. 노래로, 예배로, 삶으로 표현된다. 그런데도 거저 주시는 은혜에 감사하지 못하고 되레 화를 낸다는 것, 그것은 그렇게 말하는 자와 신앙에 잘못이 있다는 단적인 증거일 것이다. 의심을 영적 질병으로 여기는 판국에 하나님께 화를 내는 것, 그분 때문에 종종 미칠 것 같다는 언사는 가히 영적 죄악이라 비난받기에 충분하다.

하지만 고난 속에서 하나님께 솔직할 필요가 있다. 자신의 감정을 감출 이유가 없다. 도저히 이해할 수 없는 하나님의 섭리에 "왜"라고 묻는 것이 정상적인 행위이듯이, 돌이킬 수 없는 시련을 허용하시는 하나님께 "어떻게 그럴 수 있습니까"라고 항의하는 것 또한 자연스러운 행동이다.

하나님에 대한 항의는 한편으로 하나님을 하나님께 고발하는 행위

이기도 하다. 모든 것을 지으시고, 모든 것을 다스리는 분의 침묵은 책
임 방기다. 그러니 하나님께서는 떨쳐 일어나셔서 그 옛적 애굽 땅에서
처럼 지금 여기서도 열 가지 재앙을 퍼붓고, 홍해도 가르고, 구름 기둥
과 불 기둥을 보내 주시고, 만나와 메추라기도 달라고 간구하는 것이다.

　　다른 한편, 그 항의는 하나님에 대한 고백이다. 하나님이 아니라면
달리 어찌할 수 없는 노릇이기에 청원하는 것이다. 궁극적으로 하나님
이 하실 것을 믿기에 다른 누구도 아닌 바로 그분께 하소연한다. 하나님
을 신뢰하지 않는다면, 하나님께 항의하지 않는다. 모든 항의가 신앙적
인 것은 아니더라도 많은 항의가 신앙적인 것은 분명하다. 하박국이 그
랬듯이 말이다.

성경의 사람들: 하나님, 이건 아닙니다!

하박국의 의심에 찬 물음에 하나님은 잔인무도한 이교도인 바벨론을
통해서 당신의 백성을 심판하겠다고 대답한다(합 1:5-11). 바벨론이 유
다를 잔혹하게 짓밟을 것이라는 사실도 도저히 믿기지 않는 일인데, 그
것이 당신 백성의 죄악에 대한 하나님의 응답이라니, 기가 찰 노릇이다.
엎친 데 덮친 격이다. 듣지 않는 것이 나을 뻔했다. 예언자는 화가 나서
미칠 것 같다. "이것이 어찌 하나님의 응답이며, 세상을 다스리는 당신
의 뜻이란 말입니까?"

　　하나님께 따지려고 나선다. 진지하게 의심하던 하박국이니 곱게 말
할 리 없다. 차마 눈뜨고 볼 수 없는 유다의 죄악에 대한 심판은 십분 수
긍할 수 있다. 하나님의 공의에 입각해서 자신들이 심판받아 마땅하다
는 것에 이의를 제기할 수 없다. 설사 그렇더라도 자신들보다 훨씬 더

악한 저 이교도들을 통해 심판하신다는 것을 하박국은 견딜 수 없다. 이해하라는 것이 도리어 억지다.

1장 12-17절에는 각 번역성경마다 '하박국이 다시 호소하다'라는 제목이 붙어 있다. 참으로 점잖고 정중한 표현이 아닐 수 없다. 그러나 행간을 읽어 보면, 떨리는 그의 목소리가 들린다. 차마 대놓고 하나님께 물어보지도 못하는 우리건만, 하나님의 예언자는 하나님이 옳지 않은 일을 하신다고 겁 없이 대든다. "그가 그물을 떨고 나서, 곧이어 무자비하게 뭇 백성을 죽이는데, 그가 이렇게 해도 되는 것입니까?"(합 1:17) 내 식으로 바꾸어 말하면 이런 뜻이리라. "하나님, 이번에는 당신이 틀렸어요. 하나님답지 못해요." 이 정도면 막가자는 것이다.

하나님께 불평하는 데는 예레미야도 막상막하다. 모세처럼, 그는 말을 잘 할 줄 모른다고, 아직 어리다고, 하나님이 사용하시기에 부적합하다고 그리도 호소했건만, 예언자가 되라는 그분의 강권적인 선택과 부름에 뉘라서 거절할 수 있었겠는가. 하나님은 계속해서 예레미야에게 당신의 뜻을 계시하셨고, 예레미야도 그것을 열심히 전했다. 그런 그의 앞에는 탄탄대로가 아니라 완악한 동족의 비난과 조롱, 박해가 놓여 있었다. 그것도 자그마치 23년의 세월이었다.

예레미야는 분노를 참지 못한다. 자신의 고통 하나 해결하지 못하는 주제에 무슨 예언자냐는 물음이 그치지 않는다(렘 15:18). 하나님은 자신과 논쟁할 때는 이기지만 막상 현실은 그렇지 않다(렘 12:1). 예레미야는 하나님을 당당하게 꾸짖는다. 이사야처럼, 베드로처럼 두려워 떨며 망하게 된 자신의 실존을 깨닫고 떠나기를 청하지 않는다. 오히려 큰소리로 하나님을 힐문한다. 억지로 사명을 떠맡겨 놓고서는 욕먹기를 밥 먹듯 하게 하니 이게 될 법이냐며 따진다(렘 20:7-8).

예언자의 자존심이 영 말이 아니다. 말이 먹히지 않을 뿐더러, 매 맞고 물웅덩이에 갇히고, (전승에 따르면) 원치 않는 애굽 땅으로 끌려가서 돌에 맞아 죽을 운명인데 어찌 가만히 있겠는가. 유진 피터슨 Eugene H. Peterson은 예레미야가 이렇게 분노한다고 놀라지 말라고 당부한다. "의외인가? 난공불락의 예레미야가 그렇게 기도한다고? 우리 모두도 이런 것을 체험한다. 살아 있는 사람치고 이런 문제를 겪지 않는 사람은 없다."[2]

하박국이 항의하고 예레미야가 분노한다면, 요나는 투덜거린다. 하박국이 당신 백성들을 심판하시는 하나님의 공의를 묻고 항의한다면, 요나는 악한 이방 백성들을 심판하지 않는 하나님의 공의를 싸잡아 비난한다. 자신들보다 몇 배로 악한 바벨론이 하나님의 거룩한 심판의 도구가 된 것이 하박국과 하나님과의 갈등을 초래했다면, 요나는 자신들보다 몇 배로 악한 니느웨와 앗수르가 용서받는 것이 못마땅해서 하나님과 언쟁을 벌인다. 하박국이 하나님의 공의가 시행되지 않는 것이 힘들어서 끝까지 따진다면, 요나는 하나님의 공의가 시행되는 것이 못마땅해서 끝까지 버틴다. 사실 요나에게 가장 어울릴 법한 단어는 '개긴다'일 것이다.

요나서의 핵심 메시지는 "요나같이 되지 말라"는 것이다.[3] 요나는 그가 그토록 미워하는 앗수르 백성과 다르지 않다. 하나님의 명령과 사랑을 거역했다는 점에서 양자는 매일반이다. 하나님의 사랑을 독차지하고 싶은 것이야 인지상정이더라도 그만한 사랑을 받을 만한 모습이 있어야 하건만, 그는 전혀 그렇지 않다. 오히려 요나는 니느웨 사람들보다 형편없는 사람으로 묘사된다. 어쩌면 그들은 하나님을 알지 못했다고 말할 수 있지만, 요나는 알면서도 의도적으로 거역하니 핑계할 수 없다.

이동원 목사는 요나를 일컬어 "요놈의 나"라고 했는데, 촌철살인의 표현이 아닐 수 없다.⁴ 요나를 닮지 말라는 것은 우리가 이미 요나인 까닭이다. 요나처럼 하나님의 심정을 능히 알면서도, 부탁을 받았으면서도 반대 방향으로 가는 나, 요나는 바로 나의 자화상이다. '왜 하나님은 저 사람을 나보다 더 사랑하십니까?' '나는 왜 저 사람보다 덜 축복받고 있습니까?' 비교하고 열등감에 사로잡혀 자신이 의로운 양 하나님께 항의하는 것도 요나를 닮았다. 하나님의 은혜를 저당 잡고 그분의 축복을 강요하고 떼쓰는 것은 내가 요나라는 증거다.

그렇다. 하등 이상할 것도, 놀랄 것도 없다. 하나님께 항의하는 것은 바로 내 모습이다. 다만, 하박국처럼 항의할 것인가, 아니면 요나처럼 불평할 것인가의 차이일 뿐이다. 하박국은 정녕 하늘의 뜻을 알고 싶었다. 하지만 요나는 그분의 뜻을 알고도 거스르기를 주저하지 않았다. 주의 뜻을 몰라서 진지하게 묻는 것이나, 알면서도 모르쇠로 일관하는 것 모두 야누스적인 우리의 초상이다. 하박국에게는 아무 문제가 없다. 그러나 요나에게는 문제가 참 많다. 사촌이 땅을 사니 배가 아픈 못된 심보다.

그래도 나는 요나에게 하박국에 못지않은 애정을 갖고 있다. 그것이 내 모습인 까닭이다. 알면서도 싫어서 도피하고, 도망가면서도 성내는 그의 모습이 밉지만은 않은 이유도, 그런 그가 바로 나이기 때문이다. 그리고 그도 하나님이 세운 예언자이기 때문이다. 하박국이 하나님의 섭리를 의심하고 항의하더라도 여전히 예언자이듯이, 화가 나서 죽을 지경(욘 4:9)이라고 악을 쓰며 하나님께 대드는 요나가 예언자라는 사실 또한 바뀌지 않는다.

내게 고난을 허용하시는 하나님의 뜻을 알지 못해 씨름하는 것이 오늘의 하박국이라면, 고난 속에 당신의 신비를 풀어놓으신 것을 알면서도 굳이 고난을 통해서 말씀하시고 연단시키는 그분이 야속해서 생떼를 부리는 나는 또 한 사람의 요나다. 우리 안의 두 모습이다. 그러므로 온갖 시련이 밀려올 때, 하박국과 요나처럼 그분의 뜻을 도저히 이해할 수 없을 때, 어설픈 타협과 어정쩡한 순종은 해결책이 못된다. 하박국처럼, 요나처럼 항의하기를 주저하지 말기를!

│ 역사의 사람들: 개혁자들, 항의하다

마르틴 루터의 종교개혁은 로마서 1:17의 "하나님의 의"를 재발견한 데서 비롯된다. 루터에게 하나님의 의는 인간의 죄를 낱낱이 심판하는 의였다. 그는 수도원 생활의 엄격한 규칙을 얼마나 철저히 지켰던지, 만일 수도원 생활로 하늘나라에 간다면 다름 아닌 자신이 될 것이라 장담할 정도였다. 그 정도가 하도 심해서, "영혼을 샅샅이 뒤지고 기억을 이 잡듯이 털며 갖가지 동기를 저울질"해서 시시콜콜한 것 하나라도 빠트리지 않으려는 루터의 고해를 듣던 사제가 지겨운 나머지 이렇게 말했다고 한다. "이봐요, 하나님께서 당신에게 화를 내시고 있는 게 아니라 당신이 하나님께 화를 내고 있군. 소망을 가지라는 하나님의 명령은 잊었나?"[5]

　밤낮없이 하나님의 의를 묵상했던 루터는 이른바 '탑 체험'을 통해 하나님의 의는 정죄하고 심판하는 의가 아니라 용서하고 의롭다고 칭해 주는 것임을 깨닫는다. 그는 하박국서를 통해 하나님의 의가 심판과 처벌 이전에 용서와 자비임을 발견한 것이다. 그래서 하박국을 일컬어 '종교개혁의 조부'라고 한다.[6] 루터가 하나님의 의를 새롭게 이해한 것이 종교개혁의 출발이었다면, 바울이 그의 영적 아버지요 하박국은 할아버지가 되는 셈이다. 오직 의인은 믿음으로 산다는 것이 루터와 바울과 하박국을 묶어 주는 공통된 정신이자 그들 가르침의 정수다. 루터에

게 낙원으로 인도하는 문을 열어 주었던 것이 바울이 인용한 하박국이
었으니, 그를 종교개혁의 조부라고 명명하는 것은 당연하다.

하박국은 "의인은 믿음으로 산다"는 교훈뿐 아니라 그의 태도에서
도 종교개혁의 원조다. 하나님이 주신 대답을 수용하지 않고 귀찮을 정
도로 물을 뿐 아니라 거칠게 항의하는 그의 모습은 종교개혁자들의 모
습과 일치한다. 가톨릭이 제시한 구원에 이르는 길에 의문을 제기한 것
이나, 정형화된 가톨릭적 질서에 저항한 종교개혁자들은 영락없는 16세
기의 하박국들이다. 그들은 믿음으로 사는 의인의 모습에 수동적인 수
용만이 아니라 능동적인 항의도 포함시켰다.

개신교인들을 '프로테스탄트'[Protestant]라고 한다. '항의하는 자'라는
뜻이다. 1529년에 개최된 2차 슈파이어 의회의 결정에 항의하기 위해
제출한 항의서 때문에 프로테스탄트라는 이름을 얻게 되었다. 1차 의회
는 신앙의 자유를 만장일치로 의결했다. 당시 독일은 프랑스와 교전중
이었는데, 터키의 위협까지 받자 국내의 안정이 절실하였다. 그래서 루
터를 이단으로 몰아 국외로 추방한다는 보름스 의회의 결정을 유보하
고, 신앙의 자유를 허락하였던 것이다.

그 이후 급속도로 루터교회가 확장되고 전쟁이 그치고 다시 소집
된 2차 회의에서는, 가톨릭 도시에서는 루터파를 금지하되 루터파의 도
시에서는 가톨릭의 전파가 가능하다고 다수결로 결정했다. 그러자 루터
파는 한 의회가 이전에 만장일치로 통과하였던 법안을 다수결로 무효
화하는 것은 부당하다고 맞섰다. 그들은 다음과 같이 선언했다. "우리는
하나님의 말씀에 어긋나는 것은 아무것도 동의할 수 없다는 점을 하나
님 앞에서 공개적으로 항의하고 증언한다."[7] 여기서 사용된 '항의'라는
단어가 증언에 비해 먼저 사용되었고, 그로 인해 강렬한 반향을 일으켰

다. 그 결과 '프로테스탄트'라는 말은 처음에는 루터파 신자를, 후에는
모든 개신교 신자를 가리키는 용어가 되었다.

　개신교는 이 명칭을 받아들였다. 항의하는 사람들! 그러니까 우리
는 자신을 항의자라고 인정했다. 역사적으로 2차 슈파이어 의회의 결
정에 반대한다는 뜻이지만, 의미상으로는 가톨릭에 반대한다는 것이다.
가톨릭은 너그럽고 치우치지 않는, 보편 교회라는 뜻이다. 그래서 가톨
릭주의Catholicism는 '보편주의'를 가리킨다. 만민에게 공통적으로 적용할
수 있는 신앙 체계이며, 누구든지 언제 어디에서나 수용할 수밖에 없는
신앙이다.

　그러나 인간에게는 그런 체계를 수립할 능력이 주어지지 않았다.
보편은 언제 어디서나 누구에게나 적용되는 정답이 있다는 것이다. 그
러나 보편에 포함되지 못하고 배제되는 것들이 필히 존재한다. 욥의 친
구들이 실수한 대목이 바로 이 지점이다. 그들은 옳은 말만 했다. 그러나
욥에게는 옳지 않았다. 그들은 욥의 현실을 보지 못했고, 하나님의 뜻에
는 무지했다. 기존의 대답을 생각 없이 받아들이라는 압력을 거부하고,
자유롭게 하나님께 나아가는 욥의 신앙은 "저항의 영성"이다. 그러므로
"하나님을 무시하는 것보다 차라리 하나님께 화내는 편이 낫다."[8]

　어느 누구에게나 적용될 수 있다는 보편주의가 정답이라고 강요
하는 것에 대해 어떤 물음도 이의도 허락하지 않을 때, 우리는 하박국
처럼, 개혁자처럼 의심하고 항의해야 한다. 악과 고통의 문제에 관한
한 항상 맞는 답은 없으며, 한 가지 답만 있는 것도 아니다. 그래서 나는
"성경은 오로지 단 하나의 신정론만을 함유하고 있지 않다. 사실, 그런
생각의 결론 자체가 악의 문제를 유발하는 한 단면"이라는 말에 전적으
로 동의한다.[9]

우리는 고난을 평면적으로 생각하기 쉽다. 모든 사람은 제각각의 고난을 당한다. 누구나 고난당한다는 점에서 고난은 보편적이지만, 고난의 상황은 각기 다르고 고유하다. 고난을 해석하는 성경과 신학의 관점 또한 다양하다. 어느 한 가지 입장으로 환원할 수 없다. 욥의 세 친구들처럼 한 가지 정답만 되풀이해서는 도리어 고난받는 욥을 더 아프게 할 뿐이다.

그러므로 고난과 죄 사이에 필연적인 인과관계가 없음에도—죄가 우리가 당하는 고난의 일부 요소임을 인정하더라도—모든 사람의 모든 고통을 죄와 연결시키는 것은 되레 신앙을 저하시킨다. 죽은 신자는 고루하고 편벽한 주장을 무턱대고 받아들인다. 하지만 살아 있는 신자는 끈질기게 매달린다. 하나님을 들볶기를 주저하지 않는다.

하필이면 하나님께 항의하는가

"하나님께 화를 낸 적이 없는 사람은 하나님과의 관계를 근본적으로 재검토해야 합니다."

내가 외부 강연에서 종종 하는 말이다. 부모와 자녀의 관계를 생각해 보면 답이 나온다. 한 번도 부모에게 또는 자녀에게 화를 낸 적이 없는 사람은 없다. 하루라도 성내지 않은 적이 있는지를 묻는 것이 낫겠다. 마찬가지로, 예수 그리스도로 말미암아 하나님을 "아빠"라고 부르는 아들과 딸이 된 우리는 하나님께 어쩌다 한 번쯤 성질이 난다. 그것을 너무 참으면 병난다. 부모에게 자신의 감정을 솔직하게 표현하지 못하는 아이는 둘 중 하나다. 타인의 감정에 무작정 휘둘리거나, 타인의 감정을 무작정 휘두르거나.

하나님께 화내도 된다는 말은 공공연한 비밀이라는 것을 알면서도 주저하게 된다. 좀 지나칠 수는 있어도, 위험한 것은 아니다. 나는 그것을 정신과 의사 스캇 펙이 만났던 환자의 이야기를 통해 확신할 수 있었다. 고위관료요 변호사인 부모는 계속 성적이 떨어지는 아들을 상담해 달라고 스캇에게 부탁한다. 상당히 우울한 이 아이는 부모가 기숙사 학교로 보내 달라는 자신의 요구를 들은 척도 하지 않고, 자신의 바람과 달리 엉뚱한 학교로 보내도 고분고분 순응한다.

스캇은 상담 가운데 묻는다. "혹시 한 번이라도 부모님께 화내 본 적이 있니?" 그러자 소년은 엄마 아빠는 좋은 분이라며 대답을 회피한다. 부모도 아들이 조금도 화를 내지 않는 것을 이상하게 여기지 않는다. 화가 나도 화를 내지 않는 것이 문제다.[10] 스캇은 부모 앞에 무력한 아이가 아니라 아들을 무력하게 만든 부모가 상담을 받아야 한다고 진단했다. 물론 그 부모는 펄쩍 뛰며 화를 냈지만 말이다. 우리는 정반대 상황일지 모른다. 하나님이 아니라 우리 자신이다. 하나님은 아빠로서 우리의 분과 화를 받아 주시는 분이신데, 우리는 엄격하고 까다로운 하나님의 이미지를 만들어 버린다.

왜 하나님께 화를 내는가?

하나님은 아빠니까!

그러나 고난 가운데 하나님께 맞대고 화내는 것이 신앙적으로 불가피하고 정서적으로 위로가 되더라도, 과연 교리적으로 타당한지는 미심쩍다. 항의한다는 것은 고난의 원인과 책임이 하나님께 있다는 뜻이니까 말이다. 벌어지는 온갖 해괴한 일들에 하나님이 연루된 것처럼 물고 늘어질 뿐 아니라, 모든 책임을 그분께 전가하려는 것은 여간 괘씸한 짓이 아닐 수 없다.

이 점에서 해롤드 쿠쉬너 Harold Kushner는 하나님께 항변할 수 없는 두 가지 이유를 제시한다. 하나는 하나님은 고통을 주시는 분이 아니기 때문이다. 그렇게 해석될 때 우리가 바라던 종교적 위안을 얻을 수 있다. 다른 하나는 하나님은 선하시지만 전능하지 않기 때문이다.[11] 그러기에 하나님도 가끔씩은 어쩔 수 없을 때가 있고, 노골적으로 하나님께도 불가능한 것이 있다고 말한다. 그러므로 그가 보기에 하나님이 뭔가 잘못을 행한 양 대드는 것은 터무니없이 유치한 짓이다.

내가 보기에 이것은 심리적인 위안을 주지 못한다. 나는 쿠쉬너의 책에 대한 서평에서 이렇게 썼다.

고통이 하나님의 선함과 능력을 의심케 하는 것도 사실이지만, 고통은 하나님의 선함과 능력을 요청한다. 무능력한 하나님이 나를 어떻게 돕는가? 우리는 선하고 전능한 하나님으로 인해 선의 궁극적 승리를 확신하고 위로받는다."[12]

하나님도 할 수 없어서 막지 못하는 시련을 한없이 약한 우리 인간이 어떻게 감당하나? 밀려오는 역경을 딛고 일어설 한 줄기 희망이 내게 있다면 왜 하나님께 부르짖겠는가? 하나님이 돕지 못하는 일을 내게 하라는 것은 위안은커녕 더 잔인한 대답이다.

쿠쉬너의 주장은 교리적으로도 온당하지 못하다. 고난과 하나님은 모종의 연관이 있다. 고난이 기독교 신앙에서 딜레마인 것은 이미 신앙에 내재되어 있기 때문이다. 우리는 유일하신 한분 하나님을 믿는다. 만물이 그분에게서 나오고 유지되고 그분에게로 돌아간다. 그러므로 세상에서 일어나는 모든 일은 그분의 통치와 섭리 가운데 있다. 머리털 하나의 운명까지도 그분의 장중에서 벗어날 수 없으므로, 모든 고난은 하나님 안에 있다. 그래서 우리는 시편의 시인처럼 하나님 탓을 한다. "우리가 날마다 죽임을 당하며, 잡아먹힐 양과 같은 처지가 된 것은, 주님 때문입니다"(시 44:22).

기독교가 만약 다신론이라면, 우리는 하나님을 원망할 필요조차 없다. 고난을 야기하는 악한 신을 하나 만들면 그만이다. 조로아스터교나 마니교와 같이 선과 악의 두 원리와 신으로 세계를 설명하거나, 그리스 신화의 불화의 신 에리스 같은 신을 설정한다면, 우리는 하나님께 항의할 수 없다. 하등 그럴 필요가 없다. 하지만 기독교는 유일신 신앙이다. 오직 한분 하나님을 믿는다. 모든 것이 하나님과 연관되어 있고, 악과 고난도 마찬가지다.

그렇다고 저항 자체가 불신앙은 아니다. 우리의 주인공인 하박국과 그의 동지들인 욥과 요나, 예레미야, 그리고 시편의 시인에서 시작해서 종교개혁자까지 이르고 보면, 저항은 적극적인 신앙의 한 표현이라는 결론에 이른다. 한분 하나님에 대한 신앙, 그분의 절대 주권, 그분의 사랑과 자비, 그리고 끝내 선이 악을 징치하고 승리할 것이라는 견고한 확신 위에 서 있는 자의 항거는 비록 "그것이 인습에 알맞지 않는 형태일지라도, 하나님에 대한 희망과 자기 복종의 심오한 행동의 한 표현"이다.[13]

무신론자는 하나님께 분노하지 않아도

사랑하지 않는 자는 분노하지 않는다. 하나님을 사랑하고 사람을 사랑하기에, 하나님께 불순종하는 모든 것과 인간을 억압하는 일체의 질서들을 향해 분통을 터뜨린다. 그것은 하나님의 모습이기도 하다. 분노하지도 않지만 사랑하지도 않는 신을 나는 믿고 싶지도 않을 뿐더러 생각하기조차 끔찍하다. 하나님의 울분이 없다면, 고통 가운데 계시고, 함께 고통당하시고, 끝내 고통에서 승리하게 하시는 하나님도 없을 것이다. 러시아 시인 니콜라이 네크라소프의 시구, "슬픔도 노여움도 없이 살아가는 자는 조국을 사랑하고 있지 않다"는 말은 옳다.

다신론자에게는 책임 전가할 악한 신이 있고, 무신론자에게는 분노하는 하나님이 성격 이상자라면, 유신론자에게는 책임지시고 분노를 받아 주시는 사랑의 하나님이 있다. "우리의 분노는 믿음의 척도가 될 수 있다. 신자는 하나님과 논쟁하는 반면, 회의론자는 서로 논쟁을 일삼는다."[14] 한 무신론자가 기독교인더러 "당신들은 용서해 줄 신이 있어 복되다"라는 말을 했다고 한다. 아마 그는 그 말에 한 가지를 덧붙여야 할 것 같다. "당신들은 분노하는 하나님이 있어 복되다. 그 하나님께 항의할 수 있어서 복되다."

하나님께 분노하는 것과 하나님을 증오하는 것은 다르다.[15] 분노는 사람들이 한 일에 초점을 맞추는 반면, 증오는 사람을 겨냥한다. 분노가 나쁜 일이 자신에게는 일어나지 않도록 미연에 막아 주는 역할을 한다면, 증오는 나쁜 일이 그 사람에게 일어나기를 바라는 것이다. 분노는 긍정적이지만, 증오는 부정적인 힘이다. 부당하게 고통당할 때 분노하고 앙심을 품는 것은 결함이 아니다. 분노를 통해서 마음에 원한이 쌓이지 않도록 해주는 역할도 얼마간 기대할 수 있다. 분이 치밀 때는 그냥 분노하라.

경건을 가장하여 눈물을 흘리지 않는 것은 우리 눈물을 닦아 줄 하나님을 경험할 기회를 원천적으로 박탈하는 불경건이다. 더 이상 눈물이 없는 곳, 울부짖음도 없는 곳, 고통이 없는 곳이 이 땅에 도래하기 전까지 우리는 상실과 슬픔으로 울어야 한다. 눈물을 참을 수는 있어도 눈물 자체를 부인하는 것은 영적으로도 심리적으로도 온당하지 못하다. 오히려 혼이 나서 울음을 크게 터뜨리는 것이 건강한 자아를 가진 아이이듯, 슬프다고, 눈물이 난다고, 가슴속에서 무언가 치밀어 오르는 것을 하나님께 드러내는 것이 경건한 신자다. 그런 당신이 바로 하박국이다.

05 포용하라

이것은 시기오놋에 맞춘 예언자 하박국의 기도이다. 주님, 내가 주님의 명성을 듣습니다. 주님, 주님께서 하신 일을 보고 놀랍니다. 주님의 일을 우리 시대에도 새롭게 하여 주십시오. 우리 시대에도 알려 주십시오. 진노하시더라도, 잊지 마시고 자비를 베풀어 주십시오. 하박국 3:1-2

이름은 그가 누구인지를 알려 주는 기호이자 남들과 구별해 주는 표지다. 예로부터 우리나라 사람들은 한 사람의 일생을 이름값을 했느냐로 평가했다. 그래서 나온 속담이 "호랑이는 죽어서 가죽을 남기고, 사람은 죽어서 이름을 남긴다"일 것이다. 『초한지』의 항우가 사람은 자기 이름을 쓸 수 있으면 된다고 말한 것도, 이름을 소중히 여기는 동양인의 정서를 엿보게 해준다. 이름은 존재이자 인생이요, 장래와 운명을 가늠하는 척도다.

한 사람의 이름을 안다는 것은 그의 일생을 안다는 것이요, 그 반대도 타당하다. 삶의 여정과 궤적을 추적할 때, 그가 어떤 사람인지 보다 선명하게 이해할 수 있다. 하지만 만일 하박국 예언자의 생애를 통해 그가 누구인지 파악하고자 한다면, 즉시 난관에 봉착할 것이다. 그의 삶과 사역에 대해서는 알려진 바가 거의 없기 때문이다. 하박국서 곳곳에 산재된 자료를 내재적 관점으로 읽어야 어렴풋하게나마 그가 어떤 예언자인지 알게 된다. 하박국서에 두 번(합 1:1, 3:1) 등장하는 그의 이름을 통해서 우리는 이 하나님의 사람의 실체에 좀 더 가까이 다가설 수 있다.

내 이름은 하박국

그의 이름은 "하박국"이다. '포용하다'는 뜻이다. 그런데 하박국이란 히브리어 이름을 사용한 전례가 없어 그 의미와 전모를 파악하는 것이 어렵다. 고대 랍비들 중 일부는 그가 열왕기하 4:16의 수넴 여인이 낳은 아들일 것이라 추정한다.[1] 엘리사를 극진한 정성으로 돌본 이 여인에게 "한 해가 지나 이때쯤에 네가 아들을 **안으리라**"고 한 말에서 추론한 것이다. 그러나 이것만으로 하박국이 수넴 여인의 아들이라고 보는 것은 지나친 상상력의 발동이 아닐까 싶다. 너무 적은 것으로 너무 많은 것을 설명하는 것은 무리다.

다른 가설에 따르면, 동일한 이 단어가 정원수를 가리키는 앗수르 언어인 것을 근거로 그의 부모가 이스라엘 신앙으로 개종한 이방인이거나, 아니면 그가 이스라엘과 앗수르인 사이에서 태어난 혼혈인지도 모른다고 보는 이들도 있다.[2] 하박국을 앗수르에 포로로 끌려갔던 귀족의 후손으로서 거기서 교육받은 자라고 보는 것에 대해 김희보 선생은 근거가 박약한 가설에 지나지 않다고 말한다.[3] 이 또한 자료에 비해 상상이 너무 많이 개입된 것이지 싶다.

우리가 그의 이름에서 찾아낼 것은 많지 않지만, 그 이름이 이방인의 지대한 영향을 받고 있었다는 것은 미루어 짐작할 수 있다. 바벨론이 유다를 쳐들어와 여호야긴 왕을 폐위시키고, 대신 그의 숙부 맛다니야를 왕으로 삼으면서 그 이름을 시드기야로 개명한 것과 유사하다. 우리나라의 경우 일본 제국주의 지배의 영향으로 인해 특히 여성들의 이름에 경자, 명자, 영자, 순자, 숙자 등 일본식 이름이 많았던 것처럼, 그들도 우리처럼 이름이 왜곡되는 굴절의 아픔을 겪었던 것이다. 아무튼 하박국이 이방인이거나 혼혈인이 아닌 것은 분명하나, 이름을 통해 당대 제국주의의 강력한 영향력을 유추할 수 있다.

그의 이름은 그가 무엇과 싸워야 할지를 지시하는 표지판이다. 제국주의적 사유 방식은 현 질서의 유지와 현 질서와의 조화다. 하지만 억압받는 백성에게 그것은 비판되고 극복되어야 할 것에 지나지 않는다. 제국주의의 상징인 바벨탑은 웅장함과 거대함, 강력함, 신성불가침, 도전 불가능 등을 뜻한다. 다양한 민족과 종교와 사상을 하나로 통합하기 위해 조금의 일탈이나 예외도 허용하지 않는다. 애굽이 그랬듯이 말이다. 그리하여 바벨탑의 세계에서는 고통을 외면하거나 제거한다. 한편으로 선전을 통해서 자신들의 체계의 정당성을 강변하고, 다른 한편으로 은밀히 외치는 약자의 입을 틀어막는다.[4] 고통에 찬 부르짖음만큼 그 질서의 부당함을 폭로하는 것은 없기 때문이다.

겉으로는 완벽하게 짜여진 질서 같지만, 그 안에서 신음하는 이들의 한탄과 비통은 그치지 않는다. 그러기에 아이러니하게도 성경은 바벨탑을 '혼돈'chaos이라고 명명한다. 다시 말해 바벨탑을 세운 사람들에게 바벨의 사회는 질서 정연한 체계이지만, 그 속에서 고통받는 히브리인들에게 그것은 하나님의 창조 질서와 자유를 억압하고 혼잡케 하는 혼란에 다름 아닌 것이다. 한마디로 제국은 고통을 양산하면서도 고통을 직면하지 않고 무시한다.

반면, 기독교 신앙은 고통에 예민하다. 월터 브루그만Walter Brueggemann은 이스라엘 신앙의 핵심인 출애굽 사건을 고통에 대한 철저한 감수성이라고 정의한다. 고통을 예민하게 받아들이는 것이 구약의 신앙이며, 구약의 저변에 일관되게 흐르는 것이 '고통의 포용'이다.[5] 하박국의 이름이 '포용'이라는 것은 그가 제국주의적 세계관과 달리 고통을 외면하지 않았다는 증거다.

　내게 이렇게 반문할 수 있다. "앞에서 예언자가 온몸으로 항의했으니 우리도 저항하라고 부추기지 않았느냐? 그런데 왜 이제 와서 수용이냐"라고 말이다. 나의 대답은 두 가지다. 하나는, 저항이 먼저다. 저항 없는 순종은 없다. 찬양하는 하박국의 자리까지 올라서려면 우리는 반드시 의심하고 저항하는 하박국 1장부터 읽어야 한다. 마찬가지로, 말로 하나님을 원망하지 않았던 욥(욥 1-2장)과 이전보다 더 많은 복을 받은 욥(욥 42장)을 말하기 위해서는 욥기 3장부터 41장까지를 빼고 말할 수 없다.

　다른 하나는, 저항과 포용은 함께 간다. 폴 투르니에Paul Tournier의 말이다. "내가 볼 때, 모든 반항 뒤에는 현실을 받아들이고 싶은 무의식적 열망이 숨어 있는 것 같고, 모든 수용 행위는 반항심으로부터 달아오르며 거기서 태어난다."[6] 저항의 심리 이면에는 수용이 자리하고, 포용은 저항 속에서 생겨난다. 저항 없는 포용은 내용이 없어서 텅 빈 것이라면, 포용 없는 저항은 방향이 없어서 맹목적인 것이다. 항의했던 하박국은 포용하는 하박국이다. 그는 자기 이름값 하는 삶을 살았다.

도피하지 말라: 자살은 고통의 출구인가?

고난은 때로 의심하고 저항하지만, 종내에는 포용하지 않으면 안 된다. '의심의 진정성'이 있고, '저항의 급진성'이 있기에 '포용의 신비성'도 있다. 의심하지 않는 자는 저항하지도 않을 테고, 저항하지 않는 자는 이미 체념했으니 수용할 필요도 없다. 그는 감내하기 어려운 현실의 시련에서 눈을 돌리고 외면한다. 고통스러운 현실을 부정하면 할수록 그는 마약처럼 더 강도 높은 도피처를 찾게 되고, 그 종착지 중 하나가 자살이다.

내가 이 책을 쓰게 된 궁극적 이유 중 하나는 바로 자살 때문이었다. 실제로 자살을 시도한 적은 없다. 하지만 5년 내내 자살을 묵상하며 하루를 보냈다. 죽을까? 차마 죽일 수 없어, 차라리 죽어야겠다는 생각을 수도 없이 했다. 죽지 않으면 끝나지 않을 시련이었고, 마치지 않을 고난이었다. 죽음만이 고난의 유일한 해결책이었다. 살아 있기에 고난받는 것이다. 산 자에게만 고통이 있다.

그렇다면 죽음이 고난을 끝장내지 않을까? 행복의 시작은 아니라도 고생의 끝은 아닐까? 최후 수단으로서 자살은 과연 고통을 끝장내는 수단일까? 자살이 고통으로부터 벗어나기 위한 바람직한 선택이 되려면 다음의 몇 가지 조건을 만족시켜야 한다.[7]

첫째, 앞으로도 계속 고통스러워야 한다.[8] 자살을 선택하는 사람들은 그렇다고 말한다. 아무리 생각해 봐도 악몽 같은 현실이 변하리라는 실낱같은 희망조차 없다고 판단한 것이다. IMF 경제위기 이후에 도산한 한 중소기업 사장의 인터뷰를 나는 잊지 못한다. 전에는 자살하는 사람을 보면 그럴 용기가 있으면 살지 뭐 하러 죽느냐고 비난했는데, 정작 자신에게 내일에 대한 희망이 사라지자 그들이 이해가 되고 죽는 것이 하나도 겁나지 않더라는 것이다. 사람이란 꿈과 희망이 없으면 살 수 없는 존재다.

폴 투르니에가 한번은 중병에 시달리던 옛 환자를 길에서 만났다. 걱정스러운 눈으로 바라보는 그에게 환자였던 사람이 장난스럽게 말하더란다. "선생님, 저는 그때 그 시절에 대해 아주 좋은 추억을 간직하고 있어요. 물론 힘들었죠. 하지만 되돌아보면 제 삶에서 가장 윤택한 시기 중 하나였던 것 같아요. 건강했던 20년 기간보다 아팠던 지난 몇 달 사이 저는 더 많은 것을 배웠답니다."[9] 인생에 고통은 반드시 있지만, 영원하지 않다. 우리 주님의 말씀이다. "그러므로 내일 일을 걱정하지 마라. 내일 일은 내일 걱정할 것이고, 오늘의 고통은 오늘로 충분하다"(마 6:34, 쉬운성경).

내 고난의 연대기가 끝난 지 무려 15년이 지났다. 지금도 그때를 생각하면 아찔하다. 마음이 아리고 몸이 아프다. 그 일을 다시 겪는다는 생각만으로도 온몸이 떨린다. 시쳇말로 차라리 죽으라는 말에 다름 아니다. 그럼에도 그때를 회상하면, 나 또한 그 환자의 말과 동일한 고백을 하게 된다.

그때가 있었기에 지금이 있다.

그때가 없었다면 지금도 없다.

힘든 나날을 기준으로 내일도 그럴 것이라는 어설픈 확신을 가졌다면 어땠을까? 지나고 나면 그때를 다른 시각으로 보게 될 것이다. 어느 대중가수가 힘차게 노래했듯이, 쨍하고 볕 뜰 날 온다. 언제나 햇볕이 드는 것도, 그렇다고 언제나 그늘지는 것도 아니다. 그러니 앞으로도 삶이 계속 힘들 것이라고 지레 판단하고 내일의 가능성을 스스로, 그리고 너무 빨리 차단하지 말아야 하겠다.

둘째, 자살하면 고통에서 벗어날 수 있는지도 의문이다. 자살이 고통의 종지부를 찍기 위해서는 한 가지 전제가 있다. 죽은 다음의 삶이 존재하지 않거나, 행복만 가득한 고통 없는 삶이라야 한다. 적어도 지금보다는 좋아야 한다. 그런데 의료 윤리학을 전공한 유호종은 죽음 이후의 상태를 객관적으로 판정할 수 없다고 본다.[10] 죽음 자체가 의학적 사실도 포함하지만 그 이상의 것이기에 객관적으로 측정 가능하다고 보지 않는다. 우리가 의료 윤리학자의 말을 빌리지 않더라도, 어느 누구도 죽음 이후를 기술한다는 것 자체가 불가능하다는 것을 다 안다.

하여간에 그는 어느 쪽을 취하든 용기가 필요하다고 지적한다. 적어도 자살 다음의 상태가 극심한 고통에서 벗어날 수 있다는 확신 말이다. 그러면서 그는 고통을 없애기 위한 자살에 반대한다. 만일 견디기 힘든 고난에 의미가 있는데도 자살한다면, 고통의 의미를 전혀 실현할 수 없게 된다. 그리고 아무런 의미가 없는 삶에 종지부를 찍는 것이 바람직해 보일지라도, 그것이 죽음 이후에 있을 소멸이나 무無 혹은 다음 생의 심판이나 고통 같은 것과 비교해서 더 낫다고 확신할 수 있어야 한다. 그렇지 못하다면 자살은 무모하다. 그러므로 인간의 인식 능력의 한계로 사후에 대해 장담할 수 없다면 차라리 그냥 사는 게 낫다.

어쨌든 죽는 것보다 사는 것이 낫다. 오래전 광고 카피처럼 순간의 선택이 10년을 좌우해도, 한 사람의 일생에서 죽고 싶은 고난은 한순간이며 지나가기 마련이다. 어느 지혜로운 왕이 반지에 이런 문구를 새겨 넣지 않았던가. "이 또한 지나가리라." 삶 전체에서 지극히 작은 일부에 지나지 않는다. 순간이 모여 인생이 되지만, 한순간을 인생 전체로 환원해서는 안 될 것이다.

셋째, 백번 양보하여 고통이 사라진다고 해도, 살아남은 자의 삶은 어떨까? 최근의 연구조사는 자살자가 남긴 고통을 사회 경제적 비용으로 계산했다. 그 조사에 따르면 조기 사망으로 인한 생산과 수입 상실이 그 비용의 대부분을 차지했는데, 자살자 가족 의료비의 경우 정신과적 질환과 일반 질환이 자살 이전에 비해 네 배 증가한 것으로 나타났다.[11]

이는 자살이 사회적으로는 엄청난 경제적 비용의 손실인 동시에 남은 가족들에게도 크나큰 경제적 어려움과 정신적인 고통을 주며, 주변인들에게 미치는 파급력도 심각함을 뚜렷하게 보여준다. 자연사보다 훨씬 크고 강한 고통을 주위 사람들에게 물려준다. 살아남은 자에게 정서적 죄책감과 경제적 부채를 고스란히 떠넘긴다. 나 하나 고통에서 해방되고자 남은 자들에게 고통을 전가한다면, 총량에 있어서 자살은 고통을 줄이기보다 늘릴 뿐이다.

특히 부모의 자살은 자녀들에게 그들이 살아갈 날 내내 쉽게 지울 수 없는 고통이 될 것이다. 마찬가지로 부모에게 자녀의 자살은 씻을 수 없는 아픔이요 몹쓸 짓이다. 본인의 고통이 사라질 것인지도 미지수인 데다가 살아 있는 가족에게도 큰 고통의 짐을 지우니까 말이다. 부탁한다.

죽지 마라.

살아라.

살면 살게 된다. 참으로 '나'답게 살 날 온다.

자살이 고통을 경감시킨다는 확고부동한 증거도 없고, 오히려 증대시킬 가능성이 훨씬 크다면, 당연히 사는 쪽에 한 번뿐인 인생 전부를 걸어야 하지 않을까? 꿋꿋하게 고난을 감수한 이들의 한결같은 고백처럼, 고통의 폭풍이 한참 물러간 어느 날 "행복했노라"고 말해야겠다. 자살은 고통의 출구가 아니라 입구다. 끝내기가 아니라 연장전이다. 고통 자체에 출구가 있다.

직면하라

고난이 없는 사람은 없다. 인간이 된다는 것은 고통받는다는 말과 같다.[12] 고난을 도외시하고 부정하는 것은 고난이 가져다줄 전혀 다른 미래 자체를 송두리째 내다 버리는 꼴이다. 고난의 부정이 인생 자체의 부정이라면, 고난의 포용은 인생을 풍요롭게 한다. 스캇 펙의 말이다. "삶이 고통스럽다는 것을 알게 되고 그래서 이를 이해하고 수용하게 될 때, 삶은 더 이상 고통스럽지 않다. 왜냐하면 비로소 삶의 문제에 대해 그 해답을 스스로 내릴 수 있기 때문이다."[13] 혹독한 시련을 있는 그대로 인정하는 것이 문제 해결의 단초다.

우리는 기도할 때 눈을 감는다. 이는 눈앞에 닥친 험한 역경을 외면하는 태도일까? 그렇지 않다. 눈을 감는 것은 눈에 보이는 것을 의지하지 않겠다는 의미다. 인생에서 중요한 것은 사실 눈에 보이지 않는 것들이다. 손에 쉽사리 잡히지 않는다. 보이지 않는 것들이 우리네 인생에 더 중요한 가치를 지닌다. "눈에 보이는 소망은 소망이 아닙니다. 보이는 것을 누가 바라겠습니까?"(롬 8:24) 눈을 감는 것은 다른 눈으로 보기 위함이다. 이때의 눈을 우리는 영안靈眼이라고 한다. 믿음의 눈으로 보는 것이다. 육체의 시각이 아니라 영적인 관점, 곧 전혀 다른 새로운 관점으로 고난을 바라보는 것이다.

나를 잡아먹을 듯 득달같이 달려드는 외적 현실 너머, 고난 가운데 현존하시고 고난 속에서 말씀하시는 하나님을 보려고 눈을 감는다. 문제의 본질을 꿰뚫고자 한다. 그러니 기도는 겉으로는 눈을 감는 것이지만, 실제로는 눈을 뜨는 것이다. "상실의 문제는 눈을 감는다고 해결되는 것이 아니며 그것을 용감하게 직시해야 해결된다는 것이 진리이기 때문"이다.[14] 고난의 현실을 뚫어지게 쳐다보기 위해서 우리는 잠시 눈을 감는다. 더 잘 보기 위해서 말이다.

하박국은 고난에 찬 현실에 난처한 물음을 던지며 의심한다. 현실을 전혀 설명하지 못하고 도리어 옥죄게 하는 숨 막힌 정답에 굽히지 않는 열정으로 저항한다. 그리고 도피하기보다는 고난 가운데 담긴 하나님의 뜻과 의미를 포용한다. 그러나 마지막은 힘찬 찬양이다. 그 과정이 없었다면, 하박국의 담대하다 못해 뻔뻔스럽기조차 한 노래는 현실 물정 모르는 한 성직자의 자기 타령일 것이다. 고뇌의 터널이 있었기에 그 찬양의 울림은 깊게 퍼져 나간다. 의심하며 절망의 밑바닥까지 내려가 본 하박국은 찬양의 정상에 올라서게 된다. "이 예언의 총체적 가치는 3:17-18의 노래로 나아가는 과정의 계시"에 있다.[15] 하박국은 여기에 도달하기 위해 자신의 고통을 내팽개치지 않고 부둥켜안았다. 나와 당신도 하박국처럼 의심과 분노에서 시작해서 끝내 직면과 포용에 이르기를!

2부

하나님,

침묵하시다

06 내 탓이다, 내 탓이다

> 살려 달라고 부르짖어도 듣지 않으시고, "폭력이다!" 하고 외쳐도 구해 주지 않으
> 시니, 주님, 언제까지 그러실 겁니까? 어찌하여 나로 불의를 보게 하십니까? 어찌
> 하여 악을 그대로 보기만 하십니까? 약탈과 폭력이 제 앞에서 벌어지고, 다툼과
> 시비가 그칠 사이가 없습니다. 율법이 해이하고, 공의가 아주 시행되지 못합니다.
> 악인이 의인을 협박하니, 공의가 왜곡되고 말았습니다. 하박국 1:2-4

하박국이 의심하고 항의하고 그분의 뜻을 마침내 수용하는 과정을 거
치는 동안, 하나님은 묵묵부답이다. 예언자는 고래고래 소리를 지른다.
"하나님, 제가 이렇게 악다구니를 쓰며 도움을 요청해도 모른 체하십
니까? 이렇게 애원하는데도 언제까지 못 들은 척하실 겁니까? 언제까
지 구원하지 않고 내버려두실 요량입니까? 언제는 고아의 아비요 과부
의 남편이라고 하시던 분이, 애굽의 백성들이 고역을 이기지 못해 신음
하며 부르짖을 때 들으셨던 하나님이 지금은 왜 아무 말씀이 없습니까?
하나님은 정녕 죽으신 겁니까?"

C. S. 루이스의 『헤아려 본 슬픔』*A Grief Observed*의 한 구절은 하박국의
답답함을 반영한다. 하박국이라면 루이스의 슬픔을 십분 헤아릴 것이
다. 아내를 사별한 루이스는 아내에 대한 사무치는 그리움으로 하나님
께 성난 목소리로 따진다. 이 상황에서 왜 아무 말도 없느냐고 대든다.
침묵하는 하나님에 대한 상심한 마음을 다음과 같이 고백한다.

다른 모든 도움이 헛되고 절박하여 하나님께 다가가면 무엇을 얻는가? 면
전에서 쾅 하고 닫히는 문, 안에서 빗장을 지르고 또 지르는 소리. 그리고

나서는, 침묵. 돌아서는 게 더 낫다. 오래 기다릴수록 침묵만 뼈저리게 느낄 뿐. 창문에는 불빛 한 점 없다.……지금 그분의 부재는 무엇을 의미하는가? 왜 그분은 우리가 번성할 때는 사령관처럼 군림하시다가 환난의 때에는 이토록 도움 주시는 데 인색한 것인가?[1]

하나님의 깊은 침묵

이처럼 침묵하는 하나님을 향해 삿대질 해대는 하박국들이 지금도 넘쳐나지만, 그분은 여전히 그때처럼 침묵한다. 왜 하나님은 고난 가운데 침묵하시는가?

하나님의 침묵을 세 가지 방식으로 설명할 수 있다.[2] 첫째, 하나님이 처음부터 존재하지 않으니 말이 없다는 주장이다. 깨끗하고 말끔한 논리이기는 하지만, 실용적 차원에서 그다지 도움이 되지 않는다. 신의 죽음과 부재는 선의 죽음과 부재다. 신^{God}이 없다면, 선^{Good}도 없다. 물론 이 양자를 완전히 일치시킬 수는 없다. 하나님은 선한 분이지만, 도덕적 법칙에 매여 있지만은 않으니까 말이다. 그러나 선이 없다면 고통받는 자를 돕는 이도 없다. 도울 이유도 없을 것이다. 선이 없으니 말이다.

둘째, 하나님이 우리 운명을 바꿀 수 없기에 말하지 않는 경우다. 고통이란 인간의 한계 상황이다. 어찌할 수 없다. 그런데 하나님마저도 무기력하게 삶의 운명을 변혁할 수 없다면, 그래서 그리스 신화의 신들처럼 운명에 복속되어 있는 분이라면, 성경의 창조자 하나님도 아닐 뿐더러 고난당하는 자에게 아무런 쓸모가 없다. 이 또한 거부해야 마땅하다. 하나님도 못하신다면 누구도 못한다.

마지막은 우리의 고통이 하나님에 의해 일어난 것이니 침묵하는 경우다. 하나님이 고난을 가한다는 논리는 믿기지 않는 교리요, 참기 어려운 논리임에 틀림없다. 하나님께서 세상 악의 시초요 책임자라는 것은 당연히 거부한다. 이런 하나님은 모질고 가혹하고 끔찍한 신일 것이다. 그럼에도 고통이 일견 죄와 타락에 대한 심판의 행위일 수 있고, 침묵은 그 연장선상에 있다. 하나님이 우주에 편만한 죄와 악의 원인은 분명 아니지만, 죄와 악에 대한 심판자라는 것은 움직일 수 없는 기독교 신앙이다. 그렇다면 침묵 자체가 하나의 심판 행위일 수 있다. 침묵하심으로써 우리를 벌하시는 것이다.

고통은 죄의 형벌인가?

고통이 죄의 형벌이라는 생각은 참으로 뿌리 깊고 오래된 것이다. 그것을 잘 보여주는 예가 고통이라는 단어다. "'고통'pain은 '징계'punish나 '죄값'penalty이라는 의미를 지닌 라틴어 어근 'poena'에서" 나왔다.[3] 그러니 우리가 '나는 왜 고통당하는가?'라고 묻는 순간, 자기도 모르게 그것은 내 잘못에 대한 벌이라고 자인하는 셈이다. 악과 죄의 귀결은 그에 상응하는 고통이다.

　　고통에 대해 모름지기 자기가 지은 죄의 대가나 벌로 이해하는 것은 동서고금은 물론이고 공히 모든 종교의 일반적인 시각이다.[4] 고대의 사람들은 가뭄이나 홍수, 기근 등을 신이 금지한 터부를 어긴 것에 대한 직접적인 벌로 이해했다. 예컨대, 제의 절차를 어긴다거나 나이 든 사제를 모독하면 가뭄이나 홍수가 발생한다고 여겼다. 불교와 힌두교에서는 현재의 고통을 전생의 잘못에 대한 인과응보로 생각한다. 죄를 지었으면 죄에 상응하는 벌을 받아야 한다는 생각은 보편적인 듯하다.

성경도 예외가 아니다. 구약성경의 보편적이고 기본적인 인식은 "고통이란 인간의 죄악과 잘못의 결과"다.[5] 아담과 하와의 낙원 추방, 땅 위의 모든 것을 쓸어버리고 싶을 만큼 타락한 인류에게 내린 전 지구적 홍수 심판, 열 가지 재앙을 겪으면서도 끝끝내 고집을 버리지 않던 바로와 애굽인들 등은 "고통은 그들의 죄의 대가요 형벌"이라는 말의 예증이다. 예언자들은 하나님을 등지고 약자를 괴롭히는 이들에게 하나님의 심판을 숱하게 예고했다. 불의한 자에게 반드시 하나님의 징계가 임할 것을 경고한다.

혹독한 바벨론 포로생활을 마치고 귀환한 에스라와 느헤미야는 그것이 자신과 열조의 죄악에 대한 하나님의 엄중한 심판이었다고 말한다. 돌아온 뒤에도 여전히 과거와 동일한 죄를 반복하는 동포를 본 에스라는 기가 막혀 회개한다(라 9:7). 꿈에 그리던 고토로 돌아가리라 결심하는 느헤미야도 죄의 벌이 조국의 멸망이었음을 시인한다. "우리 이스라엘 자손이 주님을 거역하는 죄를 지은 것을 자복합니다. 저와 저의 집안까지도 죄를 지었습니다. 우리가 주님께 매우 큰 잘못을 저질렀습니다"(느 1:6-7).

하박국서의 생각도 다르지 않다. 곳곳에서 예언자는 고통이 죄의 대가임을 감추지 않는다. 불의와 악이 횡행하는 것을 더는 참지 못해 터져 나온 탄원에 하나님은 바벨론을 통해 심판하시겠다고 응답한다. "이제 내가 바빌로니아 사람을 일으키겠다. 그들은 사납고 성급한 민족이어서, 천하를 주름잡고 돌아다니며, 남들이 사는 곳을 제 것처럼 차지할 것이다"(합 1:6).

이러니 하박국이 인정하지 않을 재간이 없다. "주님, 주님께서는 우리를 심판하시려고 그를 일으키셨습니다. 반석이신 주님께서는 우리를

벌하시려고 그를 채찍으로 삼으셨습니다"(합 1:12). 비록 하박국이 만세
전부터 계신 하나님의 신실한 언약에 기대어 하나님이 자신들을 경계
하는 채찍으로 바벨론을 사용하신다고 인식했지만, 그는 낚싯줄에 잡히
고 투망에 걸리는 물고기 운명이 될 것을 괴로워한다. 심판이 하도 엄중
하여 그는 입술이 바들바들 떨리고, 다리가 후들후들 흔들리고, 창자가
배배 뒤틀린다(합 3:16). 그래서 그는 하나님의 진노로 자신의 동족이
아주 망하지 않기를 기도한다. "진노하시더라도, 잊지 마시고 자비를 베
풀어 주십시오"(합 3:2).

그렇다. 고통은 하나님의 진노요 죄의 결과다. 그러나 모든 고통이
그런 것은 아니다. 구약성경만 해도 고통을 죄악의 보응으로 보지만, 그
와 동시에 단련시키려는 교육적인 목적, 죄 없는 자의 고통, 악인이 당
할 고통을 대신 받는 고통, 질고를 대신 지는 대속적 고난―이사야의 고
난받는 종이 대표적이다―등으로 인식한다.[6] 그럼에도 우리가 겪는 고
통 중 일부 자기 죄 탓도 있는 것은 분명하다.

더글라스 존 홀Douglas John Hall은 너무 강한 결정론이나 주의주의
voluntarism 중 어느 한쪽으로 쏠리면 안 된다고 경고한다.[7] 만약 인간의 행
동이 이전에 이미 결정되어 있다면, 세월호 참사로 죽은 우리 아이들은
어떻게 설명할 수 있을까? 반대로 지나치게 주의주의에 빠져서 모든 악
과 고통의 책임을 한 개인의 자발적 의지로 돌린다면, 태어나면서부터
제약을 받는 절대 빈곤층이나 어린이, 여성에게 과도한 책임을 떠넘기
는 것이다. 그것은 면피용 신학이다.

그러므로 우리는 두 가지 모두를 받아들여야 한다.[8] 우리는 모든 고
난이 하나님의 뜻이라고 해서도 안 되며, 반대로 그분의 뜻이 전혀 없다
고 말해서도 안 된다. 둘 다라고 말하는 것이 성경의 가르침이고, 위대

한 기독교 사상가들의 공통된 주장이다. 인간 고통의 기원을 지나치게 초자연 혹은 초월적인 것으로 이해하여 인간의 책임마저 다른 데 전가해서는 안 되며, 반대로 자연적이고 내재적인 것으로 축소하여 안 그래도 고통으로 허덕이는 이들에게 수고하고 무거운 짐을 지게 해서도 안 된다. 모든 고난이 내 탓은 아니다. 그러나 어떤 고난은 내 탓이다.

다시는 죄를 짓지 마라

그럼에도 형벌 개념 일체를 거부하는 목소리가 많고 격렬하다. 요하네스 브란첸Johannes Branchen은 이렇게 말한다. "예수 그리스도께서 세상에서 겪는 고통이 죄에 대한 벌이라고 말씀하신 적은 한 번도 없었다."[9] 그 전거로 든 것이 태어나면서부터 소경 된 자를 둘러싼 제자들의 물음과 예수님의 대답이다(요 9:1-3). 제자들은 묻는다. "누구의 죄 때문입니까?" 자기의 죄도, 부모의 탓도 아니라는 것이 예수님의 대답이다. 고통이 만약 누군가의 죄와 잘못에 대한 심판이라면, 예수께서 병자와 빈자, 약자를 도우실 리 만무하다. 그분은 인간의 고통을 거슬러 싸우셨다.

    브란첸이 보기에, 고통을 징벌로 해석하는 것은 악과 고난에 용감하게 맞서려는 그리스도인의 능동적인 자세를 약화시킨다. 죄에 대한 대가라면 고난은 어쩔 수 없는 것으로 받아들여야 한다. 죄값이니 달게 받아야 할 것이다. 그러다 보면 마땅히 제거할 수 있는 것도 감수하게 만든다. 좋은 예가 천연두와 무통분만이다.[10] 한때 그것들은 하나님의 징벌이기에 그분의 뜻을 거슬러서는 안 되며, 인내로 감당해야 한다고 말했던 적이 있다. 지금도 그러한가?

    그러나 그는 요한복음 8장의 또 다른 이야기를 놓치고 있다. 간음하던 현장에서 발각되어 잡혀 온 여인을 향해 예수님은 결코 정죄하지 않았다. 그 여인을 잡아 온 남정네들은 허점이 여간 많은 것이 아니다. 일단, 그들이 여인을 돌로 칠 근거로 든 레위기 규정은 남자와 여자 모두를 사형에 처하라고 한다(레 20:10). 그런데도 그들은 남자는 데려오지 않았다. 버려두었거나 아니면 돌려보냈을 것이다. 이것은 마초들이 예수님을 모함하기 위해 여성을 거리낌 없이 이용한 것이다.

그러나 예수께서는 아무도 그 여인을 정죄할 수 없다는 것을 확인해 주신 다음, 그녀에게 이렇게 말씀하신다. "나도 너를 정죄하지 않는다. 가서, 이제부터 다시는 죄를 짓지 말아라"(요 8:11). 예수께서 죄인을 용서하셨지만, 죄마저도 용납하신 것은 아니다. 이것을 혼동하여 죄를 의롭다 하는 것을 일컬어 디트리히 본회퍼는 '값싼 은혜'라고 말했다. 값싼 은혜는 죄를 의롭다 한다.[11] 그리스도를 따르지 않고, 회개 없는 용서를 선언하고, 순종과 십자가 없는 은혜를 설교하는 것은 값진 은혜를 싸구려 떨이로 전락시키는 행위에 지나지 않는다. 이는 루터의 종교개혁을 오해한 것이다. 루터의 개혁의 요지는 "죄를 의롭다 하는 것이 아니라 죄인을 의롭다 하려는 것"이니 말이다.

1989년에 '5공 청문회'를 중심으로 제5공화국 청산작업이 진행되었다. 당시 전두환 전 대통령은 백담사로 유배되듯 쫓겨났고 전 국민의 비판과 비난의 목소리가 높았다. 그 어간에 신학대학원 전체 수련회가 있었다. 저녁집회 후에 방에 둘러앉았는데, 이것이 마침 대화 주제가 되었다. 한 선배는 죄인일지라도 그를 용서하고 감싸 주어야 한다고 했다. 그러면서 예의 간음하다가 잡혀 온 여인 이야기를 했다. 누구도 여인에게 돌을 던질 수 없듯이 전두환 씨에게 돌을 던질 수 있는 사람은 없으며, 예수께서 여인을 용서하셨듯이 그를 용서해 주어야 한다고 했다.

나는 다시 죄 짓지 말라는 말씀은 왜 쏙 빼먹느냐고 물었다. 그가 지은 죄에 대해서 한마디 지적도 못하면서, 용서 운운한 것은 어불성설이 아니고 무엇이란 말인가? 죄가 없는데 뭘 용서하란 말인가. 죄를 지적하지 않고서 용서부터 하려는 것이 다름 아닌 값싼 은혜다. 어쩌면 그 선배도 전두환 씨의 죄를 인정한 것이다. 그를 용서해야 한다고 했으니까 말이다.

모든 고통이 죄의 결과가 아닌 것은 분명하지만, 그렇다고 죄와 전적으로 무관하지 않다. 어떤 고통은 죄의 징벌이지만, 어떤 고통은 죄와 관계가 없다. 자신의 잘못과 하등 상관없이 고통이 밀고 들어오기도 하고, 내 잘못으로 고통을 겪는 경우도 허다하다. 예컨대, 음주 운전을 하다가 큰 사고를 일으키거나 지나친 술과 담배로 자기 몸을 해롭게 하는 것 등이 그렇다. 나면서 소경 된 자가 전자라면, 간음하다 잡혀 온 여인은 후자에 해당된다. 앞의 경우에는 결코 죄책감을 가져서는 안 되지만, 뒤의 경우라면 응당 자신을 돌아보아야 하겠다.

그럼에도 한사코 쿠쉬너는 고통이 죄의 결과임을 거부한다. "고통은 하나님이 우리를 징벌하신다는 사실을 나타내는 것이 아니다. 그것은 좋은 사람이든 나쁜 사람이든 불문하고 무엇인가가 잘못되고 있다는 점을 알려 주는 자연의 경고가 표출된 것이다."[12] 하나님은 경고할 수 없는 것인가? 자연은 경고하는데 말이다. 당신의 형상대로 창조한 피조물인 사람이 엉뚱한 길을 들어서고 있는데, 그 당연한 종말을 애써 무시하고 상실한 마음을 따라 악한 일을 하는데도 아무런 주의도 주지 않는다는 말인가?

세상이 원래 그렇다고?

엄연히 우리 자신에 의해 고통이 야기되는 것을 부인하거나 축소해서는 안 된다. 『강아지 똥』『몽실 언니』『하느님의 눈물』로 잘 알려진 동화작가 권정생 선생은 이현주 목사와 함께 자신을 찾아온 이들에게 조용하지만 단호하게 말한다.[13] "이라크에서 전쟁을 일으키는 것도, 사람들에게 그 많은 고통을 주는 것도 하나님의 뜻인가요? 인간이 한 것이지요." 또 묻는다. "하나님이 일제 36년과 6·25의 고통을 우리에게 주었는가?" 인간이 벌여 놓은 일들을 두고 하나님의 뜻이라고 하여 자기 책임과 잘못을 피하려 하는 것이 인간들이 하는 일이다.

　영화 「미션」The Mission의 마지막 장면이다. 남미 인디언들과 그들을 위해 선교하고 투쟁하던 신부들마저 모두 학살당했다. 학살자들은 어쩔 수 없었다고, 목적을 위해서라면 필요한 일이었다고 변명하기 급급하다. 그러면서 "세상은 원래 그런 겁니다"라고 애써 자위하고 교황 사절을 위로한다. 그 이야기를 들은 교황의 사절은 눈물을 글썽이며 대답한다. "그렇지 않습니다. 우리가 세상을 그렇게 만든 겁니다. 내가 그렇게 만들었어요." 고통을 정당화하기 위해, 자신의 잘못을 감추기 위해, 책임지기 원치 않을 때 으레 이렇게 말한다. "하나님의 뜻입니다."

　주일예배를 마치고 점심식사를 나누는 중이었다. 당시 교회 교인들이 많이 근무하던 병원에 여러 가지 부정과 부패, 비리가 많았다. 이를 두고 무성한 말들이 돌았다. 왜 그러냐고 물으니 병원 직원 말이 "목사님이 세상을 잘 몰라서 그렇지, 세상은 원래 그래요" 한다. 우리 그리스도인은 세상이 그렇고 그렇다고 말하라고 부름받은 것이 아니라, 그렇고 그런 세상을 그렇지 않은 세상으로, 새 하늘과 새 땅으로 만들라는 책임을 부여받았다. 하나님께 핑계를 대고, 그저 있는 세상을 탓해서는 안 된다. 지금 그 병원은 안타깝게도 존폐 위기에 있다.

인간의 잘못으로 전쟁이 벌어지고, 내 잘못으로 고통이 닥치는 경우가 비일비재하다. 대표적인 경우가 질병이다. 도올 김용옥의 말이다.

크메르인들은 인간의 질병이 우연적인 세균이나 사기邪氣의 감염으로 일어난 것이 아니라, 인간의 죄악의 결과라고 굳게 믿었다. 이러한 크메르인들의 생각은 내가 생각하기에 매우 과학적인 것이다. 과학적임을 자처하는 현대인들은 인간의 질병에 대하여 스스로 책임을 지려고 하지 않는다. 질병은 세균 탓이며 재수 탓이며, 그 치료는 의사의 몫이며, 돈으로 해결해야만 할 그 무엇이라고 믿는다. 현대인들이 사실 '의료 과학 미신'에 걸려 있는 것이다. 그런데 그 질병은 결국 인간이 스스로 자초한 것이다. 반드시 자기가 자기 몸에 죄를 지었기 때문에만 발생하는 것이다. 세균이나 바이러스에 감염되는 것도 재수가 아니라 면역능력 감소에 의한 것이며, 면역능력 감소는 반드시 실존적 행위의 소관이다. 질병은 죄를 지었기에 발생하는 것이라는 고대인들의 생각은 내가 생각하기에, 현대인들의 무책임한 질병관보다 훨씬 과학적이다.[14]

모든 질병이 자기 잘못은 아니다. 나면서 선천적인 장애를 타고나는 이들에게 무슨 잘못이 있단 말인가? 그러나 후천적인 질병의 대부분은 평상시 식습관과 생활방식과 밀접하게 관련되어 있다. 한 의사는 내게 술, 담배가 직간접적으로 질병을 일으키는 요인의 80퍼센트를 차지한다는 의학 논문을 읽은 적이 있다고 말해 주었다. 질병이 자기 죄의 결과라는 것이 도올은 과학적이라고 했는데, 덧붙여 말하면 그것은 신학적이

기도 하다.

한번은 영국의 「더 타임스」가 '이 세상에 무엇이 문제인가?'라는 주제로 당대의 저명한 작가 몇 사람에게 에세이를 써 달라고 부탁했다. 그중에 한 사람, G. K. 체스터턴^{Chesterton}은 아마도 역사상 가장 짧은 에세이를 썼다. 단 한 문장이다. "나입니다."^{I am} ¹⁵ 왜 세상이 변하지 않느냐고? 바로 나다. 내가 변하지 않았기 때문이다. 왜 나는 계속해서 고통받아야 하는가? 그리고 왜 하나님은 침묵만 지키고 계신 건가? 다른 그 누구도 아닌 바로 나 때문이다. 내 탓이다, 내 탓!

07 　내가 하겠습니다

살려 달라고 부르짖어도 듣지 않으시고, "폭력이다!" 하고 외쳐도 구해 주지 않으
시니, 주님, 언제까지 그러실 겁니까? 어찌하여 나로 불의를 보게 하십니까? 어찌
하여 악을 그대로 보기만 하십니까? 약탈과 폭력이 제 앞에서 벌어지고, 다툼과
시비가 그칠 사이가 없습니다. 율법이 해이하고, 공의가 아주 시행되지 못합니다.
악인이 의인을 협박하니, 공의가 왜곡되고 말았습니다. 하박국 1:2-4

내 고난의 연대기는 대략 5년의 시간이었다. 처음 나의 질문은 '어찌하
여?'^{why}였다. 하나님이 왜 이러는지 모르겠고, 알고 싶어 미칠 지경이었
다. 신경질이 났다. 고난과 하나님의 성품은 도무지 어울리지 않았다. 둘
중 하나는 옳고 다른 하나는 그른 것이어야 하는데, 나는 그중 어느 것
도 부정하거나 약화시킬 수 없었다. 고난이 어찌 사소한 것이며, 하나님
이 어찌 살아 계시지 않겠는가. 어떻게든 양자를 조정하고 조화를 꾀하
려고 무던 애를 썼다.

　초창기 동안 내 질문의 초점이 '어찌하여'였다면, 후반부로 넘어갈
수록 내 물음의 빈도와 강도는 '언제까지'^{when}로 변했다. 고난당한 사람
에게는 왜 고난이 있는지 못지않게 이 고난이 언제 끝나는지도 중요하
다. 오히려, 어떤 점에서는 설령 고난의 이유에 관한 답을 듣지 못하더
라도 왜 고난이 있는지보다 언제 고난이 끝나는지, 그 시점이 미치도록
궁금했다.

　고난의 끝을 묻는 것은 그 사이의 시간, 곧 하나님의 침묵에 대한
물음이기도 하다. 언제까지 하나님이 가만히 있을 참인지 묻는 것이다.
'왜'라는 답변이 주어지지 않은 상황에서 하나님의 사람은 그 스스로가

하나의 대답이 되어 가며, '언제'라는 시점에 관해서는 하나님의 주권을 믿고 기다린다. 그것이 내가 끙끙 앓으며 모색한 결론이었다.

그러다가 차츰 '왜'에 관한 정답으로 내 관심이 쏠렸다. 그것은 결과적으로 책임 소재를 추궁하는 것이었다. 즉 누구 잘못인가의 문제로 귀착되었다. 또한 실천적인 변화보다는 이론적인 논리에 치중하였다. 실천의 문제를 이론의 영역으로 축소한 셈이다. 내 분투의 날들이 불필요한 씨름은 아니었다. 종착지라기보다는 하나의 과정으로서 반드시 거쳐야 할 물음이었다. 그때, 나의 물음은 '고통은 어디서 오는가?'였다.

고통은 어디서 오는가?

피할 수 없는 고통은 어떤 경로로 우리에게 오는 것일까? 첫 번째 대답은 유혹하는 '사탄'이다. 인류 타락의 시발점도, 욥에게 직접적인 고통을 준 장본인도 사탄이다. 사탄은 하나님을 적극적으로 대항하는 하나님의 원수인 동시에 우리를 그릇된 길로 인도하는 유혹자다. 아담에게 그랬던 것처럼 우리가 죄를 짓도록 부추기고 타락의 길로 유혹한다. 창조 때에 아담을, 광야에서 예수님을 유혹했던 사탄은 지금도 우리를 현혹한다.

두 번째는 시련을 자초하는 '인간' 자신이다. 고난은 죄에 대한 형벌의 측면이 있다. 죄가 있는 곳에는 반드시 상응하는 형벌이 따른다. 잘못된 내 욕망으로 인해 걷잡을 수 없는 재앙으로 비화된다. 악인의 난동과 도발로 가혹한 어려움과 두려움에 빠진다. 내 욕심으로, 나쁜 이웃에 의해서, 선한 의도와 달리 감당하기 어려운 시련이 양산된다. 이스라엘의 멸망은 그들이 저지른 죄의 결과다. 의인 하나 없는 세상에서 어떠한 형태로든 인간은 자신의 고난에 대한 궁극적 원인이다.

세 번째는 시험하는 '하나님'이다. 공의로운 하나님은 우리 죄에 대해 명백히 심판한다. 의인 욥에게 그랬던 것처럼, 때로 고난을 허용한다. 아브라함과 요셉에게는 주도적으로 그들을 고난의 현장으로 몰아넣으셨다. 이 세상에 존재하는 모든 것이 하나님으로부터 말미암았다고 믿는다면, 우리에게 벌어지는 가혹한 시련이 하나님의 손을 거쳐 왔다는 것도 인정해야 한다. 이것은 이해하기도, 받아들이기도 어렵다. 그렇지만 사실이며 진실이다.

고통이 오는 경로는 이렇듯 다양하다. 초점은 나 자신이다. 누구나 고통받지만, 패배하는 이도 있고, 승리하는 이도 있다. 복이 될지 화가 될지를 결정하는 것은 자신이다. 고난 없이 성장하고 성공한 사람은 단언컨대 없다. 그들은 하나같이 고난이 축복이었다고 말한다. 고난 자체가 축복은 아니다. 고난을 축복의 기회로 선용했을 뿐이다. 아무튼 고통의 원인과 경로는 다양하다. 고난이 발생하는 다양한 경로를 부정하면 안 된다. 이유도, 그 결과도 너무 다르다. 특정한 한 가지를 공식처럼 대입해서는 현실을 제대로 파악할 수 없다. 그 점에 유의하는 것이 고난을 딛고 일어서는 데 유익하다.

고난은 왜? 고난을 어떻게?

'왜 고난이 있는가'라는 물음에 대답을 제공하려는 신학 이론을 신정론神正論, theodicy이라고 한다. "신정론이라는 단어는 신을 의미하는 그리스어 '테오스'와 의로움을 의미하는 '디케'로 이루어졌다."[1] 이 세상에 만연한 악과 고통에도 불구하고 하나님은 공의롭고 공평하다는 뜻이다. 사전을 들춰 보면 그 뜻이 더 분명해진다. "이 세상의 악의 문제에 대한 응답이다. 악이 실재한다는 것에도 불구하고 하나님이 전능하고 전적으로 사랑이시며 정의롭다는 것을 논리적이고 적절하고 일관되게 변호하려는 시도다."[2] 하나님과 악의 존재를 조화롭게 설명하면서도 궁극적으로는 하나님의 전능과 선함을 일관되게 변호하려는 체계다.

그러나 신정론은 논리의 유희요 말장난이 될 공산이 크다. 오히려 고통받는 자의 처지와 멀고, 욥의 친구들에게서 보듯이 도리어 억압할 수도 있다. 그 까닭은 신정론이 등장한 정황을 추적하면 금세 알게 된다. 이 용어의 최초의 사용자는 라이프니츠[G.W.Leibniz]다.[3] 그는 현존하는 세상이 하나님이 창조할 수 있는, 가능한 최상의 것이라고 논증하였다. 악이 있는 세상일지라도 하나님의 편에서 보자면, 가능할 뿐 아니라 또한 최상이다. 이것이 발전하여 악한 현실과 하나님의 존재와 성품과는 논리적으로 아무런 충돌이 없다는 것을 이성적으로 설명하려는 학문 분야가 되었다.

이는 신정론이 지역적으로는 서양, 시기적으로는 근대의 산물이라는 것을 암시한다. 서양의 근대를 여러 가지 방식으로 정의할 수 있다. 그중 하나는 주관성을 어찌하든지 배제하려는 노력으로 보는 것이다. 그러면서도 주체를 확대하고 강화했다는 것이 포스트모더니즘의 비판이다. 신정론에 대해 객관적이고 중립적인 자세를 취하려다 보니, 고통을 파악하면서도 자연스레 각 개인의 실제적이고 구체적인 아픔과 상실을 보편적이고 추상적인 수준에서 설명한다.

그리고 악의 현실과 하나님 사이에 논리적 갈등이 없다는 것 자체가 비현실적이다. 물론, 이론적 차원도 포함된다는 것은 이론의 여지가 없다. 그러나 하나님을 향한 욥의 물음은, 자신에게 닥친 까닭 모를 고통의 원인을 캐묻자는 것보다는 고통이 제거되기를 바라는 갈망이요 몸부림이다. 그것이 의미하는 바는 이렇다. "나 정말 힘들어요, 하나님. 제발 살려 주세요. 해결해 주세요. 이기게 해주세요. 피하게 해주세요."

딱하게도 욥의 친구들은 그 말을 가슴으로 경청하지 못한 채 머리로 반응한다. 그들은 정색하고 대꾸한다. "욥, 자네 지금껏 그런 것도 몰랐단 말인가? 내가 가르쳐 줌세. 그게 왜 그러냐 하면 말이야……." 이것이 바로 신정론의 문제다. 우리 주님의 비유에 나오는 선한 사마리아 사람처럼 실제적인 도움을 주어야 하는데, 고통받는 자에게 필요한 것은 '어떻게' 그리고 '무엇'인데, 그 옆에서 당신이 '왜' 이런 고통을 겪게 되는지 설명하려 든다면 참으로 어리석고 한심하기 짝이 없는 노릇이다.

그럼에도 지성을 갖춘 인간으로서 '왜'라는 물음을 버릴 수 없고, 고난의 일부가 내 잘못이라면 왜 그런지를 설명해야 한다. 왜 악과 고통이 존재하는지 묻고, 그러면서도 그 대답이 우리에게 실존적 용기와 소망을 주는 것으로 연결되어야 한다. 의사들이 하는 일이 크게 두 가지라고 한다. 바로 진단과 처방이다. 병명이 무엇인지를 밝히고, 그 토대 위에서 어떻게 병을 치료할 것인지 처방한다. 그러니 '왜'와 '어떻게'를 함께 묶지 않으면 안 된다.

모순은 문제가 안 된다!

우리가 겪는 악과 고통의 문제는 이론적 차원에서 다음과 같은 논리적 딜레마를 갖고 있다. 서양의 고대 철학자인 에피쿠로스에 따르면,

(1) 하나님은 선하고 전능하다. (2) 세상에는 악과 고통이 존재한다. (3) 하나

님이 선한데도 악이 존재하므로 그분은 전능하지 않다. (4) 하나님이 전능한데 악이 없어지지 않은 것은 하나님이 선하지 않다는 증거다. (5) 따라서 하나님은 선하지 않거나 전능하지 않거나, 혹은 아예 하나님은 존재하지 않는다고 결론지을 수 있다.[4]

이 딜레마를 현대에 들어와서 가장 강력하게 주장하는 이가 J. L. 매키Mackie다. 그는 「악과 전능」이라는 논문에서 신정론을 논리의 문제라고 잘라 말한다.[5] 그에 따르면, 신정론은 관찰로 해결하려는 과학적 접근도, 결단과 행동을 촉구하는 실천적 영역으로도 변질시켜서는 안 된다. 논리의 문제이므로 위의 세 가지, 곧 하나님의 전능과 하나님의 선, 그리고 악의 존재 중 어느 하나도 부정할 수 없다. 만일 하나라도 부정한다면 각각의 개념 정의상 서로 모순이 발생하고, 따라서 하나님은 사랑이 없거나 또는 전능하지 않은 신이 되고 만다.

기독교는 인간이 선을 자신의 자유의지로 선택하려면, 선이 아닌 것 곧 악이 선택 사항에 있어야 한다고 주장한다. 반면, 매키는 '전능한' 하나님이라면 악이 없는 세상에서도 인간이 자유롭게 선택하도록 만들 수 있어야 한다고 말한다. 이것은 전능한 신에게는 논리적으로도 실제적으로도 가능하다. 당연히 그렇게 해야 한다. 그러므로 고통이 없는 환경에서도 자유롭게 진리를 사랑하고, 선을 행하고, 미를 지향하는 인격적 존재를 만들지 않았다는 것은 적어도 하나님이 전능하지 않다는 것으로 해석해야 한다.[6]

"선한 하나님과 악한 현실은 모순이 없다." 이것이 전통적인 기독교 신학과 신정론의 대답이다. 이를 주장하는 대표적인 학자들이 고대의 성 아우구스티누스, 최근에는 C. S. 루이스와 앨빈 플랜팅가Alvin

Plantinga다. 이들의 논증을 '자유의지 신정론'free will theodicy이라 하는데, 요지는 이러하다. "선한 하나님과 악하고 타락한 세계 사이에 논리적 모순은 없다." 논리적 모순이 없다는 말에서 보듯이 이성적 해명이 초점이다.

이들에 따르면, 하나님이 세상을 창조하실 때 인간이 자유롭게 하나님을 경배하게 만들었기 때문에 악의 존재는 불가피하다. 하나님이 우리 인간을 자동 프로그램으로 설정하고 통제되는 기계 로봇이거나 배운 몇 마디 외에는 달리 말을 하지 못하는 앵무새처럼 "하나님 사랑합니다, 감사합니다"만 읊조리게 만드셨다면, 참 답답한 노릇이다. 인격적인 하나님이 우리 인간으로 하여금 인격적이고 자유로운 의사에 따라 하나님의 은총에 응답하기를 원하신 것은 논리적이다.

자유가 참으로 자유이기 위해서는 선택할 옵션이 있어야 한다. 아무런 선택 사항도 없다면 그것은 선택이 아닐 것이다. 진공 상태에서는 자유도, 역사도, 도덕도 없다. 하나님을 예배할 것인지 말 것인지, 하나님 아닌 것들, 예컨대 돈이나 권력이나 명예를 신과 같이 섬길 것인지 여부를 우리가 깊이 숙고한 연후에 하나님을 선택할 때, 그 선택이 값지다. 선택할 여지가 전혀 없다면, 하나님이 인격적인 자유를 주셨다는 말은 거짓이며, 신앙 역시 강요된 것이거나 무의식적으로 조작된 프로그램의 결과일 뿐이다.

하나님으로서도 일대 모험이 아닐 수 없다. 진, 선, 미로 가득 찬 따뜻한 세상을 창조하실 수 있음에도 불구하고, 당신이 창조한 아름다운 세상에 악이 범람할 가능성을 허용해야 했고, 또 그것을 실제로 목격해야 했으며, 해결책으로 당신의 아들 독생자를 제물로 내놓아야 했기 때문이다. 그럼에도 하나님은 그렇게 하셨다. 왜? 그분은 그런 위험을 감수할 가치가 있다고 생각하신 것이 분명하다.

이러한 자유의지 신정론에 의하면, 이 세상에 악을 제공한 능동적 주체는 인간 자신이다. "인간이 자유의지로 타락했다는 교리는, 이처럼 좀 더 복잡한 이차적 선의 연료 내지는 원료를 만들어내는 악을 제공한 주체가 하나님이 아닌 인간이라고 단언"한다.[7] 인간 자신이 하나님이 주신 자유의지를 오용하여 그릇된 선택을 했다는 것이다. 자유는 치료하는 약과 함께 치명적인 독을 품고 있는데, 인간은 독을 골랐던 것이다. 선한 하나님과 악한 현실 사이에는 아무런 논리적 하자가 없다. 그렇기 때문에 모순이 아니다. 내 고통은 내가 잘못 사용한 자유의 결과다.

모순이 문제가 아니다!

하지만 그렇다고 문제가 모두 해결된 것은 아니다. 이론은 이론이기에 또 다른 물음과 논쟁을 양산한다. 첫째, 하나님이 우리 인간에게 주신 자유가 지나친 고비용을 요구한다. 고통의 무게를 잴 수 없는 노릇이지만 이해를 위해 비교한다면, 인생의 자유와 무고한 죽음이 맞바꿀 만한 것일까? 예컨대, 부모가 자녀에게 자유를 가르친다는 명목으로 다소 고생하도록 묵인하고 기다릴 수 있다. 그러나 자녀가 심각한 상황에 직면하도록 내버려두고 그 결과 죽음에 이르렀다고 한다면, 결코 선하거나 지혜롭기는커녕 차라리 사악한 부모일 것이다.

둘째, 이론의 한계다. 악과 고통은 관념이 아니라 현실이다. 인간의 지성으로 하나님과 세계의 고통을 모순 없이 설명한다고 해도, 그것은 겨우 시작이요 일부다. 이론적 문제가 깔끔하게 해결되어도 위로와 용기와 지혜가 자동적으로 생기지 않는다. 말도 안 되는 현실을 말이 되게 설명하는 것은 부질없다. 내가 당하는 고통 자체가 부당한데, 왜 부당한지를 타당하게 설명하는 것은 허망하다. 고난받는 자에게 정작 필요한 것은 '이론적 대답'보다 '실존적 위로'와 '실천적 용기'와 '실제적 지혜'다.

셋째, 세상이 선한 것은 사실이지만 악의 능력을 과소평가한다. 자유의지 신정론이 전제하는 것은 세상은 원래 선한데 인간의 자유 남용과 오용으로 타락했다는 것이다. 성 아우구스티누스에 따르면, 존재하는 모든 것은 선이고 악은 실체가 아니다.[8] 완전하신 하나님이 창조하셨으므로 아름답다. 비록 타락하여 왜곡되었을지라도 본성상 모든 피조물은 선하다. 악이 아니라 선이 중심이고 본질이다. 악은 선에 기생하고 거기서 파생될 뿐이다. 선은 충만이고 능동인 반면, 악은 선의 결핍이고 수동일 따름이다.

이는 원치 않게 악의 현실을 약화시킨다. 누가 아우슈비츠를, 1980년 광주를, 그리고 용산과 세월호를, 아프가니스탄과 이라크 전쟁의 참혹함을 이르러 선의 부족이라고 말하는가? "나치 배후를 조종했던 역동적인 악한 의지를, 단지 조금 선이 부족하다는 이유로 유럽의 유대인들을 학살하려 한 것일 뿐이라고 묘사하는 것은 대단히 불만족스러운 일이 될 것이다."[9] 그것은 악의 충만이다. 선이 모자라서 일어난 일이 아니라 악이 넘쳐서 생긴 일이다. 악은 선의 부재가 아니라 악의 현존이다. 악은 부재가 아니라 실재다.

물론 배경을 고려하면 이해 못할 바 아니다. 성 아우구스티누스가 오랫동안 추종했던 마니교는 선과 악의 이원론을 주장했다. 둘 사이의 영원한 대립과 투쟁이 인류의 역사이며 인간의 실존이다. 그러나 양자에서 주도권을 행사하는 것은 악과 어두움이다. 그 어두움의 왕국이 선을 맹렬하게 공격하고, 선은 자신을 방어하는 데 무력하다. 넓게 보아 영지주의의 일파인 마니교는 인간 안의 본래적 지식을 깨달아 알면 육체와 악으로부터 구원을 받는다고 말하지만, 악에 비해 무능하고 무력한 선이라는 교리는 구원을 방해한다.[10] 이런 당대의 사상 조류에 반하여 그는 선을 강화했지만, 악을 약화시키는 데까지 나가지는 못했다.

마지막으로, 하나님도 책임을 면할 수 없다. 자유의지를 남용한 궁극적 책임이 인간에게 있으므로 고통의 일차적인 책임은 인간에게 있는 것이 맞다. 아우구스티누스의 말이다. "내가 무엇을 하려고 원하든지 안 하든지 간에 의지의 주체는 다름 아닌 나 자신이었다는 사실을 확실히 알게 되었습니다. 이제야 나는 바로 여기에 내 죄악의 원인이 있음을 알게 되었습니다."[11] 앞서 말했듯이, 자기 책임을 하나님께 전가할 수 없다. 고난의 일부에는 우리의 죄에 대한 심판의 차원이 내포되어 있기 때문에 "내 탓이요"라고 말해야 옳다.

그러나 동시에 하나님도 책임을 떠안게 된다. 어떤 논리로도 하나님께서 악을 당신의 지혜로 예견하셨고, 능력으로 막을 수 있으며, 사랑으로 제거할 수 있다는 것을 부정할 수 없다. 존 힉[John Hick]에 따르면, "죄의 존재에 대한 궁극적 책임으로부터 신을 면제시키기는 여전히 대단히 힘들다."[12] 하나님이 악과 고통을 초래했거나 예정한 장본인이라는 말은 결코 아니다. 하지만 최종심급에 있어서 기원과 책임은 하나님과 무관하다고 할 수 없다.[13]

내 생각은 이렇다.

하나님은 책임을 지셨다.

그것이 바로 십자가다. 이것은 다음 장에서 다룰 것이다. 우리가 아플 때 하나님도 아파하시고, 우리가 울면 하나님도 우신다. 또한 의지의 주체요, 의지를 오용하여 악을 선택함으로써 고통을 자초한 인간은 역으로 고통 속에서 창조적으로 반응하는 것이 가능하다. 이는 이 책의 10장에서 살펴볼 참이다. 하나님의 아들 예수 그리스도께서 고난을 대속의 수단과 기회로 삼았던 것처럼, 우리 역시 상처 입은 치유자로서, 우리의 고난이 타인을 구원하는 데로 나아가야 한다는 것은 16장으로 잠시 미루어 놓을까 한다.

주님, 내가 하겠습니다

탁월한 C. S. 루이스 전문가인 피터 크리프트의 사무실 문에는 거북이 두 마리가 대화를 나누는 그림이 붙어 있다.[14] 한 거북이가 "나는 하나님이 막을 능력이 있으면서 왜 가난과 기근과 불의를 허락하는지 묻고 싶어" 하고 말한다. 그러자 다른 거북이가 다음과 같이 대꾸한다. "나는 하나님이 똑같은 질문을 나한테 던질까 봐 무서워." 우리가 하나님께 따져 묻고 있을 때, 하나님은 고통 가운데 침묵한다. 내가 잘못해 놓고 그분이 무슨 잘못이 있다고 항변하니, 부모 탓하는 자식 바라보는 어미 심정으로 묵묵히 보고 계신다. 그래서 너를 불렀다고, 세상이 원래 그런 것이 아니라는 것을 네 말로 선포하고, 네 삶으로 증언하라고 하신다. 이제 하나님을 향해 손가락질하던 손을 내리고 자기 가슴을 쳐야 하겠다.

예수께서 승천하실 때, 호위하던 천사장 가브리엘과 나눈 가상의 대화가 있다. 십자가와 부활로 말미암아 탄생한 연약한 교회 공동체를 바라보며 가브리엘은 심히 근심한다. 그들이 할 수 있을까? 위대한 그리스도의 일을 그들이 감당할 수 있을지 여간 걱정이 되는 것이 아니다. 그래서 묻는다. "과연 그들이 할 수 있을까요?" 예수께서는 남겨진 제자들에게 삶의 모범을 보여주었고, 십자가와 부활의 은총을 그들의 가슴속에 남겨 주었으며, 성령의 능력을 부어 주었으며, 하나님 나라의 사명을 심장 한가운데에 새겨 주었노라고 대답하신다.

그래도 걱정을 떨칠 수 없었던 가브리엘이 묻는다. "만약에 그들이 실패한다면 어떻게 하실 생각입니까?" 예수님의 대답은 단호하다. "그들은 할 수 있다." 재차 그들이 실패한다면 어떤 해결책이 있느냐는 가브리엘의 물음에 그분은 나직이 말씀하신다. "그들이 할 수 없다면 대책은 없다." 그리고 그분은 아무 말씀이 없다.[15] 우리 주님께서 끝내 가브리엘에게 침묵하셨듯이 우리에게도 침묵하신다. 우리가 해야 하기 때문이다.

하나님은 당신의 피조물이 저지른 일을 우리 탓으로 떠넘기지 않았다. 마치 하나님이 무언가 잘못이라도 했듯이, 그렇게 초라하고 연약한 모습으로 십자가를 지심으로 우리를 구원하셨다. 하나님은 "너희 잘못이니 너희가 알아서 해라" 하지 않는다. "내 탓이다" 하시고 십자가에서 책임을 지셨다. 이제 우리도 하나님을 따라서 말해야 하겠다. "내 탓이다, 내 탓이다." 그리고 하나님처럼, 이사야처럼 결심해야 하겠다. 주님, "제가 여기에 있습니다. 저를 보내어 주십시오"(사 6:8).

08 아프냐? 나도 아프다

살려 달라고 부르짖어도 듣지 않으시고, "폭력이다!" 하고 외쳐도 구해 주지 않으시니, 주님, 언제까지 그러실 겁니까? 어찌하여 나로 불의를 보게 하십니까? 어찌하여 악을 그대로 보기만 하십니까? 약탈과 폭력이 제 앞에서 벌어지고, 다툼과 시비가 그칠 사이가 없습니다. 율법이 해이하고, 공의가 아주 시행되지 못합니다. 악인이 의인을 협박하니, 공의가 왜곡되고 말았습니다. 하박국 1:2-4

"그때 하나님은 뭘 하고 계셨지요?" 사람들이 종종 내게 묻는 질문이다. 그리고 나 자신에게 묻는 말이기도 하다. 하나님이 어디 계신지 솔직히 나도 모르겠다. 잘 모르겠다는 것은 거짓 없는 솔직한 말이다. 신학으로, 그것도 종교철학으로 박사학위를 받고 신학교에서 강의도 하고 목회하는 목사가 모른다고 하는 것은 내 무지 탓일 게다. 하나님과 성경에 대해 뭔가 좀 아는 것 같다가도 이 대목에 와서는 도통 모르겠다. 하나님은 숨어 계신 신이기에 우리 이성과 관찰로는 좀체 파악하기 어려운 것도 사실이다.

유대인 작가 엘리 위젤Elie Wiesel의 그 유명한 『흑야』The Night의 한 대목이 그나마 답변이 될 것이다.[1] 아우슈비츠 수용소에서 나치는 경각심을 불러일으키기 위해 십대 소년을 공개 처형한다. 고통스럽게, 서서히 죽어가는 어린 소년을 보다 못해 한 사람이 어디선가 들릴 듯 말 듯 나지막이 절규한다. "오, 하나님! 당신은 어디 계십니까?" 잠시 후 또다시 물음이 들려온다. 그때 위젤의 마음속에 "그가 어디 계시냐고? 그는 바로 여기에, 저 소년과 함께 교수대에 매달려 있다"는 음성이 들려온다. 하나님이 어디 계시냐고 묻는다면, 하나님은 고난받는 자와 지금 여기에 함께한다는 말 밖에는 달리 할 말이 없다.

하나님도 고통받는다?

우리는 '하나님이 고통받는다'는 조금은 희한한 명제와 맞닥뜨렸다. 하나님이 고난받는 자와 함께 있다는 것은 그분도 그렇게 고통받는다는 것을 내포하기 때문이다. 하나님이 악이 창궐하고 고난이 넘쳐나는 현실 가운데 계신 이유는 무엇일까? 그분은 그저 멀거니 바라보고 계시지만은 않다. 멀찌감치 서 계신 분이 아니다. 고난의 현장 가운데서 같이 울고 계신 것이 분명하다. 고난받는 자와 함께 계신 하나님은 정녕 고난받는 하나님이다.

　　정말로 하나님은 고통받는가? 아더 맥길은 오히려 고통받는 하나님이 정통적인 기독교 교리에 부합하다고 주장한다.[2] 그는 아타나시우스Athanasius와 아리우스Arius의 논쟁을 역사에서 호출한다. 길고도 복잡한 투쟁의 핵심은 예수님과 하나님의 관계 설정이다. 니케아 공의회는 예수님을 하나님의 아들로 선언했다. 그런데 아들인 예수님이 성부 하나님과 동일한 신神인가, 아니면 그에 미치지 못하는 단지 신적인 존재인가라는 부분은 미해결된 채로 종결되었다.

　　그 결과, 니케아 신조에서 한 단어의 해석을 둘러싸고 이견이 발생했다. 니케아에서 성부가 성자를 낳았다고 했는데, 이 '낳았다'는 단어가 문제가 된 것이다. 낳았기에 만들어진 존재일 것이고, 그렇다면 예수님은 신적인 위대한 인간에 지나지 않다는 것이 아리우스의 주장이고, 아타나시우스는 낳았다는 것은 예수님과 하나님의 동일성을 말한다고 해석한 것이다.

아리우스는 예수님이 하나님의 아들이지만 성부와 완벽하게 일치하는 하나님이 아니라 하나님에 의해 만들어진 피조물이라고 주장한다. 신은 결코 가변적이거나 운동하지 않아야 하는데, 역사의 예수님은 그렇지 않았다는 것이다. 변하거나 움직이는 것은 생성과 발전과 소멸의 과정을 거치는데, 그렇다면 그런 존재는 유한할 수밖에 없고 하나님일 리 없다는 것이다. 만약 예수님을 하나님으로 인정하면 한분 하나님의 단일성이 파괴될 것이고, 하나님에게서 온 존재라면 하나님으로부터 파생되었으니 완전하지 않다.

아타나시우스는 예수님이 완전한 하나님이라고 단언한다. 그는 대담하게 성자는 전적으로 성부로부터 유래하였지만 전적으로 동일하다고 주장한다. 비록 성자가 성부 하나님께 의존하고 파생된 것이 사실이지만 완전히 일치하고 하나라는 것이다. 예컨대, 한 아버지가 아들을 낳았다. 그 아들 또한 사람임에 틀림없다. 마찬가지로 하나님은 예수님을 낳았고, 따라서 예수님 역시 하나님이다. C. S. 루이스가 사용한 비유가 도움이 된다.[3] 사람은 사람의 아이를 낳는다. 그리고 사람은 자신을 닮은 조각을 한다. 그러니 성자는 성부와 마찬가지로 성자 하나님이다.

아리우스가 하나님의 '완전' 개념에 의거해서 예수님을 설명하는 것과 달리, 아타나시우스는 하나님을 '사랑'으로 이해한다. 즉 자기를 희생하는 사랑이다. 그것이 신성의 참된 표지다. 아리우스에게 하나님은 지배하고 강제하는 능력을 지닌 전능한 존재다. 사랑하는 자의 아픔을 함께 아파하고 시름하는 그런 인격성은 무시되고 밀려난다. 중요한 것은 하나님이 '지배'가 아니라 '섬김'을 통해 당신의 능력을 발휘한다는 점이다.[4] 그러므로 하나님은 당신이 사랑하는 백성들의 아픔을 멀거니 바라보는 감정이 메마른 신이 아니라, 자녀가 아프면 자신은 더 아파하는 부모와 같다.

기다모리 가죠北森加藏는 하나님을 아픔의 하나님이라고 말한다. 그
가 보기에 "예레미야는 '가장 깊이 하나님의 마음을 본' 사람이다."[5] 가
죠는 예레미야 31:20을 통해서 하나님이 우리 인간의 현재 처지로 인해
고통받는다는 사실을 발견한다. 그곳에서 하나님은 아프다고 말씀하신
다. 당신의 백성이 범한 죄악 자체가 아픔이고, 책망하는 것 또한 아픔
이다. 눈에 넣어도 아프지 않을 자녀들로 인해 하나님은 아프다.

하나님께서 아픔을 느낀다는 점은 우발적인 것이 아니라 그분의
본성이요 본질이다. 그는 이 사실을 히브리서 2:10에서 보았다. "하나
님께서는 만물을 창조하시고, 만물을 보존하시는 분이십니다. 그러므로
하나님께서 많은 자녀를 영광에 이끌어들이실 때에, 그들의 구원의 창
시자를 고난으로써 완전하게 하신다는 것은 당연한 일입니다." 예수님
에게 고난이 불가피했다는 것은, 하나님 자신에게도 아픔은 우연이 아
닌 필연이라는 뜻이다. 그래서 그는 다음과 같이 확언한다. "아픔은 하
나님의 본질에 속하는 말이다."

이러한 하나님 이해의 대척점에 그리스 철학자들이 서 있다. 이 철
학자들의 하나님은 인간에게 관심이 없다. 다만 생각할 뿐이다. 하지만
히브리인들의 하나님은 사랑하는 하나님이고, 인간에게 알려지기를 원
하시고, 인간에게 관심이 무척 많은 분이다.[6]

내가 대학 다닐 때, 많이 불렀던 민중복음성가 중에 「민중의 아버
지」라는 노래가 있다. 김흥겸 시인의 시이며, 백골단에 사로잡혀 십자가
에 못 박혀 죽어가는 예수가 부르는 노래다. 그는 일찍이 연세대 신학과
를 졸업하고 서슬 퍼런 전두환 정권과 투쟁하면서 가난한 민중과 함께
지냈고, 그들을 위한 교회 사역에도 한 치의 물러섬 없이 치열하게 살았

다. 안타깝게도 그는 1997년 서른여섯의 나이로 암과 싸우다 죽었다.

> 우리들에게 응답하소서, 혀 짤린 하나님
>
> 우리 기도 들으소서, 귀먹은 하나님
>
> 얼굴을 돌리시는 화상당한 하나님
>
> 그래도 내게는 하나뿐인 민중의 아버지
>
> 하나님 당신은 죽어 버렸나
>
> 어두운 골목에서 울고 있을까
>
> 쓰레기 더미에 묻혀 버렸나, 가엾은 하나님

불경해 뵈는 이 시구는 도리어 시인의 절망과 갈망을 노래한다. 그가 대면했던 현실은 하나님도 눈뜨고 볼 수 없어 눈을 감고, 말문이 막혀 혀 짤린 사람처럼 입을 닫고, 더는 들을 수 없어서 귀먹은 사람마냥 돌아앉을 정도였다. 영원하신 하나님마저도 죽은 것처럼 보이는 현실에 대한 날카로운 비판이자 처연한 탄식이다. 그렇게 입 막고 귀 닫은 하나님을 시인은 애처롭게 부른다.

하나님은 아무리 애타게 불러도 너무나도 자주 침묵한다. 당신도 고통받기에 대답하지 않는 것이다. 하나님의 침묵은 하나님의 아픔이자 눈물이다. 멜 깁슨의 「패션 오브 크라이스트」The Passion of the Christ에서 예수는 하늘을 향해 울부짖는다. "엘리 엘리 라마 사박다니." 그분의 외침이 우리 모두의 것이었듯, 하나님을 향한 그분의 절규에도 그랬듯이, 우리 모두의 절규에도 묵묵부답이다. 다만 마지막 운명하는 순간, 강한 지진과 급한 바람이 잠잠해지면서 하늘에서 물방울이 한 방울 떨어진다. 그것은 예수의 절규에 대한 하나님 자신의 대답이다. 그것은 눈물, 바로 하나님의 눈물이다. 그렇다. "예수님이 하나님의 눈물이다."[7]

그 누구도 고통받지 않고 사랑할 수 없다. 사랑한다는 것은 고통을 감내한다는 말과 같다. 사랑하라는 가르침을 숱하게 들었지만, 그 사랑에 고통이 포함된다고 말해 주는 이는 드물다. 사랑으로의 초대는 곧 고통으로의 초대인 것이다. "만일 하나님께서 이 세상을 사랑하신다면 하나님은 괴로워하시는 일이 없이 사랑하시는 분이라고 여겼다. 나는 하나님의 사랑이 열쇠라는 것을 알고 있었다. 그러나 열쇠가 되는 그 사랑이 고통의 사랑임을 깨닫지 못했다."[8]

니콜라스 월터스토프는 사랑하는 아들을 잃고 난 다음 아들을 위한 애가를 부르며 이렇게 말한다. "하나님은 고통받는 자들의 하나님일 뿐만 아니라 스스로 고통받는 하나님이시다. 인간의 고통과 타락은 하나님의 폐부를 파고들었다. 내 눈물의 프리즘 사이로 나는 고통받으시는 하나님의 모습을 보았다."[9] 자신의 고통 가운데서 하나님은 초연하게 계신 전적 타자이거나 초월자가 아니라, 우리 안에서 우리와 함께 고통을 느끼시는 하나님이심을 이해하게 된 것이다. 그렇다. 사랑의 하나님은 고통받는 하나님이다. 우리와 함께, 이루 다 말할 수 없이 신음하신다(롬 8:26).

예수의 얼굴과 부처의 얼굴

하나님이 고통받는다는 것을, 그리고 그것이 새삼 기이하고 놀라운 사실이라는 것을 내게 일깨워 준 것은 임권택 감독의 영화 「만다라」였다. 원작은 김성동의 소설 『만다라』로, 소위 땡중인 지산(전무송 분)과 진지한 수도승인 법운(안성기 분)이 내면의 상처에 허우적거리면서도 위선

떠는 세상에 거세게 저항하고 분노하며 '길'을 찾는 내용이다. 두 사람의 우연치 않은 만남과 동행은 모순으로 가득 찬 당시의 종교와 사회 현실을 고발하면서 참된 종교가 무엇인지를 묻는다.

어느 날, 지산이 나무토막을 깎고 있다. 법운이 무엇을 하느냐고 묻자, 부처상을 만드는 중이라 답한다. 아무리 보아도 자신이 보았던 부처와 너무 다르다. "세상의 온갖 번뇌와 망상에 시달려 이지러질 대로 이지러진 부처의 얼굴"이다.[10] 놀라는 법운에게 지산이 그 연유를 일러 준다. 신음하는 중생들의 현실과 달리 불상들은 하나같이 빙그레 미소 짓는 얼굴이다. 그렇지만 지산이 보기에 부처 역시 신이 아니라 인간인 이상 "그렇게 태연자약한 얼굴로 요지부동 침묵"하면서 웃고만 있는 것은 인간의 얼굴이 아니다.

그는 이렇게 말한다.

적어도 석가가 인간이었고 인간을 위하여 이 세상에 나온 것이라면, 하나쯤 그리워하고 슬퍼하고 분노하는, 그리하여 팔만사천 번뇌에 싸여 고통스러워하는 모습의 불상이 있어야 할 게 아닌가 말이야? 함께 울고 함께 웃어야 하는 게 아닌가 말이야? 인간의 얼굴을 하고 있지 않은 부처를 그대는 사랑할 수 있다고 생각하는가?

그런데 영화에서는 기독교의 예수상을 언급한다. 기독교는 민중의 얼굴을 한 예수가 있다는 것이다. 그 영화를 보면서 무릎을 쳤다. "아, 그렇구나. 예수님의 얼굴은 사람의 얼굴이고, 사람의 얼굴은 예수님의 얼굴이구나."

기독교에서 예수님의 상징은 십자가다. 우리 개신교의 십자가상에는 십자가에 달리신 그리스도의 몸이 없지만, 가톨릭이나 정교회에는 있다. 내가 기억하는 십자가의 그리스도는 이그나시오 엘라꾸리아Ignacio Ellacuria의 책『해방과 선교신학』표지의 것이다.[11] 손과 발은 핏방울이 뚝뚝 떨어지고, 가시관에 찔린 이마에는 피가 흐르고, 눈물이 흐르고 있다. 얼굴은 고통으로 일그러져 있다. 모습은 앙상하다 못해 흉측하고 처참하다. 너무 심하게 묘사한 것이 아닐까 여길 만큼 고통 가운데 울고 있는 예수님이다.

바로 그 얼굴이 우리의 얼굴이다. 맑은 눈동자에 눈물이 그렁그렁 고인 사람들, 가슴에 하나 가득 아픔을 담고 있는 사람들, 괜히 지나가다 부딪히면 한 대라도 쥐어박고 싸움이라도 걸고 싶을 만큼 분한 사람들, 사랑하는 사람을 잃고 버림받고 배신당한 사람들의 얼굴이 예수님 얼굴이다. 살아가면서 상실과 분노와 절망을 먼저 배우는 사람들, 그러면서 한을 쌓아가고, 희망을 절절하게 갈망하는 사람들이다. 그러니까 우리는 예수님 얼굴에서 사람들의 얼굴을 보고, 반대로 사람들 얼굴에서 예수님의 얼굴을 본다.

기독교는 그런 예수가 구원자라고 선포한다. 고통받지 않는 하나님이 어떻게 고통받는 인간을 구원할 수 있는가? 물론 고통에 함몰되어 구원하지 못한다면, 그것은 단지 인간적 연민에 지나지 않을 것이다. 우리는 부활의 전망 안에서 십자가를 이해한다. 그렇기 때문에 십자가는 고통이 아니라 해방이요, 죄가 아니라 구원이요, 정죄가 아니라 용서요, 율법이 아니라 은혜다. 십자가에서 예수님은 우리와 동일시되었고, 우리도 십자가를 통해 하나님의 구원에 참여하게 된다. 우리와 함께 울어 주시는 그분으로 인해 우리의 눈물이 마르고, 그분이 우리를 위해 울어 주셨던 것처럼 지금 후미진 곳에서 울고 있는 이들을 위해 우리가 울게 된다.

존 스토트[John Stott]의 다음 글이 내가 애써 표현하고자 하는 모든 것을 담고 있는 듯하여, 다소 길지만 인용한다.

고통으로 가득 찬 현실 세상에서 어떻게 그 고통으로부터 면제된 하나님을 경배할 수 있을 것인가? 나는 아시아의 여러 나라에서 많은 불교 사원에 들어가서는 부처의 상 앞에 공손하게 서 보았다. 부처는 다리를 꼬고, 팔짱을 끼고, 눈을 감고, 입가에는 보일 듯 말 듯한 미소를 머금고, 얼굴에는 희미한 표정을 짓고, 세상의 고뇌에서 동떨어져 있었다. 하지만 매번 잠시 후면 나는 그 앞에서 물러 나와야만 했다. 그리고 상상 속에서 나는 그 대신에 십자가상에 있는 외롭고 일그러지고 고문당한 인물, 손과 발에는 못이 박히고 등은 찢기고 손발은 비틀리고 이마에서는 가시에 찔린 자국에서 피가 흐르고 입은 마르고 견딜 수 없이 목이 마른 채 하나님께 버림받아 암흑에 빠져 있는 그 인물을 의지한다. 그분이 바로 나를 위한 하나님이시다! 그분은 고통으로부터 면제되는 것을 포기하셨다. 그분은 혈과 육과 눈물과 죽음으로 된 우리의 세계에 들어오셨다. 그분은 우리를 위해 고난받으셨다. 우리의 고난은 그분의 고난에 비추어 볼 때 좀 더 다루기 쉬워진다. 인간의 고뇌에 대해서는 아직 이해할 수 없는 부분이 있다. 하지만 그 위에 우리는 신적 고난을 상징하는 십자가를 담대하게 그려 넣는다. "그리스도의 십자가"는……우리가 사는 "이 세상에서 하나님의 정당성을 나타내 주는 유일한 수단이다."[12]

우리 때문에 울고 있는 예수님, 우리와 함께 아파하는 예수님이 참 하나님이시고 참 인간이다.

하나님은 홀로 행복하지 않다. 우리 홀로 울도록 내버려두지 않는다. 모든 피조물이 통곡한다. 유한한 존재인 바에야 어찌 불멸을 꿈꾸며 소멸의 운명을 거역할 수 있겠는가? 그래서 모두 해방을 꿈꾸며 신음한다. 우리가 그 소리를 듣지 못해도 하나님의 영은 울고 있다. 고통 속에 하나님이 보이지 않는다. 하나님이 내 속에 들어와 내가 되어 함께 고통받기 때문이다. 고난 가운데 하나님의 음성이 들리지 않는다. 나와 함께 울기 때문이다. 그것이 세상 한복판에서의 하나님의 임재 방식이다. 인간의 고통에 대한 하나님의 최종적 대답은 하나님 자신의 고통이다.

그때, 너는 뭘 했지?

질문이 최상의 대답일 때가 있다. 하나님이 그때 그 자리에서 무얼 하고 계셨느냐는 질문도 마찬가지다. 하나님이 어디 계시느냐고 묻는 당신은, 그리고 그 하나님의 현존을 그럴싸하게 말하는 나는 어디에 있었느냐고 말이다. 레바논에서 죽어가는 자들을 바라보면서도 함께 고통하는 하나님을 향해 그렇게도 할 말 많은 우리는 이스라엘을 향해서 무슨 말을 했는지, 단 몇 분이라도 그들을 위해 무릎 꿇고 기도했는지, 적어도 자기 자신에게 대답할 수 있어야 하겠다.

하나님이 어디 계셨는지를 묻는 우리는, 동시에 나는 지금 어디에 있는지를 물어야 한다. 하나님을 향한 분노 어린 항변의 일부를 자기 자신에게도 돌려야 한다. 전쟁의 광기가 난무하는 역사 가운데서 하나님의 역할을 따지는 것이 자신의 의로움인 듯 착각해서는 안 된다. 하나님이 어디 계셨는지 모른다고 해서 내가 무엇을 해야 할지 모르는 것은 아니다. 그만큼 우리는 우둔하지 않다. 하나님이 유죄라고 우리가 무죄는 아니다.

하나님을 향한 물음 자체를 부정하거나 핍박하려는 의도는 전혀 없다. 신이 죽었다고 공공연히 외치는 이 시대에, 그 신을 빙자해서 자기 야망을 탐닉하는 이 시대에, 동방예의지국의 한 백성이라면 모름지기 그 신에 대해 일말의 예의를 갖추자는 것이 무리한 요구는 아닐 것이다. 그리고 먼 훗날 우리 아이들이 자라서 "그때 아빠는 뭘 했지요?"라고 물으면 뭐라고 대답할 것인지를 지금부터 서서히 준비해야 하지 않을까?

우리는 적어도 고난주간이 되면 으레 「거기 너 있었는가」(새찬송가 147장)라는 제목의 흑인영가를 즐겨 부르곤 한다.

거기 너 있었는가, 그때에

주가 그 십자가에 달릴 때

오, 때로 그 일로 나는 떨려, 떨려, 떨려

거기 너 있었는가, 그때에

하나님이 대관절 무엇을 하고 계셨기에 세상이 이 모양 이 꼴이냐고 묻는 당신에게, 우리 아이들이, 하나님이, 그리고 이제는 내 속의 신앙과 양심이 묻는다. 하나님도 차마 고통받는 당신의 백성들을 볼 수 없어서 고개를 돌리고 계시는 동안에, 울고 있는 이들의 눈물이 되었고 구원을 위해 험한 십자가를 지셨는데, 넌 무엇을 하고 있느냐, 너는 왜 침묵했느냐고 말이다.

3부

하박국,
하나님께 따지다

09 　선한 하나님 vs. 악한 현실

주님께서는 눈이 맑으시므로, 악을 보시고 참지 못하시며, 패역을 보고 그냥 계시지 못하시는 분입니다. 그런데 어찌하여 배신자들을 보고만 계십니까? 악한 민족이 착한 백성을 삼키어도, 조용히만 계십니까? 하박국 1:13

나는 표도르 도스토예프스키를 사랑한다. 특히 『죄와 벌』을 좋아한다. 나는 독재정권을 끝장내야 한다는 사명감에 불타던 청춘이었으므로, 최전선은 아닐지라도 그 언저리에서 두 손을 높이 쳐들곤 했다. 병적이기는 하지만 정의감에 사로잡혀 바퀴벌레보다 더 나을 것이 없다고 판단한 전당포 노파를 살해하는 주인공 라스꼴리니꼬프―애칭이 로쟈다―는 그런 내게 영웅이었다. 그러면서도 소위 죄인이라고 규정할 법한 사람들을 향한 그의 따뜻한 시선에 굴복되고 말았다. 또 다른 인물 소냐는 자신의 몸을 팔아 술주정뱅이 아버지의 술값을 대고, 계모와 배다른 형제를 돌본다. 이쯤이면 그녀의 아버지 마르메라도프나 계모인 까쩨리나는 악한 사람으로 그려지기 십상이다. 그러나 작가는 그들에 대해서도 따뜻한 시선을 잃지 않는다. 로쟈도 결국 소냐의 지고지순한 사랑에 설득되어 자수한다. 로쟈의 폭력이 아니라 소냐의 사랑이 세계를 구원한다.

　광기 어린 악에 대한 탐구와 그 안에서 참된 아름다움과 선함, 사랑, 그리고 구원으로 가는 길을 모색했던 도스토예프스키를 열광적으로 탐닉했다. 많은 연구자들이 언급하듯, 그의 작품에서는 자신이 반대하는 사람들의 목소리가 호소력이 더 짙다. 단순 도식으로 말한다면, 그의 머리는 냉철한 이반의 편이라면, 가슴은 두터운 신앙인 알료샤 쪽으로 기울었다. 내 기질이 그래서일까, 내가 그리스도인이라서 그런 것일까. 악이 판치는 세상을 단번에 깡그리 청소했으면 좋겠는데, 복음 곧 새로운 세상에 대한 기별은 내게 이렇게 말했다. "새 세상은 새로운 방법에 의해서만 도래한다."

| 이반 vs. 알료사

이반이 알료사에게 외친 말은 내 마음을 사로잡았다. "죄 없는 사람이, 그것도 그토록 죄 없는 사람이 다른 사람 때문에 고통을 겪을 수는 없어!"[1] 불가리아에서 부락민을 잔인하게 살해하고 여인들을 강간하고 마을을 불태운 터키인들의 야수적 잔혹함에 속수무책으로 당하는 인간의 고통 가운데 하나님은 없다. 어린 소년이 무심결에 던진 돌에 아끼던 개가 다리를 다치자, 장군은 사냥개로 하여금 소년을 그 어미 앞에서 잔인하게 물어뜯게 한다. 그 장군이 고작 금고형을 받는다면, 하나님은 도대체 무얼 하고 계신 건가. 형 이반이 동생 알료사에게 묻는다.

> 내가 궁극적으로 인류를 행복하게 만들고 평화와 안정을 가져다줄 목적으로 인류의 운명의 건물을 건설한다면, 그러나 그 일을 위해서 단 하나의 미약한 창조물이라도, 아까 조그만 주먹으로 자기 가슴을 치던 불쌍한 계집애라도 괴롭히는 것이 불가피한 일이므로 그 애의 보상받을 수 없는 눈물을 토대로 그 건물을 세우게 된다면, 그런 조건 아래서 건축가가 되는 것에 동의할 수 있겠니?……네가 건설한 건물 속에 사는 사람들이 어린 희생자의 보상받을 길 없는 피 위에 세워진 행복을 받아들이는 데 동의하고 결국

받아들여서 영원히 행복해진다면, 넌 그런 이념을 용납할 수 있겠니?[2]

왜 죄 없는 사람들이, 그저 인간으로 태어났다는 이유만으로, 특정 민족
이나 인종으로 살아간다는 이유만으로, 가난한 집의 아들과 딸로 태어났
다는 이유만으로 그렇게 오만하고 폭력적인 고통을 받아야만 하는지 정
말 모르겠다. 무슨 죄가 있다고 그토록 모진 고통을 겪어야 한단 말인가?
이반의 물음을, 아니 우리들의 고민을 정리하자면 이렇다. "선하고 의로
우신 하나님이 어떻게 인간에게 고통을 명령하거나 허용하시는가?"

   C. S. 루이스는 무신론자 시절에 우주에 편만한 고통을 보면서, 어
차피 인류가 파멸할 수밖에 없는 숙명 속에 지낸다는 사실은 하나님의
존재 부정이라고 보았다.[3] 그러나 그의 표현을 그대로 빌린다면, "꿈에
도 생각지 못했던 문제점이 하나 있었다." 그것은 우주의 현실에 대한
우울한 전망이 설득력이 있는 만큼, "우주가 그토록 나쁜 곳"인 만큼이
나 세상은 찬란하게 아름답고, 선량한 사람들로 가득 차 있다는 사실이
다. 루이스는 스스로에게 물었다. 악이 있어서 신이 없다면, 선의 존재는
신의 존재를 지지하지 않을까? 그의 삶은 이 질문에 대해 그렇다고 대
답한다.

   악과 고통으로 인해 하나님이 없다고 말해야 한다면, 선과 의인으
로 인해 하나님이 존재한다고 말해야 한다. 기독교 신앙이 악이 존재한
다는 사실 앞에서 하나님의 존재를 설명해야 하는 부담을 안고 있다면,
무신론자들은 선이 존재한다는 사실 앞에서 하나님의 부재를 증명해야
하는 딜레마를 안고 있다. 프레드릭 뷰크너[Frederick Buechner]의 말이다. "악
의 문제가 종교적인 믿음에 걸림돌이듯이, 선의 문제는 무신론에 큰 걸
림돌이다.……[무신론자에게는] 세상을 구원해 줄 신이 없기에 인간은

스스로 세상을 구해야 한다."[4] 사람에게는 그런 능력이 없다. 물에 빠진 사람이 제 스스로 헤엄쳐 나온다면, 그는 수영을 하고 있었던 것이지 물에 빠진 것이 아니다. 반대로 헤엄을 쳐서 빠져나올 수 없다면 그는 물에 빠진 것이다. 그렇다면 그는 외부의 구원이 필요하다.

더 나아가 고통 자체가 무신론에게 문제가 될 수 있다. 신이 없는, 또는 신이 없어야 하는 세상에 넘쳐나는 죄와 악과 고통을 인간은 맨몸으로 부딪쳐 겪어내야 한다. 구원은커녕 견뎌내는 것도 힘겹다. 신이 없는 세상에서 인간은 어떻게 고통을 극복할 수 있는가? 이런 맥락에서 고통은 기독교의 걸림돌이 아니라 무신론의 걸림돌이라는 주장이 가능하다.[5] 한스 큉Hans Küng에 따르면, 근대와 계몽주의는 인간을 거의 신적인 수준으로 고양시켰는데, 막상 고통에 직면하자 자신의 한계를 인식하게 되었다. 스스로 신이 된 듯 의기양양하던 인간이 자연과 역사의 거친 파도 앞에 속수무책으로 당하다 보니, 그제야 자기 분수를 알게 된 것이다. 아, 나는 어쩔 수 없는 인간이구나!

빅터 프랭클Viktor Frankl은 나치의 강제수용소인 아우슈비츠에서 천신만고 끝에 살아남아, 인간이 그런 막다른 환경에서도 굴하지 않고 어떻게 자유의지로 의미를 발견하는지 이야기한다.[6] 힘든 노역을 마치고 죽도록 피곤한 몸으로 돌아오는 길에 일몰을 말없이 바라본다. 서쪽 하늘의 붉은 노을이 연출하는 "풍경이 잿빛으로 지어진 우리의 초라한 임시 막사와 날카로운 대조를 이루고" 있다. 누군가 나지막이 말한다. "세상이 이렇게 아름다울 수도 있다니!" 그렇다. 세상은 아름답다. 하지만 아름다운 세상을 아우슈비츠에서도 볼 수 있는 사람, 시련과 역경에서도 그 이면의 것, 그 너머의 것을 볼 수 있는 사람이 더 아름답다.

악인이 자기보다 의로운 사람을 삼키는데도

하박국은 왜 악인이 흥하고 의인이 망하는지 물었다. 하지만 그가 받은 하나님의 대답은 참으로 놀랍기 그지없다. 바벨론을 통해서 유다를 심판하겠다니! 하나님도 하박국이 놀랄 것을 충분히 예견할 정도다(합 1:5). 그 이유는 벌은 죄에 상응하기 때문이다. 하나님의 대답은 하나님의 백성도 아닌 이방인, 의인이 아닌 악인, 그것도 유다의 악인들보다 더 악한 사람들을 통해 심판하시겠다는 것이다. 하박국이 놀라고 당황해하는 것도 당연하다. 이 상황에서 어떻게 초연할 수 있겠는가?

　이 답변이 그토록 경악스러운 것은 두 가지 때문이다. 하나는 현실적인 것으로, 하나님이 알려 주신 유다의 미래가 잔혹하기 때문이다. 바벨론이 근동의 새로운 패자로 떠올라서 침략해 올 것인데, 그 위세와 위력 앞에서 유다는 사나운 맹수들의 밥이 되는 약한 짐승과 다를 바 없다. 하박국은 무법천지인 유다의 폭력을 고발했는데, 하나님은 자기 멋대로 법과 기준을 삼고 더 큰 폭력을 자행하는 바벨론을 끌어들인다. 고양이 피하려다 호랑이 만나는 격이다.

　다른 하나는 신학적인 것으로, 이 현실을 하나님이 주도하신다는 것이다. "이제 내가 바빌로니아 사람을 일으키겠다"(합 1:6). 놀라고 믿기지 않는 것이란 그런 현실뿐 아니라, 그 모든 것을 하나님이 계획하셨다는 말이다. 예언자는 하나님의 의롭고 선한 본성, 그리고 그분이 역사와 세계를 주관하시는 섭리 방식에 깊은 의문과 당혹감으로 묻는다. "주님께서는 눈이 맑으시므로, 악을 보시고 참지 못하시며, 패역을 보고 그냥 계시지 못하시는 분입니다. 그런데 어찌하여 배신자들을 보고만 계십니까? 악한 민족이 착한 백성을 삼키어도, 조용히만 계십니까?"(합 1:13)

하박국이 재차 하나님께 던진 물음은 고난과 관련해서 두 가지를 제기한다. 하나는, 어떻게 더 악한 사람이 더 선한 사람을 심판하고 교정하기 위한 하나님의 수단과 도구가 될 수 있는가? 다른 하나는, 그것이 어떻게 하나님의 섭리요 세계 경영 방식일 수 있으며, 그것이 우리를 향한 하나님의 선한 뜻이라고 곧이곧대로 받아들이라는 것인가? 여기서는 앞의 물음을, 다음 장에서는 두 번째 문제를 다룰 참이다. 그리고 첫 번째 물음은 '선한 하나님이 당신의 자녀들에게 고통을 줄 수 있는가'와, '인간은 고통을 받지 않아도 될 만큼 선한가'로 세분된다.

나보다 덜 의롭고, 더 악한 사람이

사실, 이것은 내가 하나님께 따지고 싶었던 사안이었다. 어떻게 하나님이 의로운 자로 악한 자를 심판하기는커녕, 오히려 악한 자로 의로운 자를 심판하실 수 있는지 도무지 납득할 수 없다. 나보다 선해 보이지 않는 이가 하나님처럼 군림하며 내 모난 부분을 무참히 깎아낼 때, 나도 모르게 하박국처럼 신음했다. 이것이 내가 경험한 인생의 사실이었고, 그간 내 목회의 현실이었다. 그때 나는 이렇게 물었다. "나보다 의롭지 않은, 덜 의로운 사람이 나를 판단하고 심판할 수 있는가요? 그런 사람도 하나님이 쓰는 그릇인가요?"

이 질문은 목회 사역에서 비롯된 것이다. 나는 부목사로 담임목사와 교인들로부터 사랑과 기대를 한 몸에 받으면서도 늘 언젠가는 교회를 개척하리라 마음먹고 있었다. 다니던 교회를 한꺼번에 나온 몇몇 분들이 내 소식을 듣고 찾아왔고, 그분들과 나는 우여곡절 끝에 같이 교회를 개척하게 되었다.

아직 젊어서 그랬는지, 아니면 뭘 몰라도 한참 몰라서 그랬는지 기존 교회를 비판하고 나온 사람들이니 개혁적이겠거니 했는데, 전혀 그렇지 않았다. 개혁은 고사하고 오랫동안 담임목사와 상당한 마찰을 겪었던 이들이라, 새로운 리더십에 순종은 고사하고 매사 반대요 시비였다. 그동안 받았던 상처를 내게 여과 없이 쏟아냈다. 한번은 지역 사회의 어려운 이를 돕자고 했더니, 한 집사가 사나운 눈초리로 대뜸 물었다. "왜, 목사님 이름 드러내려고요?"

결국 교인 대다수가 목사의 사임을 요구하기에 이르렀고, 목사는 자신들이 주는 월급으로 사니 자신들의 말을 들어야 한다고 표정 하나 바꾸지 않고 태연하게 말했다. 교회 적금은 매해 대폭 늘리면서 내 사례비는 적금보다 적었다. 한 달 사례비 100만원으로 10년을 버텼다. 나중에는 헌금을 하지 말아야 목사가 나갈 것이라며 헌금도 안 하고, 마지막에는 자신들이 교회를 나갈 테니, 그간 헌금했던 십일조는 자기 돈이니 내놓으라는 말도 서슴지 않았다. 모두들 사전에 입을 맞춘 흔적이 역력했다. 이런 일들이 한 달에 한 번꼴로 일어난 것 같다.

제일 힘들었던 대목은 자아 정체성이었다. 내가 누구인지 헷갈렸다. 그동안 글쓰기와 강의 등으로 외부에 비춰진 나에 대한 인식은 그리 나쁘지 않았다. 하지만 그것이 나의 정체성의 핵심은 아니었다. 내가 하는 일이 곧 나 자신이 아니기 때문이다. 내가 목사 일을 한다고 해서 내가 자동적으로 목사인 것은 아니다(마 7:21-23). 그럼에도 그 일들이 내 일부인 것도 맞다. 그것으로 내 의를 삼는 것은 극히 위험해도 말이다. 장자의 꿈 이야기처럼, 내가 누구인지 정녕 모르겠다. 내가 누구지? 그러다가 내가 없어졌다.

내가 누구인지를 말할 수 없으니, 내가 없어졌으니, 죽음조차 두렵지 않았다. 과연 죽는 것이 무섭지 않았다. 실제 그럴 용기도 의사도 없었지만, 죽으면 죽을 수 있을 것 같았다. 누구라도 그러하듯이, 혹여 자살이 신학적으로 허용되고 죽음이 고난을 피해가는 한 방법이라면, 아내와 두 자녀가 없었다면, 용기가 좀 더 있고 고난의 파고가 조금 더 길었다면 능히 그렇게 했을지도 모른다. 자아 정체성의 혼란으로 인해 하박국의 물음이 뼛속 깊이 박혔다.

그들과 견주어 볼 때, 나는 그들보다 덜 악했고, 그들은 나보다 덜 선했다. 바울이 명백히 가르치는바, 모든 인간은 나면서부터 죄인이다(롬 3:23). 그 누구도 남과 비교해서 자신의 의로움을 확보하려는 것은 주님 보시기에 역겹다. 똑같은 죄인들끼리 도토리 키 재기에 다름 아니다. 누가 덜 나쁘냐를 말하는 것이 참으로 한심스럽다. 그런데도 그렇게 말하는 사람은 기도하러 성전에 올라갔던 바리새인과 다를 바 없다(눅 18:10-14).

그럼에도 확신하건대, 나는 그들보다 덜 악했고, 더 착했다. 신실한 어느 집사 부부와 대화를 나누게 되었다. 그중 한 사람이 내게 말했다. "우리는 목사님이 옳고, 목사님을 힘들게 하는 저 집사가 틀렸다는 것을 다 알아요." 순간 머릿속이 하얘졌다. "그런데 왜 그래요?" 그런 줄 알면서도 한편이 되어 왜 나를 괴롭히느냐는 물음이다. 서로를 비난하면서도 목사에 관한 한 똘똘 뭉쳐 목소리를 높였다. 그의 그다음 말을 오래도록 잊을 수 없다.

"집사는 집사 편들어야 하잖아요."

"우리가 남이냐"의 기독교 버전이다. 그 순간이 아니라 사나흘 지난 후부터 온몸이 서서히 아파 왔다. 내 영혼은 난자당했고, 깊숙이 파고든 칼은 빠지지 않았다. 그렇게 꽤 오래 피를 흘렸다. 상처는 쉽사리

아물지 않았다. 예수의 편도 진실의 편도 아닌, 자신과의 친분 관계와 연고에 따라 사람이 사람을 일방적으로 물고 뜯는다는 것, 지옥이 따로 없다. 사는 게 사는 게 아니다. 죽는 것이 더 낫다. 십수 년 만에 떠올린 그때 일로 다시 도진 내 아픔 때문에 글을 써내려 가기가 어려웠다.

　　내 자존감이 다름 아닌 교회 식구들로 인해 무참히 무너지니, 하박국처럼 하나님께 성질을 부리며 대들었다. "주님, 왜 하나님은 나보다 더 악한 이들을, 그것도 한 교회의 식구들을 통해 나를 연단하십니까?" 하박국처럼 의롭지 못하지만, 악인이 자기보다 의로운 사람을 삼키는데도 왜 하나님은 잠자코 계시느냐고 얼마나 많이 기도했는지 모른다. "왜 나보다 더 나쁜 사람이 하나님의 도구가 되어 그리도 모질게 시험한단 말입니까, 주님?"

사랑의 하나님이 고통을 주실 수 있는가?

선한 하나님이 착한 사람들에게 고통을 줄 수 있느냐는 신학적 물음에 한동안 천착하였다. 초점은 선한 하나님이다. 하나님의 선함은 신론의 핵심 중 하나다. 인간에게 고통을 허락하는 분이 과연 선하다 할 수 있을까? C. S. 루이스는 그렇다고 말한다. 하나님의 선함은 인간의 선함과 분명 다르지만, 그렇다고 인간의 선함을 파기하거나 파괴하지 않는다.[7] 그의 비유를 빌리면, 하나님이 그린 완벽한 원과 어린아이의 원이 다르지만 완전히 다르지 않다. 그러면 문제는 더 꼬인다. 우리의 선 인식과 그다지 다르지 않을 선한 하나님이, 악한 사람을 동원해서 선한 사람에게 고통을 가한단 말인가?

　　내 반문에 대한 루이스의 대답은 하나님은 마냥 응석부리는 손주들의 요구를 다 들어주는 할아버지와 할머니가 아니라는 것이다. 우리가 서자나 사생아가 아닌 자녀이기에, 그분은 우리를 견책하고 징계한다. 더 나아가 그는 하나님의 인류 사랑을 몇 가지 유비를 들어 설명한다. 예술가가 작품을 사랑하는 것, 인간이 동물을 아끼고 좋아하는 것, 아버지가 자녀를 사랑하는 것, 남녀 간의 뜨거운 사랑 등이 그것이다.

이 모든 사랑은 예외 없이 상대의 결점과 약점을 가볍게 넘기지 않는다. 예컨대, 작가는 작품의 완성도를 높이기 위해 수차례 고치기를 마다하지 않는다. 개의 주인은 전제적일 정도로 개를 치장하고 돌본다. 그러면서도 대소변 훈련은 엄격하게 시킨다. 아비와 어미는 아들과 딸이 더 반듯하고 훌륭해지기를 소망하며 교육과 훈육에 열심을 낸다. 연인이라면 어쩌면 이러쿵저러쿵 잔소리를 할 것이다.

아무튼 사랑하는 이 혹은 사랑받는 이가 누구든지 간에, 사랑은 어떠한 형태로든 변화를 요구한다. 고쳐야 할 것, 조금 모자라고 부족한 것을 지적한다. 이렇듯 인간에게 고통을 주면서까지 개선을 요구하는 것은 철저히 기독교의 하나님 이해와 연관된다. 이것을 아리스토텔레스의 이신론理神論과 비교하면 더 분명해진다. 그는 신을 자기 자신은 움직이지 않으면서 만물을 움직이게 하는 존재로 규정한다. 여기에 '부동의 동자' Unmoved Mover 라는 이름을 붙였는데, 우리의 관심은 이렇게 정의된 신의 정체와 존재다. 이런 신은 사랑하지도, 사랑받지도 않는다. 이는 고난의 책임 소재 논쟁에서 하나님을 떼어내는 데는 유효할지는 몰라도 비인격적인 신관이다. 그 신은 고난에 대한 비난에서 자유로워도, 고난 가운데 빠진 피조물의 한숨을 외면하는 차가운 신에 지나지 않는다.

그런 신이 세상을 사랑할 리 만무하다. 아리스토텔레스의 하나님은 세상에 어떠한 관심도 없다. 그의 신관은 비인격적일 뿐만 아니라 이기적이다. 신이 인간에게 유의미한 것은 단지 세상의 변화와 운동을 설명하기 위한 한 원인에 불과하다. 그러한 신이라면 우리가 순종할 필요도 없고, 엎드려 경배할 엄두도 안 나며, 사랑한다는 고백도 드릴 수 없다. 반면, 우리 하나님은 자기 아들도 아끼지 않으시고 십자가에 내어 맡길 정도로 우리를 사랑하신다. 사랑은 상대방과 자신을 동일시한다. 울면 같이 더 많이 울고, 웃으면 주체하지 못하고 더 크게 웃는다.

하나님이 사랑한다고 말씀하시면서도 내게 고난을 허용하시는 사실을 받아들이기란 쉽지 않다. 사랑한다면 그 사랑으로 고난마저도 제거하거나 피하도록 하셔야 하는데, 그러시지 않는 이유가 우리로서는 납득하기 어렵다. 그것이 설령 지성적으로는 이치에 맞는다 하더라도 말이다. 그러나 간단치 않았던 고난을 어느 정도 통과하면서 나는 다듬어져야 할 모난 부분과 채워져야 할 부족한 면이 내게 너무도 많음을 깨닫게 되었다. 나는 하나님께서 당신이 사랑하는 만큼 고난을 주신다는 것을 믿게 되었다. 나는 그만큼 사랑받은 것이다.

선하신 하나님이 고통을 허락한다는 점을 지적으로나 정서적으로 인정하기 힘들다면, 성경의 진술이라도 받아들여야 하겠다. 그것은 두 아이의 아비가 되어 조금씩 알게 된 진리이기도 하다. 아들을 나무라지 않는 아비는 없으며, 사랑하지 않으면 꾸짖지도 않는다는 것을. 무관심이야말로 최악의 사랑이라는 것, 아니 사랑이 아니라는 것을.

우리 주님이 우리를 사생아가 아니라 아들로 여기시기에 때로 고난도 주신다면, 우리가 그분의 십자가 피로 거듭난 자녀라면 응당 그분의 징계 또한 달게 받아야 하지 않을까? 그동안 수없이 하나님을 사랑한다고 한 말이 거짓이 아님을 하나님 앞에 증명해야 하지 않을까? 그래서 히브리서 12:6-13을 패러디하여 말한다면, "아비라면 훈계를 하게 마련이다. 만일 나에게 아무 훈계가 없다면, 하나님 당신은 살아 계시고 사랑이 많은 하나님이 아니라 비인격적이고 이기적인 신에 지나지 않다."

착한 사람에게 고난은 없다?

지금까지 선한 하나님이 착한 사람에게 고통을 줄 수 있는지를 하나님과 연관된 물음으로 살펴보았다. 이제는 우리 인간의 측면에서 살펴볼 차례다. 악한 사람은 고난을 받아도 그러려니 하지만, 법 없이 사는 성품 고운 이웃이 힘든 나락을 헤매는 것을 보면 하나님도 너무하신다는 탄식이 절로 나온다. 왜 착한 사람에게 고난이 닥칠까? 법은 멀고 주먹이 가까운 세태에서도 순결한 내면을 간직하는 이들에게, 적어도 일생을 살면서 남에게 해 끼치지 않고 욕먹지 않을 만큼 정직했던 이들에게 왜 혹독한 시련이 더 불어오는 것일까?

대답은 질문 자체를 검토하는 데서 시작한다. 먼저, 이 물음에서 착하다는 개념을 정의해야 하는데, 나는 통상적인 의미에서 착하다는 말을 그냥 사용할 참이다. 그다음은, '과연 착한 사람이 존재하느냐'이다. 당연히 존재한다. 그것도 아주 많다. 한없이 어질고 덕스러운 분들이 지천이다. 이반이 알료샤에게 물었듯이, 맑은 영혼으로 태어난 어린아이들이 까닭 모를 병에 숨을 헐떡이는 것을 보면서, 어느 누구도 착한 사람이 있다는 것을 부인하지 못할 뿐더러, 가슴 저미는 슬픔에 젖어 묻는다. 왜 저런 착한 아이에게 고통을 주시느냐고.

여기서 중요한 것은, '그의 선함이 고통을 월등히 능가하느냐'이다. 관건은 고난을 면제받을 만큼 선한가에 있다. 만일 하나님의 기준과 인간의 선함을 저울에 달아 본다면, 절대자의 눈금에 알맞은 영혼이 얼마나 될까? 착한 사람의 선함과 그의 악함을 저울에 달아 본다면, 과연 어떤 결과를 얻을까? 어떤 경우든, 그의 선함이 애정과 긍휼을 자아낼지언정, 고난 자체를 비켜갈 정도는 아니다. 이는 성경의 증언이며(롬 3:10, 23), 우리의 경험이다. 인간의 선함이 고난의 면죄부를 받을 근거가 되지 않는다.

다음으로 이 물음에 은폐된 것이 있으니, 바로 '주체'다. 그도 사람이다. 선하든 악하든, 사람이다. 무엇으로 수식해도 인간이라는 점은 불변한다. 인간인 이상, 고난은 불가항력이다. 고난은 인생의 절대조건이다. 하늘의 햇살과 내리는 비처럼, 고난도 사람을 가리지 않는다. 작게는 감기에서부터 크게는 죽음에 이르기까지, 선한 사람이라고 비껴가지 않는다. 하나님의 아들인 예수님도 자신의 신성에도 불구하고 고난을 받았다. 하물며 사람이겠는가? 아무리 착해도 고난을 받는다.

2004년 여름날, 부산의 한 교회 청년부 여름 수련회에서 하박국서로 연속 설교를 했다. 비가 내린 다음이라 맑고 영롱한 산골의 오후는 신선했다. 그날 저녁 본문인 하박국 1:12-17을 살피며 준비한 원고를 가다듬고 있는데, 주님이 내게 오셨다. 고난에 관한 한 하나님은 그러실 수 있는 창조자이며, 그것이 하나님의 불가해한 사랑의 한 방법임을, 그것도 나를 향한 사랑임을 깨달았다. 하나님이 공의로우시므로 지금 내게 하시는 것은 공평한 것이고, 사랑이 충만한 분이시므로 고난은 사랑의 발로이고, 내면과 성품을 다듬고 주의 뜻에 합당한 더 나은 미래를 만들기 위해서라는 것을 알고 울었다. 머리로 이해되지는 않았으나 마음으로 느껴졌다.

무엇보다도 내가 덜 악한 것이 사실이더라도, 악한 것은 분명하다.

조금 더 선할지라도, 하나님의 선의 기준에 미치지 못한다. 그들과 비교해서 선하다는 것이지 나 스스로 선하다는 것도, 여타의 평범한 사람들과 견주어 선한 것도 아니다. 그날 주님이 보여준 내 모습은 결코 선하지 않았다. 불평하고 미워했던 내 모습은 주님이 원하는 모습이 아니었다. 하나님의 관심은 그분 앞에 홀로 선 단독자인 내게로 향하고 있었다. 그분은 내가 고난 가운데서 예수님처럼 빚어지고, 예수님처럼 행하기를 원하셨다. 그렇게 이해가 안 되던 것이 그날은 그냥 믿어졌다. 그날 하나님의 사랑에 울었고, 내 죄로 인해 울었다. 하염없이 울고 또 울었다.

그때, 욥을 기억했다. 그는 둘도 없는 순전한 사람이었다. 하나님도 그를 주시하시고 그와 같은 자가 세상에 없다고 자랑하셨다. 그런 그도 한순간에 자녀들과 재산을 모두 잃는 최악의 상황에 부닥친다. 그래도 입술로 죄를 범치 않고 순전함을 지켰다. 그의 착함은 심한 곤고함 가운데서도 변함이 없다. 그의 의는 끔찍한 시련 속에서 더욱 빛을 발한다. 참된 착함은 드러나게 마련이다. 십자가가 하나님 아들의 입증이듯이, 고난은 당신의 선함을 입증할 것이다. "그러므로 너희는 그 열매로 그 사람들을 알아야 한다"(마 7:20).

선한 하나님이 고통을 허용하시는 것이 아직도 미심쩍고 야속하다면, '나는 착한데 왜 고난이 있으며, 더 악하고 덜 선한 이들이 나를 이리도 못살게 구는가?'라는 물음이 계속 맴돈다면, 욥을 생각해 보라. 욥은 착한 사람인데도 심한 고난을 받았다. 그러나 욥은 착한 사람이기 때문에 고난 가운데서도 착했다. 내가 그리 나쁜 놈이 아닌데도 좀 심한 시련을 겪는다는 생각이 든다면, 고난 가운데서도 나쁘게 행하지 말라. 욥처럼, 하박국처럼, 착하게 고난을 맞이하라. 아직도 자신이 덜 악하고, 더 선하다고 믿는다면 말이다.

10   '탓'인가, '뜻'인가

주님, 주님께서는 옛날부터 계시지 않으셨습니까? 나의 하나님, 나의 거룩하신 주님, 우리는 죽지 않을 것입니다. 주님, 주님께서는 우리를 심판하시려고 그를 일으키셨습니다. 반석이신 주님께서는 우리를 벌하시려고 그를 채찍으로 삼으셨습니다. 주님께서는 눈이 맑으시므로, 악을 보시고 참지 못하시며, 패역을 보고 그냥 계시지 못하시는 분입니다. 그런데 어찌하여 배신자들을 보고만 계십니까? 악한 민족이 착한 백성을 삼키어도, 조용히만 계십니까? 주님께서 백성들을 바다의 고기처럼 만드시고 다스리는 자가 없는 바다 피조물처럼 만드시니, 악한 대적이 낚시로 백성을 모두 낚아 올리며, 그물로 백성을 사로잡아 올리며, 쳉이로 끌어 모으고는, 좋아서 날뜁니다. 그러므로 그는 그 그물 덕분에 넉넉하게 살게 되고 기름진 것을 먹게 되었다고 하면서, 그물에다가 고사를 지내고, 쳉이에다가 향을 살라 바칩니다. 그가 그물을 떨고 나서, 곧이어 무자비하게 뭇 백성을 죽이는데, 그가 이렇게 해도 되는 것입니까? 하박국 1:12-17

작은 시련의 터널을 통과하면서 내 딴에 가장 참기 힘들었던 말은, 고난이 하나님의 뜻이라는 것이었다. 고난은 위장된 하나님의 축복이라는 말만큼 화나는 말이 없다. 신학대학에서 종교철학이나 철학개론 등의 과목을 오랫동안 강의했다. 몇 가지 읽을거리를 미리 주고 토론하고 그 결과를 발표시켰다. 어느 날 악과 고난에 관한 주제를 다루었는데, 한 그룹에서 고난은 '위장된 하나님의 축복'이라는 결론을 내렸다고 발표했다. 내가 강하게 비판했다. "입장 바꿔 놓고 생각해 봐라. 내 문제가 아니라고 그렇게 말하면 안 된다. 네가 그 처지라면 그렇게 말할 수 있겠냐?"라고 다그쳤다. 고난 가운데 숨이 턱밑까지 차오르는 다급한 상황이던 내게 그런 말은 너무 안일하게 들렸다.

고난 가운데 하나님의 뜻이 있다는 것을 참으로 싫어했던 나로서는, 유다를 향한 하나님의 뜻에 저항하는 하박국이 참 좋다. 하박국에게 주님이 말씀하신다. "너희가 살아 있는 동안에, 내가 그 일을 벌이겠다(합 1:5). 바벨론을 통한 유다의 심판이 하나님의 일이라는 것이다. 그러자 하박국은 하나님이 그럴 수 없다고 겁 없이 대든다. 하나님의 뜻은 당혹스럽기 그지없다. 악랄하고 문제가 많은 바벨론 제국을 놔두고 그럭저럭 괜찮은 유다 민족을 멸망시키는 것이 하나님의 뜻이라니. 하박국은 격렬히 항의한다. '그것이 어떻게 하나님의 역사란 말입니까?'

그때 만일 다음 옥한흠 목사의 글을 읽었다면 크게 화를 냈을 것이다. "저는 '고난'을 일컬어 '변장하고 찾아오는 하나님의 축복'이라고 정의하고 싶습니다. 다시 말해 겉으로는 고난같이 보이지만, 사실은 축복을 안고 오는 변장된 축복이라는 말씀입니다."[1] 이런 견해는 마치 고난을 인과응보에 따른 하나님의 심판이나 자업자득으로 보고, 고통 중에 빠진 욥에게 회개를 촉구하던 세 친구의 관점과 다를 바 없다. 지금 나는 죽을 것만 같은데, 한없이 절망스럽고 절통한데, 나보다 더 악하고 나보다 덜 선한 사람들이 지속적으로 괴롭히는데, 어떻게 변장된 하나님의 축복이라고 말할 수 있는지 도저히 이해되지 않았다.

고난은 축복이 아니다. 모난 부분이 깎이고, 부족한 부분이 채워지고, 까칠한 부분이 다듬어지는 것은 사실이다. 스탠리 하우어워스Stanley Hauerwas의 말이다. "고난이 성품을 위한 학교가 되는 것은 드물고, 오히려 성품을 시험한다."[2] 시험되는 과정 중에 상하고, 깨지고, 다친다. 그 흔적이 남는다. 오히려 어떤 부분에서는 더 망가지고 악화되기도 하다.

그렇지만 고난이 축복인 것도 사실이다. 내 경험을 해석하는 포괄적 틀인 예수님의 이야기로 보건대 그렇다. 이제 나는 고난이 하나님의 뜻이라는 말에 예전처럼 그렇게 분노하지도, 불평하지도 않는다. 오히려 감사를 드리곤 한다. 고난은 멍청하고 답답한 우리를 깨우며, 우리를 하나님의 자녀로 빚어 간다는 것에 찬동한다. 그래서 이 물음에 관한 한, 빠짐없이 단골로 등장하는 C. S. 루이스의 유명한 문장을 거리낌 없이 받아들인다. "하나님은 쾌락 속에서 우리에게 속삭이시고, 양심 속에서 말씀하시며, 고통 속에서 소리치십니다. 고통은 귀먹은 양심을 불러 깨우는 하나님의 메가폰입니다."[3] 고난 때문에 상처받았고, 또한 고난 때문에 성장하였다.

선택하라

사람들은 고난에 담긴 하나님의 뜻이 불가해하다고 툴툴거리지만, 뜻 없는 고난이 더 힘겹다. 함석헌 선생은 이렇게 외친다. "살고 싶거든 할 일을 발견해 내어라. 고난의 역사라지만 그 역사에는 의미가 있어야 한다. 의미 없는 고난이 무엇이냐? 사실은 의미 없는 고난조차도 없다. 죽음뿐이지."[4] 의미 없는 삶, 의미 없는 고난은 그 자체가 죽음과 다를 바 없다. 단언하건대, 고난 없는 인생 없고, 고난 통해 성숙하지 않는 인생 또한 없다.

　고난당하는 자의 처지에서 고난에 하나님의 뜻이 있다는 말도, 아예 그런 것이란 없다는 말도 힘들기는 매한가지일 듯하다. 양쪽 논리를 이치에 맞게 따져 본다면, 어느 것이 더 이성과 부합하는지, 어느 것이 더 실존적 위로를 줄 수 있을지 좀체 가늠하기 어렵다. 모두 일장일단이 있다. 문제는 태도이지, 논리가 아니다. 따라서 옥한흠 목사의 지적이 옳다. "고난은 그 자체가 크고 작음에 따라서 문제가 되는 것이 아니라, 고난을 대하는 우리의 태도가 믿음의 태도냐, 아니면 불신앙적 태도냐에 따라서 그 결과가 이렇게 될 수 있고 저렇게도 될 수 있다는 것입니다."[5]

고난에 의미가 있다고 말하는 이는 의미를 찾고 목적을 완수하기 위해 애쓸 것이고, 고난 가운데 말씀하시는 하나님을 뵙게 될 것이다. 그렇지 않은 이는 의미 없는 고난이었으므로 의미 없는 인생이라고 말하게 될 것이다. 고난 없는 인생은 없다고 하였는데, 고난에 의미가 없다면 그 인생도 의미가 없다. 그러니 고난 속에 하나님의 뜻이 있다고 믿는 이라면 하나님의 뜻대로 살 것이요, 하나님의 뜻을 거부하는 이는 그 삶을 향하신 창조자의 선하신 뜻을 거역하는 길을 갈 것이다.

결국 우리는 고난을 뜻 없는 고난으로 받아들일 것인지, 아니면 뜻 있는 고난으로 받아들일 것인지 선택해야 한다. 어느 쪽도 만만치 않은 논리적이고 실천적인 위험 부담을 감수해야 한다. 뜻이 있다면, 사랑의 하나님이 꼭 이런 모진 시험을 통해서 우리에게 그 뜻을 계시해야 하는지 정말 받아들이기 쉽지 않다. 하지만 뜻이 없다면, 인생 자체에 아무런 의미가 없다. 고난받는 것도 억울한데, 아무 까닭 없이 한갓 짐승처럼 그렇게 고통 속에 뒹굴어야 한다면 더 억울하다.

고난이 하나님의 뜻이어도 문제이고, 아니라면 더 문제다. 너무 아픈 고통이 그토록 선한 분의 손길을 거쳤다는 것 자체가 심각한 고통이다. 하지만 고난에 아무런 의미가 없다면 인생 전체는 허무와 냉소에 빠진다. 알베르 카뮈[Albert Camus]는 『시지프의 신화』에서[6] 인간이란 의미 없음을 견뎌내야 한다고 말하지만, 인간이란 의미 없이는 살 힘을 얻지 못하는 그런 존재다. 카뮈가 인간을 오해했거나 아니면 지나치게 위대하게 본 것이리라. 때로 삶의 의미가 인간을 과하게 억누르지만, 의미 없는 고난과 인생은 그 자체가 중대한 고통이다. 그러니 양자 사이에 선택을 해야 한다면 의미가 있다는 쪽을 택하겠다.

오해하지 말라

하지만 이 말에는 오해의 소지가 다분하다. 고통 자체가 하나님의 뜻이라고 여길 수 있다. 엄격히 말해서 고통 안에 하나님의 뜻이 숨어 있다고 말해야지, 고통이 하나님의 뜻은 아니다. 폴 투르니에는 「고아가 세계를 주도한다」는 논문과 "고아라는 것이 인생의 가장 큰 불행이 아니라 가장 큰 행운이었다"는 말을 듣고 혼란에 빠진다. 고아의 경험은 정녕 악한 것일진대, 그것이 어찌 축복인가?[7] 그 역시 고아였던지라 애타게 대답을 듣기 원했다. 그 이야기가 바로 자신의 이야기였기 때문이다.

그의 대답은 고난이 결코 선은 아니지만 선이 될 수 있다는 것이다. 고통을 창조적으로 응대하여 선용하면 선의 일부가 될 수 있다. "고통 그 자체로는 결코 이로운 것이 아니며, 늘 싸워야 하는 대상이다. 중요한 것은 사람이 시련 앞에서 어떻게 반응하는가 하는 것이다."[8] 시각과 태도의 변화에 따라 창조적 결과를 낳았다고 하여, 그 자체가 선은 아니다. 악을 선용했다고 해서 악이 선이 되는 것은 아니다.

반면, 제럴드 싯처Gerald L. Sittser는 조금 다른 뉘앙스를 풍긴다. 그에 따르면, 고난이 하나님의 뜻이 아니지만 동시에 하나님의 뜻이다.[9] 하나님의 뜻이 아닌 까닭은 "하나님이 악이나 고통을 지어내지 않기 때문"이고, 하나님의 뜻인 까닭은 하나님이 "고난을 사용해 구속의 계획을 이루시기 때문"이다. 그것은 선의 일부일 수 있다. 폴 투르니에가 소극적으로 고통 자체가 하나님의 뜻은 아니지만 창조적인 응답으로 선용하라고 권고한다면, 싯처는 보다 능동적으로 하나님의 구속 계획 속에서 고통은 하나님의 뜻이 된다고 말한다.

결론은 같다. 창조적 반응이다. 하나님의 뜻은 완결된 미래를 의미하지 않는다. 어떠한 변경이나 이의도 가능하지 않는, 그래서 인간의 자유의지가 발동할 어떤 여지도 허용되지 않는 꽉 막힌 결정이 아니다. 만일 그렇다면 고통은 숙명이리라. 하나님은 그런 가학적인 하나님이 아니다. 우리는 깡통로봇 같은 인간 이해에 만족할 수 없다. 요셉처럼 고난에 창조적으로 반응하는 것, 바로 그것이 하나님의 뜻이다.

'탓'에서 '뜻'으로

하지만 밀려오는 시련의 한복판에서 창조적으로 반응한다는 것은 그리 간단치 않다. 부끄럽지만, 나는 창조적 반응은 고사하고, 하나님의 뜻이라는 사실을 선뜻 수용하지 못했다. 납득이 안 되니 온통 의심뿐이었고, 대드는 것이 내 일이었다. 나를 십자가에 못 박는 이들이 같은 그리스도인이요, 한 교회 교우들이요, 가족들일 때, 마음에 담아 두고 오래도록 성을 내며 비난하였다.

　지금 돌아보건대, 그 시련의 시기에 나의 영적 상태는 다음과 같은 네 단계를 거쳤다. 크게 보아 '탓'에서 '뜻'으로 발전했고, '탓'은 '네 탓'에서 '내 탓'을 지나 '하나님 탓'으로 이어졌다. 본회퍼는 그리스도인의 사귐이 깨지는 한 요인으로 지나치게 이상을 좇는 태도를 지목한다. 자기 스스로 설정해 놓은 생각의 틀에 맞지 않으면 관계가 어그러지고 만다. 결국 "그는 형제를 비난하다가 하나님을 비난하는 사람이 되고, 나중에는 절망 상태에서 자신을 비난하는 사람이 된다."[10] 내 경우, 원인에 대한 진단은 맞지만 발전 경로는 조금 달랐다. 형제에서 자신으로, 그리고 하나님께 화살을 돌렸으니 말이다.

네 탓

첫 번째 단계는 "네 탓"이다. 힘든 일을 겪은 나의 첫 반응은 남 탓이었
다. 그것은 아마도 사람들의 일반적인 심리인 듯하다. "의식적이건 무의
식적이건, 우리 모두는 실패를 탓할 사람을 찾아 손가락질하는 경향이
있다. 자신의 행위를 인정받지 못하면, 그럴 수밖에 없었던 이유나 그렇
게 만든 범인 또는 희생양을 찾는다."[11] 우리는 실수하거나 잘못을 범하
면 대뜸 "쟤가 그랬어요, 나는 안 그러려고 그랬는데 순전히 쟤 때문이
에요. 저놈이 꼬드기는 바람에……"라고 말한다. 어느새 책임을 전가하
고 책임 공방에 몰두한다.

　욥기를 보면 욥은 일관되게 무죄를 주장하는 반면, 욥의 친구들은
그의 죄를 찾고 그의 항변에서 하나님을 보호하려고 무진 애를 쓴다. 어
찌 사람으로 나서 죄 없다 할 수 있겠냐마는, 정작 욥 자신도 죄인임을
알고 있다. "진실로 내가 이 일이 그런 줄을 알거니와 인생이 어찌 하나
님 앞에 의로우랴"(욥 9:2, 개역개정). 그런데도 아득바득 죄 없다고 우기
는 것은 자신은 이런 혹독한 시련을 당할 만큼의 죄는 짓지 않았다는 생
각 때문이다. 그러므로 욥이 제 스스로 의롭다고 하는 것은 누구도 의롭
지 못하다고 말하는 로마서의 그것과 다르다.

　욥과 나의 차이는 그가 하나님을 찾은 반면, 나는 책임을 전가할 희
생양을 찾았다는 점이다. 고난에 담긴 하늘의 실체를 보지 못하니, 자연
남을 탓하게 된 것이다. 아무리 생각해도 억울했고, 죽도록 미웠다. 매일
기도하며 하나님께 고발했다. 교회 안에서 어떻게 이런 일들이 벌어지는
지, 그리고 감히 목사인 내게 어찌 이럴 수 있는지. 내 의지와 상관없이
계속해서 닥치는 갈등과 충돌이 버거워서 그들의 죄상을 낱낱이 하나님
께 고하고, 그러면서도 은연중에 나는 그들보다 더 의롭다고 자위했다.

이것이 성전에 올라가 자기 의와 공로를 내세우며 세리를 깔보았던 바리새인이 아니고 무엇이란 말인가? 스캇 펙의 말은 너무 정확해서 온몸이 아플 정도다. "내가 악한 사람이라고 부르는 이 사람들의 행동에 있는 가장 지배적인 특징은, 곧 남에게 죄를 덮어씌우는 책임 전가다."[12] 그가 바로 나다.

남 탓은 자기 손해다. 이를 갈며 상처를 반박해서 되새김질하면 할수록 자신을 다치게 할 뿐이다. "안타까운 점은 게걸스럽게 뜯어 먹고 있는 상대가 바로 자신이라는 것. 향연의 식탁에 놓인 해골은 자기 것이다."[13] 그렇기 때문에 남 탓은 내 탓으로 발전한다.

내 탓

다음은 "내 탓"이었다. "네 탓"을 한다고 해서 내 책임이 면제되지 않는다. 내게 책임이 있기에 남 탓을 한 것이다. 일부는 그들 탓인 것도 사실이다. 그렇다고 내가 지혜롭고 은혜롭게 처신한 것은 아니다. 나도 그들과 다를 바가 전혀 없었다. 나를 무시하는 태도에 노여워했고, 불평만 일삼았다. 누가 뭐래도 당시의 교회 사태에 대한 최종 책임은 담임목사인 내게 있다. 아무리 기도해도, 처음 발단이 나와 무관해도, 개척 이후 2년이나 지났는데, 내 탓이 아닐 수 없다. 단적으로 내 리더십의 부족이요 부재다.

종종 이런 상상을 하곤 했다. '만약에 우리 교인들이 나와 감히 견줄 수 없는 훌륭한 다른 목사를 만났더라면 어땠을까'라고 말이다. 이런 것쯤은 아무런 문제도 되지 않았을 뿐더러, 그들에게 말씀과 비전을 심어 주어 새롭게 변화시켜 새로운 일꾼으로 구비시켰을 것이라고 말이다. 하지만 불운하게도 그런 상상이나 책임을 추궁하는 것이 오히려 해로웠다. "내 탓"은 구원에 이르게 하기는커녕 절망에 이르게 한다.

영적 멘토인 전 침례신학대학교 총장 이정희 교수께 금식기도 중이라고 말씀드렸더니, 나의 앞뒤 사정을 다 아시는 그분이 대뜸 그러신다. "김 목사, 너무 자신을 학대하지 말게." 마태는 금식이 경건 위장용일 수 있다고 경고했는데, 나 역시 나 자신을 가장하기 위한 수단으로 금식을 하고 있었던 것이다. 사실이 그랬다. 내 탓이 '책임'이 아니라 '학대'가 된 것이다.

모름지기 구원이란 자기의 죄를 인식하는 데서 비롯된다. 하지만 모든 죄 인식이 구원에 이르는 것은 아니다. 자기 혐오와 수치심으로 끝날 수도 있다. 베드로는 주를 부인하고 저주하였음에도 회개하여 구원에 이르렀지만, 가룟 유다는 제사장들에게 찾아가 자신의 어리석음을 고백하고 돈마저 돌려주었으나 죽음에 이르렀다. 베드로는 회개했지만, 가룟 유다는 자책했기 때문이다. 회개悔改라는 한자어가 그렇듯이 뉘우침과 고침이 병행되어야 하는데, 유다는 전자에 머물고 말았다. 죄 인식이 도리어 죽음으로 몰아갔던 것이다.[14]

나 역시 유다와 같았다. 나 하나 때문에 온 교회와 가족마저 고생하고 있으니 죽을 맛이었고, 내가 그렇게 미울 수 없었다. 그러니 정체성마저 잃어버리고, 죽는 것도 겁나지 않는다고 했던 것이다. 그렇지만, 그렇다고 해결되는 것은 아무것도 없다. 오히려 더 힘들게 할 뿐이다. 이는 고통을 죄로 보는 숨은 의식의 발로이며, 예수 그리스도 안에서 더 이상 정죄가 없다는 선언을 무위로 돌린다. 내 탓은 끝없이 자책과 회한으로 남을 뿐, 구원과 용서를 향해 한 발자국도 전진하지 못했다.

하나님 탓

다음 단계는 "하나님 탓"이었다. 원래 그들은 그런 사람들이고, 나 역시 흠이 많지만 이만큼의 시련을 받을 정도로 악을 범한 것이 없으니, 자연히 남은 것은 하나님뿐이었다. 이제 하나님 탓은 정해진 수순이다. 내가 겪는 고난은 하나님이라는 상수를 고려하지 않고서는 설명할 방도가 없었다. 전능하신 하나님은 능히 이 사태를 진정시킬 수 있는데, 상황은 갈수록 악화되었다. 사랑의 하나님이 나를 방치하는 것이 그분의 사랑과 맞지 않아 보였다. 하나님의 전능과 사랑을 의심할지언정 부정할 수는 없던 나로서는, 그런 하나님이 원망스러워 많이 울면서 항변했다. 나에게 이러실 수는 없다고 말이다.

잠언의 한 구절은 단 한 사람, 나를 위해 쓰여졌다. "사람은 미련해서 스스로 길을 잘못 들고도, 마음속으로 주님을 원망한다"(잠 19:3). 교회를 개척할 당시, 내 주변에 있던 거의 모든 사람들이 만류했다. 담임목사와 대립하다가 나와서 똘똘 뭉쳐 교회를 개척하는 이들은 분명 새로운 담임목사 또한 불신할 테니 쉽지 않은 사역일 것이라고 경고했다. 이정희 교수까지도 너무 힘들 테니 가지 말라고 극구 만류했는데, 내가 우겨서 시작한 일이었다. 그런데도 하나님을 탓한 것이다.

못나게도 나는 끊임없이 책임을 추궁할 대상을 설정함으로 현실을 도피하고, 내게 쏟아지는 책임을 전가하고자 한 것이다. 북이스라엘의 아합 왕은 엘리야의 말 한마디에 3년 가까이 가뭄으로 온 국토가 말라붙자 물을 찾아 나선다. 그는 자신을 찾아온 엘리야를 보자마자 대뜸 현재의 가뭄이 엘리야의 탓인 양 나무란다. "그대가 이스라엘을 망치는 장본인인가?"(왕상 18:17, 공동번역) 정반대다. 아합이 하나님의 말씀을 떠나 바알을 떠받들었기 때문에 생긴 일이다. 그가 엘리야 탓을 하는 것은 하나님 때문에 가뭄이 왔다고 말하는 것과 다를 바 없다. 하나님을 탓하는 내가 바로 내 인생을 망친 장본인이다.

하나님의 뜻

마지막으로, '탓'하기가 다다른 곳은 '뜻' 찾기였다. 나는 우스갯소리로 이렇게 말하곤 한다. 탓을 백 번 하면 뜻이 된다고. 하나님 탓이라면, 그 것에는 반드시 하나님의 뜻이 있을 것이다. 하나님의 계획 속에 내게 일 어난 일이라면, 하나님의 은혜로우심에 비추어 본다면, 자기 아들을 아 끼지 아니하신 그분이 모든 것을 아낌없이 주신다는 진실에 비추어 본 다면, 내 고난에는 모종의 하나님의 뜻이 개입되어 있다고 보는 것은 지 극히 자연스럽다.

고난에 숨은 하나님의 뜻을 인정한다는 것은 '자기 수용'이다. 다시 말해, 내 잘못으로 일어났다면 잘못했다고 말하고 한바탕 울고 나서 다 시는 안 그러겠다고 다짐하고 돌아서는 것이며, 나와 상관없이 생겨난 일이라면 더는 자책하지 않고 내 머리를 스스로 쓰다듬으며 네 잘못이 아니라고, 씩 웃으며 너는 참 괜찮은 놈이라고 말해 주는 것이다. 신학 적으로 말하자면, 하나님의 아들 예수가 십자가에서 죽으셔야 할 만큼 나는 죄인인 동시에 하나님의 아들 예수가 십자가에서 죽으실 만큼 나 는 사랑받는 하나님의 자녀인 것이다. 그러니 나는 잘못할 수밖에 없고, 그래도 하나님의 자녀라는 사실은 변함이 없다.

다른 하나는 '하나님 수용'이다. 자아를 포용하기 이전에 하나님과 포옹해야 한다. 하나님도 그러실 수밖에 없었다는 것, 즉 넘어져 울고 있는 나를 보시고도 뒷짐 지셨던 그분의 속이 엄청 쓰라렸다는 것, 그것 을 애써 감추고 짐짓 모른 체하는 그분도 실은 참느라 너무 힘들었다는 것, 그런 그분을 한번 깊이 안아 주는 것이다. 하나님도 힘드셨죠?

이제 내게 고난을 허용하시는 그분의 주권과 사랑을 받아들인다. 그 모든 것이 하나님께서 나를 향해 가진 최선의 뜻이요 최고의 결정이라는 것을 가감 없이 믿는다. 그러기에 하나님께 다시 한 번 '하나님, 고마워요'라고 말하는 것, '하나님 탓하기'를 중지하고 '하나님의 뜻'으로 고통을 부둥켜안는 것, 바로 그것이 하나님을 수용한다는 말이 지닌 뜻이다. 나는 단번이 아니고 점진적이고 누적되는 시간 속에서 그 진실을 깨달았다. 고난의 의미를 묻는 '왜'는 신앙과 인생을 성숙시키지만, 고난의 원인을 캐묻는 '왜'는 도리어 신앙과 인생을 퇴보하도록 만든다.

하나님의 뜻을 찾아서

아무리 생각해도 하나님의 뜻이다. 논리적으로 따지다 보면 그곳에 이른다. 하나님에게서 온 것이니 그분을 탓했다면, 그분에게서 온 것이기에 분명 선이요 축복일 것이다. 하나님의 주권과 그분의 허용 안에서 일어난다는 것을 알기에 하나님을 탓했다면, 그분의 사랑과 선함을 믿기에 그분의 뜻을 받아들여야 한다. "땅에서 넘어진 자, 땅을 딛고 일어서라"고 했다. 나를 넘어뜨린 분이 하나님이라고 그분을 원망했다면, 나를 일으켜 세워 주실 분도 하나님이시니 그분을 소망해야 마땅하다. 하나님 '때문에' 고난을 겪었다면, 하나님 '덕분에' 고난을 이긴다.

다음은 금식기도였다. 그즈음 리처드 포스터Richard J. Foster의 『영적 훈련과 성장』Celebration of Discipline을 읽고 있었다. 금식 부분을 읽으면서 금식하며 기도해야겠다는 생각이 들었다. 그가 제시한 여러 가지 방법 중에 '24시간의 부분적인 금식'을 하리라 작정하고 금식에 돌입했다.[15] 점심을 먹은 후부터 시작하여 다음 날 점심 전까지 금식하는 방식이다. 그러면 두 끼를 식사하지 않으면서도 시간상으로는 하루, 그러면서도 하루 일과를 거뜬히 소화할 수 있다. 일주일에 한 번씩, 약 반년 정도 금식했다. 수십 일을 금식한 분이 보면 아이들 장난 같아 보일지 몰라도, 그런대로 힘들었다. 그만큼 주님과는 전과 다른 교제를 나누며 힘을 얻게 되었다.

　마지막은 금식하며 성경을 읽었다. 금식은 이 땅의 음식은 먹지 않지만 하늘의 양식을 먹는 것이라고 포스터는 말한다. 그래서 "금식은 잔치"라는 말이 성립된다.[16] 기도하는 중에 이 모든 일이 하나님에게서 온 것이니 이 모든 일이 선이 될 것이라는 확신과 함께 로마서 8:28 말씀을 생각했다. "하나님을 사랑하는 사람들, 곧 하나님의 뜻대로 부르심을 받은 사람들에게는, 모든 일이 서로 협력해서 선을 이룬다는 것을 우리는 압니다." 당시 내가 주목했던 단어는 "모든 것"이었다. 나와 내 주변의 모든 것과 모든 일들이 공동번역에서처럼 "모든 일이 서로 작용해서 좋은 결과를 이룬다"고 이해했다.

　그런데 NIV 성경은 조금 달랐다. 거칠게 번역하면, "우리는 하나님을 사랑하는 자, 곧 당신의 목적을 따라 부르신 자들의 선을 위해 모든 것들 안에서 하나님께서 일하고 계시다는 것을 알고 있다." 모든 것들이 자동적으로 선이 되지 않는다. 그것은 사물의 내재적 법칙에 따른 필연적인 결과물이 아니다. 존 스토트의 말마따나 "모든 것이 저절로 어떤 선의 유형을 이루는 것은 아니기 때문"이다.[17] 모든 일들이 선이 되도록 하나님께서 일하시기에 죄와 악마저도 의와 선의 일부가 된다. 그리고 그것이 하나님의 뜻이다.

시각을 바꾸라

고난은 하나님의 뜻이다. 그 말을 듣기만 해도 왈칵 화를 내던 나였지만, 이제 고난이 하나님의 뜻임을 믿는다. 그 당시 우리 교회는 밤 9시에 저녁기도회를 가졌는데, 이웃 교회의 이정희 권사님도 늘 함께했다.

내 속사정을 다 알고 함께 기도해 주던 그분이 싱글싱글 웃으며 말한다. "목사님, 요즘 얼굴이 많이 좋아지셨어요. 예전에는 무언가 얼굴에 그늘이 있어서 어두웠는데 참 평안한 얼굴이네요." 그리고 얼마 지나지 않아 심하게 문제를 일으키던 분들이 언제 그랬냐는 듯 한순간에 모두 교회를 떠났다. 죽어도 흩어지지 않을 것이라며, 목사를 내몰기에 여념이 없던 이들인데 희한한 일이었다. 내적인 평안과 외적인 해결을 얻었다.

물론, 고난이 하나님의 뜻이라는 말에 얼마의 제약을 두는 것을 잊지 말아야 한다. 고난이 하나님 뜻이라 하더라도, 고난 자체가 축복이나 선은 결코 아니다. 하나님의 큰 그림과 맥락 가운데서 고난을 이해하고, 고난이 선이 되도록 창조적으로 참여해야 한다. 죄가 많은 곳에 은혜가 넘친다고 해서 일부러 죄 가운데 살 수 없다(롬 6:1-2). 죄를 의로, 악을 선으로, 고통을 축복으로 만드는 하나님의 역사에 동참하겠다는 창조적 반응이 있어야 한다.

우리에게 필요한 것은 문제에 대한 논리적 해답만이 아니라 새로운 시각이다. 모두에게 배신당하고 피맺힌 기도마저 거부당할 때에도, 예수님은 악 속에서 선을 찾았다. 모든 것을 가룟 유다 탓으로 돌리지 않고, 고통 속에서 뜻을 찾으셨기에 모든 일이 하나님의 뜻을 이룬다고 확신한다. '탓'에서 '뜻'으로 패러다임 전환이 이루어지면, 모든 것이 선을 이룬다는 것을 믿고 의심하지 않게 된다. 그러므로 문제의 해결은 문제를 바라보는 시각에서 비롯된다.

시각을 바꾸면 고난이 새롭게 보인다. 다르게 보인다. 하나님의 말씀에 순종하면 축복이고, 불순종하면 재앙이 된다. 예수의 향기가 어떤 이들에게는 망하게 하는 죽음의 냄새요, 다른 이들에게는 흥하게 하는 생명의 냄새다(고후 2:14-16). 한 말씀, 한 예수님이 복과 화, 생명과

사망이 되는 것은 우리가 어떻게 대하느냐에 따라 다르다. "나는 오늘
하늘과 땅을 증인으로 세우고, 생명과 사망, 복과 저주를 당신들 앞에
내놓았습니다. 당신들과 당신들의 자손이 살려거든, 생명을 택하십시
오"(신 30:19). 감당하기 어려운 시험을 당해 힘들었다면, 이제 그 고난
으로 누구도 감당하기 어려운 그리스도의 향기가 되어야 하겠다. 나는
예수를 선택했고, 고난에 숨겨진 하나님의 자애로운 뜻을 믿었다. 그래
서 나는 살, 았, 다.

4부

하박국,

원수들과 더불어

11   오직 의인은 믿음으로

이 묵시는, 정한 때가 되어야 이루어진다. 끝이 곧 온다는 것을 말하고 있다. 이것
은 공연한 말이 아니니, 비록 더디더라도 그 때를 기다려라. 반드시 오고야 만다.
늦어지지 않을 것이다. 마음이 한껏 부푼 교만한 자를 보아라. 그는 정직하지 못하
다. 그러나 의인은 믿음으로 산다. 하박국 2:3-4

나는 내 평생의 신학적 물음이자 신앙의 화두는 '악과 고통'이라고 말
하며 다니곤 했다. 박사학위 받으면 제일 먼저 그에 관한 책을 쓰겠다고
마음먹었다. 그런 내 생각에 약간의 균열이 생겼다. 필립 얀시[Philip Yancey]
의 책, 『교회, 나의 고민 나의 사랑』[Church: Why Bother?]의 한 문장을 읽으면
서부터였다. "나는 고통의 문제, 하나님께 대한 실망 같은 신앙 주변부
의 주제들로 저술 작업을 시작했다."[1] 주변부 문제라니? 배신감이 들었
다. 고통에 관한 책을 여러 권 쓴 작가가 이제 와서 딴소리라니. 하나님
께 실망했다는 말을 대놓고 하던 얀시에게 실망했다는 말을 할 판이다.

　하지만 그의 말이 맞다. 고난을 묻고 씨름하는 것이 원초적이고 보
편적이라도, 고난이 인생을 좌우할 만큼 강력하더라도, 고난이 삶의 전
부는 아니다. 고난이라는 잣대 없이 인생을 볼 수 없지만, 고난이 유일
한 척도가 될 수 없다. 인생에는 고난이 넘쳐나지만, 고난'만' 있는 것이
아니니 말이다. 장마와 가뭄을 빼고 날씨를 이야기할 수 없지만, 장마와
가뭄만 있지 않다. 이 모든 것이 한데 어우러져 인생을 만들어 간다.

믿음이 아니라면

이는 욥기를 펼치면 된다. 욥기는 흔히 고난의 의미에 관한 두툼한 저작이라 여겨진다. 욥의 고난을 둘러싸고 처음에는 그의 친구들과 나중에는 하나님까지 가세해서 논쟁을 벌인다는 점에서 그 주제는 고난, 더 정확히는 의인의 고난이다. 하지만 문학적 기교와 장치로 보면, 서론에 해당하는 1장은 우리를 욥기의 요점에서 벗어나지 않도록 인도한다. 그것은 사탄의 입을 통해 우리에게 전달된다. "욥이, 아무것도 바라는 것이 없이 하나님을 경외하겠습니까?"(욥 1:9)

아무런 조건 없이, 어떠한 대가도 기대하지 않은 채, 단지 하나님이 하나님이시라는 이유만으로 신앙할 수 있는지를 욥기는 논쟁한다. 우리를 까닭 없이 사랑하는 하나님처럼, 우리도 까닭 없이 하나님을 경외할 수 있는지 측정하는 가장 좋은 리트머스 시험지가 고난이다. 하나님을 대면하여 욕할 것인가?(욥 2:5) 믿음의 순전을 굳게 지킬 것인가?(욥 2:9) 고난받을 때에도 하나님을 믿겠는가? 설사 그 하나님이 내게 고난을 허락하시더라도 그분을 신뢰할 수 있는가? 그러므로 욥기의 주제는 '믿음'이다. 욥은 하나님에 대한 믿음 때문에 고난받았지만, 또한 그 믿음 때문에 고난을 이겨냈다. 믿음이 없어도 고난은 있지만, 믿음이 아니라면 고난은 극복할 수 없다.

믿음이 이긴다는 것에 대한 살아 있는 예증이 있다. 아우슈비츠 수용소에서는 아무나 담배를 피울 수 없었다. 수용된 이들 중 카포(유대인 최하위 감독관)와 같은 소수에게나 허용되었다. 담배 하나를 피우려면 수프 열 두 그릇과 맞바꾸어야 했다. 만약 누군가 담배를 물고 있다면, 그는 인생을 스스로 포기한 경우로 알고 내버려두었다. 그들을 바라보면서 정신과 의사 빅터 프랭클은 의외의 진단을 내린다. 바로 믿음이다.[2] 삶에 대한 믿음을 상실하면 동시에 살아야 할 이유도 사라진다. 삶을 지 탱시키고, 종내는 고난을 통과하게 하는 힘은 누군가에 대한 믿음, 누군 가로부터의 믿음인 것이다.

　　고난이 인생과 신앙의 주변에 해당한다면, 믿음은 중심을 차지한 다. 성경은 고난 너머를 가리키고 고난의 맥락을 짚어 준다. 너머와 맥 락이 믿음이다. 하나님과 인간의 관계는 믿음에 의해 정의된다. 고난이 아니다. 십자가는 언제나 부활을 배경으로 하고, 부활을 지향한다. 마찬 가지로, 고난의 이야기는 믿음을 요구하고, 믿음을 전제하고, 믿음에 도 달한다. 믿음이 없이는 하나님을 기쁘시게 하지 못한다고 했다(히 11:6). 믿음이 없이는 고난을 이해할 수도, 이겨낼 수도 없다. 믿음이 아니라면 말이다.

믿음, 믿음, 믿음

하박국서의 전체 내용을 요약해 주는 구절은 2장 4절이다. "의인은 그의 믿음으로 말미암아 살리라"(개역개정). 이 구절은 가히 구약 전부를 삼킨 다고 해도 과언이 아니다. 또한 바울의 복음을 단 하나의 단어로 압축한 다면 믿음이다. 구약에 기반한 유대교도 예외가 아니다. 탈무드에는 이 런 구절이 있다. "모세는 이스라엘에게 613개의 계명을 주었다. 다윗은 그것을 열한 개(시 15편)로 줄였고, 미가는 세 개(미 6:8)로, 이사야는 두 개(사 56:1)로 줄였다. 그러나 하박국은 단 하나로 요약하였다. '의인은 믿음으로 살 것이다.'"[3] 그리고 종교개혁의 동력이 되었던 구절이기도 하다.[4] 이 한 말씀을 다시 읽고 새롭게 해석하면서 중세 가톨릭에서 개신교로의 변혁이 가능했다.

하박국의 믿음이 내포하는 의미를 세 가지로 구분할 수 있다. 첫째는 기다림이다(합 1:1, 3). 기다림의 내용은 악한 자의 멸망과 의로운 자의 승리다. 악한 자는 유다 공동체 내의 사악한 자와 하나님 백성을 마구잡이로 짓밟는 패악 무도한 바벨론이다. 그러나 승리는 빨리 오지 않는다. "기다려라." 그것이 하나님의 대답이다. 두 눈 부릅뜨고 기다려야 한다.

둘째는 묵시다(합 2:2). 묵시의 어근은 '보다'인데, '계시' 또는 '비전'으로도 번역된다. 예언자를 선견자라고 부르는 것도 그 때문이다. 그래서 하박국은 하나님의 대답을 지켜보겠다고 했던 것이다(합 2:1). 하나님의 답변은 누구라도 당신의 계시를 읽고 볼 수 있도록 하라는 것이다. "달려가면서도 읽을 수 있게 하여라"(합 2:2)는 구절은 해석이 양분된다.[5] 아무리 바쁘게 뛰어다니는 사람이라도 볼 수 있도록 큼지막하게 쓰라는 것과 이 말씀을 읽는 자는 일어나 달려가도록 하게 만들라는 것이다. 그것이 하박국이 바라봐야 할 비전이다.

셋째는 인내다(합 2:4). 하박국이 사용한 믿음이란 단어는 '신실함'이다.[6] 어떠한 상황에도 변개치 않는 견고함을 가리킬 때 사용된다. 신실함은 축복과 형통의 때만이 아니라, 그동안 믿었던 하나님과 너무나 다른 하나님을 만날 때에도 그분을 한결같이 믿고 따른다. 바울은 이것을 율법의 공로와 의를 대조할 때 인용한다(롬 1:17, 갈 3:11). 바울에게 자기 의로 사는 자가 아닌 하나님의 의로 사는 것이 믿음이다. 고난이란 필경 자기의 노력, 인간의 내적 자원에 의지하는 삶의 한계와 종언이다.

그런데 히브리서는 믿음을 '인내'라는 맥락에 위치시킨다. "여러분이 하나님의 뜻을 행하고서, 그 약속해 주신 것을 받으려면, 인내가 필요합니다"(히 10:36). 그런 다음에 하박국서의 한 구절을 인용한다. "나의 의인은 믿음으로 살 것이다. 그가 뒤로 물러서면, 나의 마음이 그를 기뻐하지 않을 것이다"(히 10:38). 하박국이 믿음을 신실함으로 이해했다면, 히브리서는 신실함의 요체를 인내로 풀이한다. 지금 하나님은 하박국에게―그리고 우리에게―믿음의 기본이란 다름 아닌 인내라는 것을 가르치는 중이다.[7]

고난은 반드시 지나간다. 하나님의 의는 반드시 승리한다. 그것이 하나님의 계시이고, 우리의 비전이다. 악인의 형통과 의인의 고난, 그리고 악인의 종말과 의인의 승리 사이에서 하나님의 정한 때를 기다리고, 약속을 신뢰하고, 그날이 오기까지 신실하게 인내한다. 그 믿음이 승리한다. "하나님에게서 태어난 사람은 다 세상을 이기기 때문입니다. 세상을 이긴 승리는 이것이니, 곧 우리의 믿음입니다"(요일 5:4). 의인은 믿음으로 고난을 이긴다.

두 눈 부릅뜨고

아들과 함께 책을 썼다. 제목은 『그런 하나님을 어떻게 믿어요?』이다.[8] 아들은 어려서부터 책을 많이 읽어서인지 질문이 참 많았다. 고등학교는 기독교 대안학교를 다녔는데, 그곳 역시 '왜'라는 질문을 하도록 격려해 주었다. 그렇지만 그곳에서 본 기독교의 뒷모습은 깊은 비판과 회의를 불러일으켰다. 아들은 참지 못하고 격렬히 반발하면서 저항하는 데 앞장섰다. 그런 아들에게 책을 같이 쓰자고 제안했다. 어차피 고민할 것이라면 제대로 하라는 뜻이었다. 자신의 물음을 A4 두세 장 분량의 글에 담아내지 못한다면, 그것은 객기일 터. 진지하고 깊이 사색하도록 이끄는 것이 아비의 몫이리라 생각했다.

의외로 반응이 좋았다. 덕분에 출판 관련 상도 받고, 기독교 방송에도 얼굴을 내밀었다. '강석우, 윤유선의 하늘빛 향기'에 출연한 것이다. 대담 중 강석우 씨가 아들에게 물었다. "이 책을 쓰면서 얻게 된 것이 뭐죠?" 아들은 두 가지라고 했다. 성장하는 기쁨과 하나님을 알아가는 과정. 글을 쓰면서 자신의 생각이 정리되고 깊어지고 발전하고, 그런 과정을 겪으면서 성장했단다. 어찌나 기쁘던지. 내가 바라던 바가 아닌가.

놀란 것은 다음 말이었다. 사회자가 다시 물었다. "질문하다 보면 답이 안 나오기도 하잖아요. 나도 주일학교 전도사님과 끊임없이 토론했지만 답을 얻지 못한 적이 많았거든요." 아들이 자신의 온갖 물음에 즉각 응답하지 않는 하나님과의 씨름 가운데 내린 결론은 '기다리시는 하나님'이었다.

기다리시는 하나님이라는 생각을 했어요. 처음에는 왜 빨리 답을 안 주시나. 수학 문제를 풀듯 열심히 풀면 답이 나와야 하는데, 답지도 없고요. 내가 지금 고민하는 문제의 답을 언젠가는 어렴풋이 알게 되더라고요. 그리고 답이 나오지 않더라도 답을 알아가는 과정 자체가 하나님을 알아가는 과정이었어요.

아들이 못다 한 뒷부분은 아마 이런 것이었으리라. "하나님은 아무것도 안 한 것이 아니었어요. 곧바로 대답하지 않고 잠잠히 기다리셨어요. 그 시간에 저는 하나님을 더 알게 되었고요. 그렇게 하나님은 저를 기다리신 거지요. 그래서 기다리는 하나님이라고 한 거예요."

우리는 고난이 언제 지나갈지 그 날과 시에 대해 관심이 너무 많다. 예수님의 제자들도 그러했다. "주님, 주님께서 이스라엘에게 나라를 되

찾아 주실 때가 바로 지금입니까?"(행 1:6) 제자들의 그릇된 하나님 나라 이해와 조급함이 엿보인다. 하나님 나라를 이스라엘이라는 한 민족의 국가로 축소하는 오류를 범하고 있고, 하나님보다 앞서서 하나님의 때를 하루라도 앞당기려고 재촉한다.[9] 예수께서는 그들이 원했던 하나님 나라 이해를 교정해 주시면서 말씀하신다. "때와 시기는 아버지께서 아버지의 권한으로 정하신 것이니, 너희가 알 바 아니다"(행 1:7). 때에 관한 한, 인간이 달리 어찌할 수 없는 하나님의 주권에 속한 것이다.

하나님의 구원은 하나님이 정한 때에 이루어지는 것이니 성마르게 보챈다고 될 일이 아니며, 우리 소관도 아니다. 하나님은 절대로 늦는 법이 없고, 우리처럼 허둥대며 서두르지도 않는다. 당신의 때에 당신의 방법으로 당신의 사람을 통해 당신의 일을 하신다. "이 묵시는, 정한 때가 되어야 이루어진다. 끝이 곧 온다는 것을 말하고 있다. 이것은 공연한 말이 아니니, 비록 더디더라도 그 때를 기다려라. 반드시 오고야 만다. 늦어지지 않을 것이다"(합 2:3). '정한 때'에 대한 조이스 마이어[Joyce Meyer]의 말이 참 아름답다. "'정한 때'는 오직 '하나님이 옳다고 생각하시는' 바로 그 시점"이다.[10]

그러나 기다리는 하나님을 만나기까지 아들은 가만히 있지 않았다. 현실과 동떨어진 관조적 태도가 아니었다. 아들이 학교를 다닐 적에 말하지 않았던 후일담을 한참 지나서야 들었다. 그야말로 온몸으로 미친 듯이 반항했다. 아무렇지도 않게 그때 일을 말하는 아들 앞에서 아내와 나는 같이 조용히 울었다. "희림이가 그렇게 힘들었구나. 그렇다고 그렇게 하니. 그걸 몰랐구나." 당시 내색하지 않고 속으로 끙끙 앓았을 아들과 함께하지 못해서, 그것을 알아채지 못해서 미안했다.

맥없는 기다림이 아니었다. "하박국은 하나님이 당신의 언약을 수

행하실지 그리고 바벨론의 야만적 폭력, 특별히 당신의 백성에게 가해진 폭력에 대해 심판하시는지를 주목하고 있다. 그는 하나님을 주시하고 있고, 기다리고 있다."[11] 기다리는 하박국의 자세는 인상적이다. 마치 파수꾼과 같다. 성경에서 특히 에스겔서에서 보듯이, 파수꾼은 예언자의 다른 이름이다(겔 3:17, 33:7). 이스라엘 백성이 하나님 말씀대로 잘 사는지 살펴보고 경계하는 것이 예언자의 역할이다. 하지만 하박국은 파수의 대상과 방향이 정반대다. 이스라엘이 아니라 하나님이다. 그는 하나님을 감시한다. 그분이 어떻게 처결하실지, 잠도 자지 않고 불침번 서듯 예의주시한다.

기다린다는 점에서 하나님도 마찬가지다. 우리는 하나님을, 하나님은 우리를 기다린다. 누가복음은 기다리는 사람들의 이야기로 가득하다. 그 이야기의 시작은 나이 든 불임의 부부 사가랴와 엘리사벳, 그리고 하나님 나라를 기다리는 시므온과 안나다(눅 1-2장). 그러나 동시에 우리를 기다리시는 하나님도 이야기한다. 집 나간 둘째 아들을 기다리는 아버지 말이다(눅 15장). 그래서 신약학자들은 그 이야기의 제목이 탕자의 비유가 아니라 '기다리는 아버지'라 해야 한다고 말한다. 집 나간 탕자가 아니라 한없이 기다리는 아버지가 비유의 주인공이다. 그분은 얼마나 애타게 그리고 두 눈 부릅뜨고 기다렸을까? 나는 언제 하나님을 그토록 기다렸던가?

한 말씀만 하소서

무작정 기다릴 수만은 없다. 약속이 있어야 기다리고, 약속이 이루어질 것이라는 확신이 있어야 한다. 내게는 죽을 것 같았던, 차라리 죽는 것이 나왔던, 그러나 차마 죽지 못했던 치욕스러운 시간을 견디게 했던 것은 한 말씀이 있었기 때문이다. "너는 내 사랑하는 아들이라. 내가 너를 기뻐하노라"(막 1:11, 개역개정). 어찌나 강렬했던지, 모든 것이 배경으로 뒤로 물러나더니 아예 사라지고 말았다. 그날이 언제인지, 그날이 맑았는지 아니면 흐리고 비가 내렸는지도 전혀 기억이 없다. 나는 시렸고, 외로웠으니까. 오직 하나, 그 말씀만 생각난다. 하늘의 소리. "사랑하는 아들, 나는 네가 좋다!"

그날 나를 울렸던 말씀은 내가 사랑받는 아들이라는 점이었다. 작은 공동체였지만 사랑은커녕 무시받기 일쑤였다. 외따로 떨어진 섬이 따로 없었다. 바로 나였다. 한데 모여 있어도 겉돌았다. 말은 사람에게 가닿지 못하고 땅에 떨어지거나 허공으로 날렸다. 애들 말마따나 섭했다. 그것도 잘근잘근. 나를 바라보며 뭐라고 속삭이며 입을 삐죽거리고 눈을 흘기던 것을 잊을 수 없다. 버림받은 자식과 다름없었다.

그런데 그날 하나님은 내게 말씀하셨다. "너는 사랑받는 아들이야. 나는 너를 사랑해." 비록 사람에게 당장은 사랑받지 못하지만, 다른 누구도 아닌 하나님이 친히 사랑하는 아들이란다. 적어도 한분 하나님께만은 사랑받고 있다. 다른 모든 사람이 나를 미워해도 가족과 더불어 하나님이 나를 사랑하면, 그것으로 족했다. 갓 태어난 아기에게 한 사람 엄마가 필요하듯, 엄마만 있으면 다 있지만, 엄마가 없으면 있어도 있는 것이 아니다. 아무것도 없는 것과 진배없다. 내게 하나님만 있으면 나는 다 있고, 하나님마저 버리면 끝장이다.

실은 나는 두 번째 말씀이 더 좋았다. "내가 너를 기뻐한다." 상처받은 영혼을 위로해 주고 낙심한 이들을 격려해 주어야 할 텐데, 문젯거리가 되었다. 나를 보고 기뻐해야 할 사람들이 나 때문에 힘들다. 목사인 나를 향해서 불평을 터뜨리는 입, 불만 가득한 눈을 보노라면, 아예 주저앉을 판이다. 한 달에 한 번꼴로 열리는 제직회나 일 년에 한 번 개최되는 사무처리회는 죽을 맛이다. 최고의 설교를 한 날이건만, 최악의 회의를 한 날도 된다.

그런 나를 보고 기쁘시단다. 웃음을 참기 어렵단다. 내가 좋아 죽겠단다. 미치도록 좋단다. 그 구절이 그렇게 해석되었다. 그러면서 기뻐하시는 하나님이 상상되었다. 실실 쪼개시는 하나님! 내가 징징거리고 있는데도 뒤에서 뭐가 그리 좋으신지 연신 웃고 계신 하나님.

기현아, 웃어서 미안하다. 그런데 너 지금 힘들다고 이리 징징대지만, 그런 네가 나는 좋다. 너만 생각하면 웃음이 나. 왜냐고? 지금도 그렇지만 언젠가 너는 나에게 기쁨이 될 거고, 다른 사람들에게도 기쁨을 줄 거고, 너도 너를 좋아하게 될 거거든. 그러니 기쁘지 아니하냐. 내 아들, 기현아.

그래서 말씀드렸다. "이런 말도 안 되는 상황에서도 나를 웃기시는 정말 웃기는 하나님, 당신의 한 말씀으로 족합니다. 그것이면 되었습니다. 그냥 감사합니다. 그저 감사합니다." 나는 무엇이 그리 서러운지 대성통곡했다가, 또 무엇이 그리 좋은지 희희낙락했다. 내가 누군가의 기쁨이 된다는 것, 그것만으로 나는 더 바랄 것이 없다. 좋지 아니한가. 나보고 좋다는데. 나만 보면 기쁘다는데. 이보다 더 좋을 수 없다. 웃기는 목사는 못 되었지만 웃으며 산다. 하나님의 말씀대로 되었다.

솔직하게 말하면 안 그래도 난장판이던 내 마음은 그날 이후 전쟁터로 돌변했다.

하늘의 소리 vs. 땅의 소리

하나님의 소리 vs. 사람의 소리

칭찬하는 소리 vs. 핀잔하는 소리

너는 내 사랑하는 아들이야 vs. 너 같은 게 목사냐

나는 너만 보면 좋구나 vs. 우리는 당신만 없으면 돼

하루에도 수십 번은 전세가 뒤집혔다. 일진일퇴, 엎치락뒤치락하는 지루한 공방을 수년 동안 치렀다. 그러면서 조금씩, 아주 조금씩 하늘의 소리는 활기찼고, 커져 갔다. 반면, 땅의 소리는 생기를 잃어 갔고, 영토를 잃었다. 마침내 하늘의 소리가 이겼다. 야호!

그래서 나는 죽지 않고 살았다. 그 한 말씀이 나를 살렸다. "주님의 말씀이 나를 살려 주었으니, 내가 고난을 받을 때에, 그 말씀이 나에게 큰 위로가 되었습니다"(시 119:50). 말씀이 나를 살렸기에 나는 그 말씀을 주야로 묵상하는 자로, 말씀에 익숙한 자로 헌신하고 있다. 그리고 나를 살린 그 말씀이 누군가를 살릴 것이기에 말씀을 전하는 자로 살고 있다.

성경은 나를 고난에서 건져냈고, 비전도 심어 주었다. 그것은 목사로서 성경을 잘 가르치는 교사가 되고, 글을 잘 쓰는 작가가 되라는 부르심이었다. 하나님은 하박국에게 당신이 하신 말씀을 명백하게 기록하라고 명령한다. 여기서 '명백히'는 판에다 뚜렷하게 각인하라는 것이고, 누구나 알아볼 수 있도록 쉽고 분명하게 하라는 뜻이다. 급히 달리는 이도 알 수 있도록 말이다.

통계에 따르면, 성경을 매일 규칙적으로 읽지 않는 신자들이 절반이 넘는다. 띄엄띄엄 읽는 이들을 더하면 수치는 훨씬 심각할 것이다. 성경도 안 읽는 신자들이 책을 읽을까? 성경과 독서와 담을 쌓고 사는

신자들 못지않게, 읽지만 알지 못하고 읽는 이들도 꽤 많다. 마치 빌립이 "읽는 것을 깨닫느냐"고 묻자, "지도해 주는 사람이 없으니 어찌 깨달을 수 있느냐"고 말하는 내시와 같은 이들이다(행 8:30-31, 개역개정).

이러한 양극화 속에서 나는 아카데미즘과 저널리즘, 전문성과 대중성을 동시에 갖춘 글쓰기를 하고픈 비전을 품고 있다. 전문적인 신학자들의 글쓰기와 경박한 독서 시장의 가벼운 읽을거리에 탐닉하는 양쪽 모두를 중재하고 싶다. 목회를 하면서 평신도들의 눈높이에 맞는 설교와 가르침을 해야 하고, 대학에서 강의하면서 교회 현실과는 동떨어진 듯 고상하고 난해한 이야기를 동시에 하며, 나는 종종 그 둘이 통합되지 않아 애를 먹기도 한다. 그래도 가야 할 길이다. 아직도 그리고 앞으로도.

인내로 완전해진 사람들

아내와 목회에 대해 아내와 심각하고 심도 있게 대화를 나눈 적이 있다. 목회가 왜 힘든가에 관한 이야기였다. 아내는 목회를 "오래 참아 주는 것"이라고 했고, 나는 "사람을 사랑하는 일"이라고 했다. 다른 곳에서는 통용되지 않을 철없는 짓들이 교회에서는 아무렇지도 않게 버젓이 자행되는 것을 원칙주의자인 아내는 참기 어려웠던 모양이다. 반면 나는 내게 그리 행하는 이들을 사랑해야 한다는 것이 싫었다. 모름지기 목사란 교인을 사랑하여 돌보는 자다. 그런데도 그들을 사랑할 수 없다니. 기가 찰 노릇이다.

그러고 보니 바울이 내린 사랑의 정의와 일맥상통한다. 바울은 사랑에 관한 고전적 공식을 "사랑은 오래 참고"(고전 13:4)로 시작해서 "모든 것을 덮어 주며, 모든 것을 믿으며, 모든 것을 바라며, 모든 것을

견딥니다"(고전 13:7)로 끝맺는다. 사랑은 참고 견디는 것이다. 사랑하기
에 참는 것이고, 참아 주기에 사랑하는 것이다. 그런 꼴을 보면서도 내
가 결정하지 않고, 내가 임의로 처분하지 않고, 교회와 교인의 주인이신
하나님이 행하시도록 무연히 기다리고 뒤로 물러서는 것, 그들이 성장
하고 성숙하도록 기다리는 그것이 하나님 사랑, 이웃 사랑이다.

　신학적으로 인내는 하나님과 세상에 대한 정직한 관찰에서 비롯된
다.[12] 하나님은 우주적이고 최종적인 승리자다. 그러나 사악한 세력들은
저항을 멈추지 않고 있다. 그 사이에서 하나님의 백성들은 고난받는다.
이 세 가지는 하나님의 승리에 대한 소망으로, 중간 시기를 인내로 지나
가야 할 것을 요구한다. 지금 당장은 우리가 늘 승리하는 것은 아니라는
것, 우리 삶에 항상 승리만 있지 않다는 것을 유념하면서도, 결국 하나
님이 다스릴 것이라는 소망 때문에 우리는 인내한다.

　하지만 이를 악물고 악으로 버티는 것은, 기독교 신앙이 말하는 인
내와는 거리가 멀다. 인내의 헬라어는 '휘포모네'*hupomone*인데, 견디기
어려운 상황에서도 계속해서 버티는 것을 말한다. 힘든 시기가 무작정
지나가기를 기다리거나 오기로 참는 것이 아니다. 시련 가운데에 주님
이 계시고, 결국에는 승리한다는 확신으로 버틴다. 현재 목격하는 상황
과 무관하게, 설령 더 악화될지라도 흔들림 없이 신실하게 견디는 것이
기독교의 인내다.

　하지만 나는 인내와 소망에 관한 한, 참으로 부끄럽기 그지없다. 인
내가 다 뭔가. 거칠게 말해서 지랄 발광을 했다. 최근 후배 목사를 만났다.
그는 대학생선교단체 모임에서 설교하던 나를 회상했다. 정말 날카로웠
고, 날이 선 모습이었다. 그에 비하면 지금은 편안하고 조용해 보인단다.
그랬을 것이다. 그 이상이었을 테지만 순화해서 말했을 것이다. 그때는

"날 건드리기만 해봐라, 관두지 않을 테다"는 자세였을 것이다.

그런 나를 내가 봐도 꼴불견이다. 지금은 언제 그랬냐는 듯 큰소리를 뻥뻥 친다. 남을 판단하기 일쑤다. 한번은 아내가 충고한다. "교회가 평온해지고, 문제가 해결된 것은 하나님이 보시기에 당신이 하도 불쌍해서 그런 것이지, 당신이 잘한 것이 있다고 생각하면 착각이에요. 그러니 교만하지 말고 겸손해요." 맞다. 소망 없이 인내하지 못한 주제에, 더는 그냥 내버려두면 큰일 나겠다 싶어서 안쓰럽게 여긴 주님이 구해 주셨는데 나대고 다녔던 내가 부끄럽다.

그러나 지금 돌아봐도 내가 기특한 것이 하나 있다. 소위 까는 설교를 하지 않은 것이다. 설교 준비를 할 때, "와, 이 본문은 정확하게 누구를 향한 말씀이군. 잘 걸렸다"와 같은 생각을 전혀 안 한 것이 아니다. 아니, 정반대다. 그런 말씀을 찾았다고 해야 맞다. 그렇지만 하지 않았다. 왜냐하면, 나를 그토록 쫓아내려고 하던 교인들에게, 그리고 나 자신에게 단 하나 남은 자존심은 내가 목사라는 진실이었다. 내가 목사가 되고, 이 교회의 담임목사가 된 것은 바울이 갈라디아서에서 그토록 힘주어 말한 것과 같이, 사람의 뜻이나 사람의 능이 아니라 하나님의 뜻으로 된 것이다(갈 1:1).

결국 나의 앉고 일어섬은 하나님의 뜻대로 될 것이다. 그런 내가 하나님의 소리와 생각을 전하지 않는다면, 하나님의 말씀을 섬기는 종이 되지 않고 도리어 하나님의 말씀을 내 사사로운 이익에 따라 부리려고 한다면, 나는 단언컨대 목사가 아니다. 그렇다면 나는 그 자리에 있어서는 안 된다. 그래서 안 했다.

실토한다면, 한두 번은 내 감정을 실었고, 은근히 돌려서 말한 듯 싶다. 그런데도 당시 교우들은 내가 그런 적이 없다고 증언했다. 그분들이 결국 교회를 떠나면서 성경으로 교인을 후려치는 설교를 하지 않은 것에 감사하다고 말해 주었다. 물론 그런 줄 알면서도, 아니 그런 줄 알았으니까 신성이라는 아우라를 스스로 벗어던지고 그것으로 무기 삼지 않으니 만만하고 함부로 대하게 되었다고 했다. 그래도 참으로 미안하다는 말은 하지 않았지만.

인내는 고통 속에서 자라고, 소망 속에서 자란다. 인내를 뜻하는 영어단어 patience는 '고통받다'의 뜻을 가진 단어에서 왔다.[13] 그리스도처럼 고통 속에서 소망을 간직하고 인내를 배움으로 상 받는 자가 되는 것, 그것이 인내의 중요한 가치이며, 고난이 가져다주는 뜻밖의 선물이다. 하나님의 때를 기다리는 것, 비전을 붙잡는 것, 소망으로 인내하는 것, 그것이 바로 믿음이다. "이런 사람은 세상이 감당하지 못하느니라"(히 11:38, 개역개정). 믿음이 세상을 이긴다. 기다림과 비전과 인내하는 믿음이 고난을 이긴다. 오직 믿음만이!

12   화 있을진저!

화 있을진저 자기 소유 아닌 것을 모으는 자여, 언제까지 이르겠느냐. 볼모 잡은 것으로 무겁게 짐진 자여, 너를 억누를 자들이 갑자기 일어나지 않겠느냐. 너를 괴롭힐 자들이 깨어나지 않겠느냐. 네가 그들에게 노략을 당하지 않겠느냐. 네가 여러 나라를 노략하였으므로 그 모든 민족의 남은 자가 너를 노략하리니 이는 네가 사람의 피를 흘렸음이요 또 땅과 성읍과 그 안의 모든 주민에게 강포를 행하였음이니라. 하박국 2:6-8, 개역개정

심리학에 이런 콤플렉스가 있는지 모르겠지만, 내가 보기에 그리스도인들에게는 '착한 신자' 콤플렉스가 있지 않나 싶다. 그리스도인은 남보다 더 착해야 한다는 생각이 지나쳐 율법주의에 빠지곤 한다. 믿는 사람이 세상 사람보다 착해야 한다는 강박에 가까운 의식을 갖게 된 원천을 지목한다면, 성경일 것이다.

내가 거룩하니, 너희도 거룩하게 되어야 한다(레 11:45, 벧전 1:16).

'네 이웃을 사랑하고, 네 원수를 미워하여라' 하고 말한 것을, 너희는 들었다. 그러나 나는 너희에게 말한다. 너희 원수를 사랑하고, 너희를 박해하는 사람을 위하여 기도하여라(마 5:43-44).

누가 하나님처럼, 하나님만큼 거룩할 수 있을까? 원수의 잘못을 눈감아 주는 것도 모자라 용서하라고, 용서하는 것 이상으로 자신처럼 사랑하고 기도해 주라는 것은 불가능해 보인다. 그러다 보니 완고한 도덕주의자가 되거나 아니면 철없는 이기주의자가 된다. 곧이곧대로 성경대로

산다고 남에게 적용하거나, 아니면 자기 편리한 대로 척척 잘 갖다 붙인다. 아니면 싫다는 내색조차 못하고 얌전한 척하지만 속으로는 끙끙 앓는다. 어느 쪽에도 들지 못해 옴짝달싹 못하면서, 착하지도 않으면서 착해야 하고, 또 스스로 착한 척 가면무도회를 하며 산다.

원수를 저주해도 되나요?

그리스도인이 자신을 고통스럽게 하는 이웃에게 저주의 말을 해도 되는가? 마르틴 루터는 갈라디아서의 바울의 저주 문구를 해석하면서 동일한 물음을 던지고 이렇게 답한다. "왜 안 되는가? 항상은 아니지만, 모든 일에 대해 안 되는 것은 아니다."[1] 루터의 말은 이중적이다. 그리스도인도 저주할 수 있지만, 약간의 제약이 따른다. 원칙적으로는 할 수 있지만, 함부로 그런 말을 해서는 안 된다는 것이다.

"왜 안 되는가?" 성경에 나타난 하나님의 사람들은 저주 괴담의 진원지다. 먼저 예수님이다. 그분은 많은 이적을 보고서도 믿지 않는 고라신과 벳새다를 향해 저주를 선포한다(마 11:21). 당대의 종교인들을 향한 비판의 칼날은 자못 신랄하다. 마태가 기록한 서기관과 바리새인을 향한 예수님의 저주는 모두 일곱 가지다(마 23:13-36). 팔복의 누가복음 판은 네 가지 축복과 네 가지 저주로 구성되어 있다. 거기서는 경제적으로 부유한 이들을 향해 강력하고도 공격적으로 화를 선언한다.

바울도 뒤지지 않는다. 자신이 전한 복음 곧 용서하는 은혜의 복음을 정죄하는 율법으로 폄하하는 이들을 향해 낯 뜨거운 자극적인 멘트를 날린다. "그러나 우리들이나, 또는 하늘에서 온 천사일지라도, 우리가 여러분에게 전한 것과 다른 복음을 여러분에게 전한다면, 마땅히 저주를 받아야 합니다"(갈 1:8). 바울은 냄새나고 입에 담기조차 고약한 문제를 일으키는 고린도 교회를 심하게 책망했지만, 이렇게 무섭고 엄한 말로 하지는 않았다. 참된 복음이 아닌 다른 복음은 하나님에 대한 거짓말이요, 인생과 신앙과 영생을 송두리째 망치기 때문이다.[2]

이런 면모는 성경 곳곳에서 볼 수 있다. 시편 150편 가운데 복수와 분노의 시가 39편이므로 전체의 26퍼센트를 차지한다.[3] 시편에서 복수와 분노는 정의와 상실의 감정을 예민하게 보여주며, 우리 안의 들끓는 감정을 표출하도록 부추기기도 한다.

제럴드 싯처는 복수 시편의 성격을 예리하게 간파했다. "시편은 우리에게 기도라는 형식을 통해―어처구니없게 들리겠지만―불평하고 복수를 계획하고 하나님을 비난하도록 권하고 있다."[4] 다시 말해 시편을 읽는 것 그 자체만으로, 마음의 상처로 웅크리고 있는 이들이 시편의 말로 복수를 부르짖는 것이다. "하나님께는 죄인의 저주가 경건한 사람들의 할렐루야보다 더 즐겁게 들릴 것이다." 본회퍼가 칼 바르트에게 들려준 루터의 말이다.[5] 성도라도 원수를 저주할 수 있다. 어쩌면 성도이기에 원수를 저주할 수 있다. 좀 해도 된다. 괜찮다.

하박국의 저주

이렇듯 미움과 원한에 찬 저주를 퍼붓는 구절들이 성경 곳곳에 포진해 있다. 이 대열에 하박국도 빠지지 않는다. 여기서 화를 선언하는 주체가 누구인지에 대해 학자들 간에 논란이 있으나, 그것이 하나님이든 하박국이든 그리 문제 되지 않아 보인다.[6] 앞서 인용한 예수와 바울, 시편 등의 구절에서 본 바와 같이, 지금 여기서 "화 있을진저"를 다섯 번이나 외치는 이가 하나님이라고 해서 달라질 것도 없고, 하박국이라고 해서 변할 것도 없다.

다섯 저주는 각기 세 구절로 이루어져 있는데, 이는 대개 심판을 묘사할 때 사용되었다.[7] 남의 것을 약탈하는 자는 똑같이 노략을 당하고(합 2:6-8), 자기를 위해 불의한 이득을 취하는 자는 그것으로 인해 망한다(합 2:9-11). 피와 폭력으로 도시를 건설하는 이들의 도시는 허망하게도 곧 망할 것이며, 영원한 것은 야훼의 영광을 인정하는 것이다(합 2:12-14). 옛 속담에 이르기를 "남의 눈에 눈물 나게 하면 제 눈에는 피눈물 흘린다"고 하였는데, 남에게 수치를 주는 자는 그렇게 될 것이다(합 2:15-17). 마지막으로, 거짓 스승으로 우상을 삼고 그들을 숭배하는 이들은 생기와 생명 없는 삶을 산다(합 2:18-20).

그런데 "화를 당하게 될 것"이라는 말씀은 간단치 않다. 쉽사리 포섭하기 어려운 중층적인 의미를 내포한다. 심판을 받을 것이라는 위협이라는 점에서 말 그대로 저주다. 하지만 당황과 슬픔의 의미도 담고 있다. 장례식장에서 사자死者의 절통한 삶을 기리며 "아이고, 아이고" 하는 넋두리도 되고, 악인의 삶을 조롱하는 의미로 "참 잘 되었다"는 뜻도 된다. 그러므로 "슬픔과 노여움을 나타내는 울부짖음일 수도 있으며, 때로 잘못을 저지른 사람에게 그 화가 돌아갈 수도 있다"는 상반된 의미를 모두 받아들여도 될 듯싶다.[8] 즉 저주이자 애통이다.

어느 쪽이건 간에 양자를 묶어 주는 것은 하나님의 심정이다. 악한 자를 향한 그분의 마음은 재앙이 아니라 회복이다(렘 29:11). 이 단어의 본질은 저주냐 애통이냐의 이분법을 떠나서 악한 죄인 된 우리와 인간 모두를 향한 하나님의 심정으로 읽어야 한다.

하나님은 결코 교만한 자와 악한 자의 멸망을 흡족해하지 않으신다. 구약과 신약 모두의 증거는 듣지 않고 회개를 거절하는 것에 대한 그분의 내적인 고뇌를 지시한다. 끊임없는 타락은 불가피하게 인간을 희생하기 때문에 하나님의 자비는 범죄자를 정죄하고 응징한다. 하나님의 마음은 능욕을 당한 자의 고난과 능욕자의 죄악 모두로 인해 깨어진다. 화는 거룩한 분노 가운데서도 깨어진 마음으로 찢어진다. 그것은 높은 도덕적 근거를 취해서가 아니라 거룩한 하나님의 마음을 표현한다는 점에서 우리의 일이다.[9]

하박국의 '화 선언'은 고난당한 자의 견지에서 볼 때, '고통을 가한 자에게 복수해도 되는가'라는 물음과 '아무 까닭 없이 나를 괴롭힌 사람을 용서할 수 있는가'라는 물음을 동시에 불러일으킨다. 복수와 용서의 감정을 어떻게 처리해야 할까?

화나면 화내라

우리는 부당한 고통 속에서 억울한 심정을 참지 못하고 분통을 터뜨리며 괴로워한다. 그러면서 원수마저도 용서하라는 그리스도의 가르침에, 나쁜 말은 입에도 담지 말라는 바울의 말씀 앞에(엡 4:29) 차마 험한 말도 하지 못한 채 가슴앓이한다. 그러나 복수 감정은 지극히 정상적이라는 점을 잊지 말아야 한다. 타인에게 부당한 피해를 입을 때 분개하는 것은 인간이 갖고 있는 보통의 모습이다. 의인이 선하게 살수록 힘들어하는 것을 보며 아파하고, 악인이 너무 쉽게 떵떵거리며 잘 살 때 화가 치밀어 오르는 것은 당연하다.

그러나 무신론자들은 달리 생각한다. 그들은 예수님의 분노를 인격적 결함으로 본다. 버트런드 러셀[Bertrand Russell]은 예수에게 좋은 점도 많지만, 그분의 가르침과 도덕과 정서에 문제가 있다고 비판한다. 자신의 가르침을 받아들이지 않는 이들을 향해 저주를 퍼붓고, 보복적 분노를 터뜨리는 모습은 자질을 의심할 만하다. "이러한 태도는 평범한 설교자들에게서는 보기 드문 것도 아니지만 훌륭한 존재가 그런다는 것은 어쩐지 품위에 어울리지 않는다."[10] 그에 따르면, 차라리 소크라테스처럼 부드럽고 점잖게 대하는 것이 "훨씬 더 성자다운 태도"다.

내가 다른 곳에서 적었듯이, 무신론자의 이런 태도는 조금 치사하다.[11] 사랑하는 자는 분노하고, 사랑하지 않는 자는 분노하지 않기 때문이다. 하나님을 사랑하기에 하나님의 집을 제멋대로 사유화하고 돈벌이 수단으로 변질시킨 것에 분노한다. 예수께서 하나님의 형상인 사람들을 종교적으로, 경제적으로, 도덕적으로 무시하는 자들을 보고 참지 못하고 흥분하신 것은 인격적 결함이 아니다. 그것은 정서적으로 건강한 것이고, 제대로 말하자면 성숙한 인격이다.

화가 나는 것은 당연하다. 오히려 화를 내고 분노하는 것이 힘이 되고 약이 될 수 있다. 성전을 향한 사랑이 성전의 부패와 타락에 분노하게 만들고, 성전의 정화와 청소로 이어지듯이 말이다. 시편의 원수 갚음에 대한 월터 브루그만의 논평은 분노의 감정에도 그대로 적용된다.[12] 그에 따르면, 원수를 향해 분노의 감정을 표출하는 것이 심리적 카타르시스를 경험하게 해주는 한편, 시편의 언어들은 우리의 "분노를 올바른 관점에 올려놓는" 역할을 한다. 화를 내는 것은 비정상적 상황에 대한 정상적 반응이다.

결국 문제는 화를 내느냐 내지 않느냐에 있지 않고, 그 화를 어떻게 표현하느냐에 있다. 여러 가지 방법이 있을 것이다.[13] 인적이 드문 곳을 찾아가 소리를 지르거나, 음악이나 스포츠, 상담과 대화를 나눌 수도 있다. 반면, 상대방에게 직접 퍼부어 대거나, 또는 아무 상관없는 이들에게 소리를 버럭 지르는 것은 해롭다. 화가 나는 것이 당연하다면, 화를 푸는 방법은 자신의 결정에 달려 있다. 내가 보기에 가장 좋은 방법은, 성경의 분노 시편을 큰소리로 읽는 것이다. 정서적 해방감과 함께 하나님의 시각을 얻게 되니, 이야말로 일거양득이 아니고 무엇이겠는가?

욕 나오면 욕해라

너무 힘들어 쓰러지고 싶을 때, 그리고 그렇게 넘어지면 다시 못 일어날 것같이 고단할 때, 욕이 나오면 욕을 해도 좋다. 우선은 하나님이 보복해 주시겠다고 약속하셨기 때문이다. 성경의 하나님이 복수를 약속하셨고, 성경의 사람들이 복수의 말을 하나님께 하고 있으니, 억울한 심정으로 복수의 말과 욕을 한다고 그리 죄가 되지 않는다. 복수의 감정이 행동으로 옮겨지지 않는 한, 그것은 오히려 도덕적으로 건강하다는 증거다.

신앙적으로도 큰 문제가 아니다. 왜냐하면 하나님의 정의를 구하는 신앙의 표현이기 때문이다. 성경의 많은 사람들이 하나님께 복수를 청원했다. 놀랍게도 그들의 언어는 모두 기도의 언어다. 사람에게 하면 저주로 그치지만, 하나님께 하면 기도로 승화된다. 당사자에게 분노를 쏟아부으면 감정이 풀리기는커녕 관계도 깨지기 십상이다. 하나님께 분노를 쏟아 놓으면 감정이 풀리고 관계도 회복된다. 직접 욕하면 내가 문제를 해결하는 주인이 되지만, 하나님께 말하면 문제 해결의 주체로 하나님을 인정하는 신앙 행위가 된다.

그렇게 복수하고픈 마음이 들 때 그 감정을 기도의 자리로 가져와서 하나님께 아뢰고 내어드리는 것은, 복수의 주체가 피해자인 인간이 아니라 하나님이기 때문이다.

인간은 '복수는 나의 힘'이라고 외친다.

하나님은 '복수는 나의 일'이라고 말씀하신다.

"복수하는 것은 내 일이다"(신 32:35, 우리말성경). 그러기에 하나님께 복수를 청원하는 것이다. 우리가 성경의 사람들처럼 불의한 고난을 당할 때 화내고 욕을 했다면, 그들처럼 기도의 골방으로 들어가야 한다. 그러므로 부당한 피해를 받았을 때 화가 나고 욕이 나오는 것은 정서적으로 건강하고, 도덕적으로 건전하며, 신앙적으로도 건실하다.

화를 내고 복수의 심정으로 욕을 해도 좋다는 것의 전제는, 그리스도인에게 분노와 저주가 복수의 실천에 도달하지 않는다는 확신이 있기 때문이다. 내가 정녕 그리스도인이라면, 내 감정을 분풀이하지 않고 유일하게 복수를 실행할 수 있는 하나님 면전에 내려놓았다면, 그것은 참된 기도이고, 저주에서 용서로 끝날 것이다. 끝내 미움과 원한으로 사무친 날들이 지나고 용서와 자유에 이를 것이다. 하나님의 복수를 믿고 처결을 그분에게 위탁했기에 나는 자유하다.

할 때 하더라도

감내하기 어려운 고통 가운데서 악에 받쳐 내지르는 외마디 신음에 가까운 복수와 저주의 말은 성경을 보건대 충분히 용인될 수 있다. 그것은 그만큼 정의와 도덕에 예민하다는 증거이고, 심적 스트레스를 푸는 데도 도움이 된다. 이스라엘 최초의 왕 "사울에게 하나님의 영이 세차게 내리니, 그가 무섭게 분노를 터뜨렸다"(삼상 11:6). 온 이스라엘이 두려워 떨 정도다. 그러니 예수님처럼, 욥처럼, 사울처럼, 때로 이유 있는 분노는 정서적으로, 신학적으로 건강하고 건전하다.

고통 속에서 자신이 태어난 날을 저주하는 욥의 심정을 보지 못하고, 문자에 사로잡혀서 욥을 질책하던 친구들의 잘못을 우리는 범하지 말아야 하겠다. 사실 욥의 말은 논리 정연한 언술도, 실제로 그렇게 행동하겠다는 결연한 의지를 밝힌 것도 아니다. 납득할 수 없는 자신의 불행과 고통을 향해 내뱉는 비명에 가까운 소리다. 그런데도 정색하고 달려드는 것이 당혹스럽다.

하지만 앞서 인용한 루터의 말처럼, 항상 어디서나 그렇게 해서는 안 된다. 먼저, 저주의 말은 최선을 다한 연후에 할 수 있는 최후 수단이다.[14] 이웃과 친구, 그리고 국가의 법률과 제도 등 가용할 수 있고, 동원할 수 있는 모든 수단을 강구해야 마땅한다. 마태복음 18장은 교회 공동체 내의 죄를 처리하는 절차를 자세하게 알려 준다(15-20절). 먼저 개인적으로 찾아가고, 그다음에는 두 사람이, 그래도 듣지 않으면 교회 전체에 알려 견책하고, 그래도 실패하면 불신자처럼 대우하라고 권면한다. 중간 과정을 건너뛰고 곧바로 최후 수단으로 나아가서는 안 되겠다.

두 번째로, 저주의 말은 반드시 기도할 때만 해야 한다. 성경 특히 시편에 보이는 미운 이를 향한 복수와 저주의 말들은, 기도의 맥락에서 읽어야 한다. "원수 갚음의 언어가 적에게 직접 행해지는 것이 아니라, 하나님께 드려지는 것이" 시편 언어의 특징이다.[15] 그러기에 저주를 허용하더라도 그 필요조건은 기도의 시공간이다.

복수 기도는 '개인 기도'의 성소에서 이루어져야 한다. 그 기도를 누구도 듣게 해서는 안 된다. 특히 우리의 가해자가 들어서는 안 된다.……우리가

사람들에게, 심지어 가해자에게 하는 말은 항상 은혜롭고 친절해야 한다.[16]

그래서 복수 시편은 찬양과 경배로 끝나는 것이다. 인생을 마구 휘저어
놓은 무법자를 향한 앙심이 항상, 그리고 모든 일에 가한 것도 아니라는
것이 루터의 진의가 아니었을까? 시편의 저주가 기도의 맥락이었던 것
을 보면 말이다.

세 번째로, 상대에게 직접 말하지 말아야 한다. 그의 면전에 대놓고
욕을 퍼붓는 것은 바르지도 않고 현명하지도 못하다. 의도적으로 악한
일을 하는 이라면 뉘우치기는커녕 들쑤실 확률이 높다. 미안하다는 사
과는 들을 수 있을지언정 대개는 그리 심각하게 반응하지 않을 것이다.
오히려 성을 내기 십상이다. "뭐라고, 내가 그랬다고? 네가 그럴 만하니
까 내가 그런 거지. 그리고 별일 아닌 것 같고 난리를 피우는 거야. 나
원 참." 오히려 당신의 화를 돋울 것이다.

네 번째로, 행동해서는 안 된다. 다윗이 원수를 향해 저주의 기도
와 노래를 불렀으면서도 실제로 보복하지 않았다는 점을 유념해야 한
다. 미친 왕 사울에게도, 은혜와 분수를 모르는 아비가일의 남편 나발에
게도, 자신을 사울에게 고발했던 십 사람들에게도, 친구를 배반한 후새
에게도, 왕을 향해 차마 입에 담을 수 없는 악담을 퍼붓고는 사태가 돌
변하자 후안무치하게 사과한 시므이에게도, 아들 압살롬에게도 그는 보
복하지 않았다. 그는 폭력은 폭력을 낳고, 증오는 증오를 부르고, 저주는
저주로 되돌아오는 악순환에 빠지지 않았다. 하나님은 기필코 복수하신
다는 것을 믿었기 때문이다. 다윗처럼 기도하고 기다리라.

마지막으로, 저주보다 용서가 우선이다. 우리가 억울한 일을 당할
때 괴로움에 못 이겨 저주의 말을 퍼붓는 것이 그리 못된 짓이 아니고

성경이 허용하더라도, 성경 전체는 복수나 저주보다는 용서와 축복에 방점이 있다. 신약에 비해 월등히 많은 저주의 기도를 담고 있는 구약도, 그 저주와 복수의 기도는 결국 용서에 이르는 과정임을 상기시킨다 (출 23:4-5, 레 19:17-18, 잠 25:21, 롬 12:20-21 참조).[17]

　복수를 청원하는 구절과 원수를 사랑하라는 본문은 언뜻 보면 모순이지만, 실은 그렇지 않다. 김근주 교수에 따르면, 히브리어에서 복수와 구원은 동일한 단어다.[18] 그럴 수밖에. 고통받는 약자에 대한 하나님의 구원은 고통을 가하는 강자에 대한 하나님의 복수일 테니까. 그리고 복수를 통해 구원에 도달하고, 구원을 위해 하나님은 복수하신다. 결국, 복수를 강청하는 기도는 구원을 간청하는 기도다. 누군가를 향한 복수의 기도는 그 누군가를 위한 구원의 기도가 되는 것이다. 죽이고 싶도록 미운 것이 진실이라면, 하나님께 저주의 기도를 드린 것이 진실이라면, 용서에 도달하게 될 것이다. 그러므로 저주보다 용서가 우선이다.

┃이중 잣대는 No!

참으로 요지경이다. 희한하게도 인생은 돌고 돈다. 내가 누군가로 인해 분한 마음을 삭이지 못하고 밤잠을 설친다면, 다른 누군가도 나로 인해 화를 내고 있다. 한 사람이 길을 가다가 메뚜기를 잡아먹으려는 개구리를 본다. 바로 뒤에서 뱀이 개구리를 노리고 있고, 그 위에는 매가 뱀을 주시하고 있고, 저 멀리에는 사냥꾼이 매를 향해 활을 겨누고 있다. 그 사냥꾼 뒤에는 그를 덮치려는 맹수가 있다. 인생이 얽히고설킨 실타래와 같다. 시쳇말로 돌고 돈다. 내가 행한 대로 대접을 받는다(마 7:12).

　이중 잣대는 허용되지 않는다. 우리 원수에 대해 하나님의 공의로운 판단을 요청하고, 복수를 청원하고, 저주와 심판을 희망했다면, 그 공의의 잣대가 동일하게 자신에게도 적용된다는 것을 잊어서는 안 된다. 비판하는 자는 비판한 대로 비판받기 마련이다(마 7:1-2). 내게 상처를 준 사람에 대해 서운한 감정을 넘어서 미워하고 이를 갈며 복수하고픈 마음을 가질 수 있다면, 그런 나에게 타인도 같은 감정을 품는 것 또한 그의 권리다.

차마 부끄럽지만, 실제로 그런 일이 내게도 있었다. 꽤 오래전 일이다. 교회 홈페이지의 게시판에 나에 대한 심한 비방의 글이 올라왔다. 내용을 보니 나를 잘 아는 사람이다. 사건에 대한 기억은커녕, 아무리 생각해 보아도 누구인지 종시 감을 잡을 수 없었다. 내가 대학생일 때 나로부터 마음에 큰 상처를 입었다고, 나에게 험한 말로 욕을 했다. 몇 차례 글을 지우다가 포기했는데, 그로부터 이메일이 날아왔다.

안녕하십니까? 저는 십여 년 전 귀하와 같은 교회를 다녔던 사람입니다. 아마도 님은 저를 기억 못하실는지 모르지만, 저는 님을 결코 잊을 수 없었습니다. 그 이유를 아실는지요? 저는 지난 몇 년 동안 마음속에서 님을 수없이 살해해 왔습니다. 님이 정말 미웠고 님이 제게 한 잔인한 짓을 생각하면 괴로워 견딜 수 없었습니다. 정말 고통스러운 시간이었죠. 그러던 어느 날 우연히 인터넷에서 님을 보았고 설마 했으나 님이 맞았습니다. 신학박사까지 따셨더군요. 그 후 아픈 상처로 괴로워할 때면 술을 마시고 PC방에 가서 님을 비방하는 글을 여러 편 썼습니다. 여기 홈페이지에도 몇 번 쓰고 다른 곳에도 쓴 것 같습니다.

그러나 님이 제게 아무리 큰 상처를 주었다 해도 그것은 잘못된 것이었습니다. 제게는 복수할 권리가 없기 때문입니다. 님이 잘못했다고 해서

저도 잘못해서는 안 되었던 것입니다. 다른 사람의 잘못으로 자신의 잘못이 정당화되지는 않습니다. 그래서 님에게 사과를 드려야겠다고 생각했습니다만 용기가 없었고, 상처가 떠오를 때마다 미칠 지경이었습니다. 그런데, 주께서 은혜를 주시는 것 같습니다. 정말 미안합니다. 죄송할 따름입니다. 님이 원하신다면 부산으로 내려가서 전 교인 앞에서 무릎 꿇고 용서를 빌겠습니다. 제가 잘못했습니다. 그리고 솔직히 아직 님이 용서가 안 되지만, 정말 용서하고 싶습니다. 그리고 자유해지고 싶습니다. 님도 저도 주님의 은혜로 자유했으면 좋겠습니다. 안녕히 계십시오.

무슨 말을 더 할까? 그의 고통이 얼마나 심했기에 나에게 그렇게 했을까 하고 짐작만 할 뿐, 참으로 미안한 마음을 금치 못한다. 다시 이 자리를 빌려 사죄를 청한다. "제가 잘못했습니다."

우리가 우리 원수에게 복수의 칼을 갈고 저주의 기도를 큰 목소리로 외칠 수 있다면, 지금 누군가도 나로부터 상처받은 마음을 가누지 못하고 나를 향해 동일한 복수와 저주의 기도를 하고 있다는 것을 간과해서는 안 된다. 하나님께서는 당신의 원수 된 우리에게 징계와 심판 대신 끝내 자비와 용서를 베푸셔서 구원하셨다. 그분이 내게 하신 것처럼 나도 그래야 하겠다. 내게 원수가 있듯이, 나도 누군가의 원수이기 때문이다.

13 어떻게 용서하란 말입니까

> 그들이 너를 보고 '피로 마을을 세우며, 불의로 성읍을 건축하는 자야, 너는 망한
> 다!' 할 것이다. 네가 백성들을 잡아다가 부렸지만, 그들이 애써 한 일이 다 헛수고
> 가 되고, 그들이 세운 것이 다 불타 없어질 것이니, 이것이 바로 나 만군의 주가 하
> 는 일이 아니겠느냐? 바다에 물이 가득하듯이, 주의 영광을 아는 지식이 땅 위에
> 가득할 것이다. 하박국 2:12-14

사람들은 대개 자기가 사랑하는 사람들과 살고 싶어 한다. 유행가 노랫
말처럼 저 푸른 초원 위에 그림 같은 집을 짓고, 사랑하는 님과 함께 한
백년 살고 싶고, 베드로가 엉겁결에 내뱉은 말처럼(막 9:5-6) 초막 셋을
짓고 예수님과 모세, 엘리야 같은 이들과 살고 싶은 것이 인지상정이다.
언덕 위 하얀 집은 아니라도 좋다. 초막이면 그만이다. 하지만 그 바람
대로 사는 사람은 한 명도 없다. 인간의 불행 중 하나는 내가 사랑하는
사람은 쉽사리 떠나가고, 원치 않는 사람들과 오래 어울려 살아야 한다
는 것이다.

원수들 가운데서, 원수들과 더불어

하나님의 아들이신 예수님도 삼위일체 하나님과의 인격적인 관계와 교
제를 뒤로하고 당신에게 적대적인 세상 한가운데 오셨다. 많은 사람들
은 그분이 악한 귀신이 들렸다 비난했고, 고향 사람들은 그분을 달갑지
않게 여겨 배척했다. 따르던 제자들마저 오해하며 제 깜냥에 그분을 이
용해 한자리하려고 아귀다툼을 벌였다. 가족들은 그분이 미쳤다는 소

리를 듣고 화들짝 놀라 데리러 왔다. 이러니 "사람의 원수가 제 집안 식구"(마 10:36)라는 말씀은 예수님의 경험에서 비롯된 것이리라. 사랑하는 사람이 원수가 된다. 사랑하는 만큼 마음을 다치고, 다치게 하니까.

다윗도 마찬가지다. 그 아버지는 사무엘이 보자고 하는데도 그를 부르지 않을 정도로 있으나 마나 한 아들로 여겼고, 맏형 엘리압은 막내가 하는 짓이 꼴사납다고 여겼는지 완전히 무시했고, 장인인 사울은 불철주야로 그를 죽이려고 안달했고, 아들들은 틈만 나면 왕위를 노리며 서로 피를 흘렸고, 친한 벗 후새는 그의 목숨을 거두기 위해 자신의 지혜를 총동원했다. 다윗은 탄식한다.

> 나를 비난하는 자가 차라리, 내 원수였다면, 내가 견딜 수 있었을 것이다. 나를 미워하는 자가 차라리, 자기가 나보다 잘났다고 자랑하는 내 원수였다면, 나는 그들을 피하여서 숨기라도 하였을 것이다. 그런데 나를 비난하는 자가 바로 너라니! 나를 미워하는 자가 바로, 내 동료, 내 친구, 내 가까운 벗이라니!(시 55:12-13)

사랑하지 않았다면 원수가 되지 않았을 텐데, 그렇다고 원수 맺지 않겠다고 사랑하지 않을 수도 없고. 고슴도치의 자식 사랑처럼, 애증이란 단어처럼, 사랑과 원수는 함께 간다.

참된 그리스도의 제자인지 여부를 알려 주는 감식 테스트는 원수 사랑이다.[1] 루터가 죄책감으로 인해 "내가 어떻게 구원을 받는지, 그것을 어떻게 아는가" 물었다면, 지금 우리는 "어떻게 원수들 안에 있는 하나님을 발견할 수 있을까?"를 물어야 할 때다. 징글맞게 미운 이들과 함께 살아야 할 존재이자 운명인 우리로서는 그들과 어떤 방식으로 관계

맺고 살아가느냐가 인생의 행복과 성공에 직결될 뿐 아니라, 신앙의 본질과 맞닿아 있다. 월터 윙크^{Walter Wink}는 단언한다. "사실상, 우리 시대에서는 원수를 통하지 않고는 하나님께 이를 길이 없다."

원수들 가운데서 더불어 살아야 하는 원치 않는 상황 속에 하늘의 뜻이 있다고 본회퍼는 말한다. 사명이 바로 원수와의 관계에 달려 있다는 것이다.

> 예수 그리스도는 그의 원수들 가운데서 살았습니다. 그는 결국 자기의 제자들에게 버림을 받았습니다. 그는 십자가 위에서 악당들과 조롱하는 자들에게 둘러싸여 아주 홀로 있었습니다. 그가 온 목적은 하나님의 원수들에게 평화를 주려는 것이었습니다. 그러므로 그리스도인도 외딴 은둔생활을 할 것이 아니라, 원수들 가운데서 살아야 합니다. 거기에 우리의 사명과 일이 있는 것입니다.[2]

하박국은 자신의 조국을 침략하고 침탈할 원수들을 향해 저주를 퍼붓고 복수의 기도를 드렸다. 그러나 그 저주의 이면은 원수들의 운명에 대한 가늠할 수 없는 슬픔의 정서도 동반되어 있다. 하박국의 "화 있을진저"는 위협하는 저주의 의미와 당황과 슬픔을 표현하는 양가적 의미를 지니고 있다.[3] 원수의 종말을 부르짖는 기도이자, 원수가 조만간 맞게 될 파멸의 날을 슬퍼하는 노래다. 못살게 괴롭히는 이웃이 미워서 분개하지만, 동시에 그의 미래를 보면서 아파하는 구절이다. 그렇다면 어떻게 앙갚음의 기도를 하면서 동시에 용서의 마음을 품을 수 있을까? 그토록 못되게 군 이들을 어떻게 용서할 수 있을까? 그로 인해 고난당한 것도 화가 나는데, 복수는커녕 도리어 용서하라는 것은 가혹하지 않은가? 의

184

문은 끝이 없다.

용서는 하나님의 일

이 물음에 답하기 위해, 용서가 무엇인지를 규명하는 것이 급선무다. 미로슬라브 볼프Miroslav Volf는 용서를 두 가지로 정의한다.[4] "잘못된 행위를 명명하고 나무라는 것"과 "잘못된 행위의 책임을 가해자들에게 돌리지 않는 것"이다. 요컨대 전자는 용서의 소극적 차원과 하나님의 정의를 반영하고, 후자는 용서의 적극적 측면과 하나님의 사랑을 실천한다. 용서, 곧 앙갚음하지 않음을 잘못을 무작정 덮어 주거나 외면하는 것으로 오해하면 안 된다. 용서 자체가 그의 잘못을 환기시키고 꾸중하는 것이며, 여기서 한 걸음 더 전진하여 그의 부채를 탕감해 주는 것이다.

우리가 용서해야 할 이유는 심리적이거나 사회적 차원 이전에 신학적 차원에 있다. 다시 말해, 하나님의 성품과 본성에 대한 이해와 반응이 용서의 기초다. 그러나 대개 우리의 하나님 이미지는 삐뚤어지고 어그러져 있다.[5] 내가 얻기 위해, 받기 위해 무엇을 주고받는 그런 존재로서, 그러다가 내가 주지 못하거나 받지 못하면 무자비한 재판관으로 생각한다. 그렇지 않으면 산타클로스에게 선물을 기대하듯, 하나님의 이미지를 왜곡한다. 선물을 받고 돌아서면 그만이다. 그와의 인격적 관계는 없다. 내가 무슨 짓을 하든 상관없다. 그러니 죄를 대수롭지 않게 여긴다.

그러면 하나님은 어떤 분인가? 사랑과 정의라는 진퇴양난에서 하나님의 행동 방식은 무엇인가? 하나님의 해결책은 용서다. "하나님은 세상을 지으시기 전에 인간이 죄를 지으리라는 것을 미리 아셨고, 그래서 창조하자마자 용서하시는 하나님이 되셨다."[6] 그리하여 그 자신이 인간의 죄를 떠안으시고 인간을 대신하여 십자가에서 죽으셨던 것이다. 인간의 죄를 용서하시려고, 하나님과 원수 된 인간을 서로 화해시키려 고 말이다.

그래서 복음의 핵심은 용서다. 예수님이 이 땅에 오신 목적을 기억 하면 된다. 그분은 우리 죄를 용서하기 위해 오셨다. 심판이나 정죄가 아니다. "하나님께서 아들을 세상에 보내신 것은, 세상을 심판하시려는 것이 아니라, 아들을 통하여 세상을 구원하시려는 것이다"(요 3:17). 로 마서는 우리가 아주 몹쓸 죄인이라는 것, 그런 죄인을 죄로부터 구원하 기 위해 예수님이 십자가에서 죽으셨다는 것, 이제 용서받고 구원을 얻 은 우리는 새로운 삶을 살아야 한다는 것으로 거칠게나마 요약된다. 복 음은 용서에서 시작하고, 용서할 때 내 안에서 움직이기 시작한다.

바로 이 점 때문에 세례 요한은 실족한다. 그는 예수께서 가난한 자, 약한 자, 병든 자들과 함께 먹고 마시며 하나님의 사랑과 용서를 실천 하는 것을 보며 힘들어했다. 그가 생각한 메시아는 잘못된 세상에 대한 하나님의 정의로운 심판을 집행해야 했다. 그랬기에 요한의 설교는 심 판에 초점이 맞추어져 있었다. 알곡과 쭉정이를 가르고, 타작마당을 깨 끗하게 하는 진노가 임박했다고 힘주어 외쳤다. 하지만 정작 예수께서 는 심판의 대상이라고 확신했던 죄인들을 심판은하기는커녕 용서하시 고 식탁교제를 나누셨다(마 9:9-13). 예수님께 심판은 정죄와 비판이 아 니라, 회복과 치유가 목적이다. 잃어버린 것을 되찾기 위한 방편이다. 따 라서 기존 체제와 이데올로기로 죄인이라 규정했던 이들과 거리낌 없이 식사를 나누셨다. 요한은 묻지 않을 수 없다. "오실 그분이 당신입니까?"

하나님도, 하나님의 복음도 오해한 것이다. 하나님은 사람을 차별 하지 않는다. 예컨대, 해와 비는 선한 사람의 논과 악한 사람의 밭을 가리지 않고, 태풍과 가뭄은 착한 사람과 나쁜 사람의 농장과 어장을 구별하지 않는다(마 5:45). 하나님이 세상을 사랑한다고 하셨을 때(요 3:16), 예수님이 모든 사람을 위해 대신 죽었다고 하셨을 때, 세상에 제외되는 것은 아무것도 없다. 말 그대로 모든 것이다. 그 사랑 앞에서 용서받지 못할 죄는 없으며, 하나님의 용서를 능가하는 죄도 없다. 그러므로 하나님의 용서는 차별이 없다.

가슴에 못 박은 사람을 향한 원한의 감정을 내려놓고 용서해야 하는 이유를 묻는다면, 하나님이 그리하셨기 때문이다. "우리는 원수들을 사랑할 수 있다. 왜냐하면 하나님이 그리하시기 때문이다."[7] 그러면 왜 하나님은 용서하시는가? 용서는 하나님의 본성이기 때문이다. 용서하시는 하나님이므로 우리도 용서해야 한다. 하나님이 용서하시는 것처럼 용서해야 한다.

시편은 이렇게 노래한다. "용서는 주님만이 하실 수 있는 것이므로, 우리가 주님만을 경외합니다"(시 130:4). 이 말씀에서 우리가 하나님을 경외한다는 것은 용서하시는 하나님을 그저 우러러보는 것만을 가리키지 않는다. 두려워 벌벌 떤다는 뜻이 아니다. 그분처럼 그리하겠다는 의미다. 그러므로 용서는 하나님의 일이자 우리가 마땅히 해야 할 일이다. 우리는 용서함으로 용서받고, 용서받았기에 용서한다. 그것이 작은 예수의 운명이다.

용서하라니요, 그건 억울해요

나는 용서라는 대목에 이르면 가슴이 턱 막힌다. 나에게 고통을 준 이들을 용서하라는 말은 인간의 보편적 상식인 정의에 위배될 뿐만 아니라,

안 그래도 용서하지 못하는 자신을 더 자책하게 만든다. 용서하지 못하는 사람을 가해자마냥 죄인 만들기 일쑤다. '용서'에 관한 책을 한 권 쓸 계획이다. 책 제목을 미리 만들어 두었다. "용서, 가장 힘든 일." 나는 사랑하라는 명령, 기도하라는 당부, 감사하라는 요청에 억지로라도 순종할 태세를 갖추고 있다. 하지만 용서는 하기 싫다.

그럼에도 불구하고, 해야 했다. 하지 않으면 안 되었다. 결론을 미리 말한다면 하나님이 강제로 하게 하셨다. 나의 가장 가슴 아픈 이야기, 내가 본 최악의 하나님, 그러나 최선의 하나님 이야기를 할까 한다.

그날도 무슨 일이었는지 언쟁을 벌였지 싶다. 집으로 돌아온 한참 뒤에 대문을 마구 두드리는 소리에 놀라 나가 보니 그였다.

"야, 김 목사. 얼른 나와."

밤늦은 시간이었는데도 마구잡이로 이야기하자고 쳐들어온 것이다. 어린 아들 앞에서 함부로 부르며 따지는 그를 다음에 이야기하자며 겨우 돌려보냈다.

그렇지만 너무 억울했다. 화가 머리끝까지 치밀었다. 도무지 견딜 수 없어서 밤늦은 시간에 교회로 다시 갔다. 강대상 뒤편 십자가 아래에 무릎을 꿇고 설움에 북받쳐 울며불며 기도했다. 고개를 숙여 바닥에 박고, 머리를 쥐어뜯고, 가슴을 두드렸고, 그분에 대한 온갖 불평을 늘어놓았다. 갈수록 격앙된 나의 감정 섞인 기도는 하나님의 심판과 복수를 향하고 있었다. 차마 입으로 내뱉을 수 없어서 에둘러 고했다. "하나님, 당신이 알아서 좀 어찌해 주십시오. 안 그러면 저 죽습니다. 죽을 것 같습니다. 저 좀 살려 주십시오." 내가 할 수 있는 말은 고작 하나님이 알아서 해달라는 우회적인 표현이 전부였다. 그래도 나는 목사였고, 그리스도인이었던 것이다. 그러면 안 되는 줄 알았다.

188

그렇게 엉엉 울며 기도하는데, 어디선가 소리가 들렸다. 하나님의 음성이었다. 나는 모든 종교인들의 입에서 신의 음성을 들었다는 말을 듣는 즉시 의심부터 하라는 글을 쓴 적이 있다.[8] 법조계에서는 무죄추정의 원칙을 적용하지만, 종교계에서는 유죄추정의 원칙을 사용해야 한다. 법정에서는 '저 사람은 죄가 없다'에서 시작해야 한다면, 예배당에서는 '저 사람은 죄가 있다'에서 출발해야 한다. 왜냐하면, 하나님의 뜻을 참칭하여 사리사욕을 챙기려는 심보일 가능성이 열에 아홉이기 때문이다. 그러니 그날 기도 시간에 하나님이 나를 친히 찾아와 말씀하셨다는 것은 십중팔구 거짓일 공산이 크다. 이 글도 유죄추정의 원칙을 적용해서 읽어 주기 바란다.

그때 하나님은 내 이름을 부르며 세 가지를 말씀하셨다.

나는 그를 사랑한다.

너는 죄가 없냐?

내가 너를 용서했듯이 용서해라.

"나는 그를 사랑한다?"

나는 미치는 줄 알았다. 어이가 없었다. 그를 사랑한다니? 그 말은 두 가지 면에서 하나님의 실책이다. 하나는 먼저 나를 사랑한다는 말을 해주어야 했다, 하나님이라면. 무릇 말이란 때가 있는 법이다. 설사 그 말이 맞더라도, 그날 그 자리에서 그리 말씀하시면 안 되는 것이었다. 사랑한다는 말을 하려면, 그건 나여야 했다. 그가 아니라 나다. 내가 얼마나 그 말을 기다렸고 그리워했던가. 사랑에 목마르고 주린 것은 그가 아니라 바로 나였다. 말리는 시누이가 더 밉다고, 그를 사랑한다는 하나님이 미워 죽을 지경이었다. 그렇게도 그를 사랑한다면 직접 가서 말할 일이지, 왜 내게 한단 말인가. 정말 못됐다.

　다른 하나는, 하나님이라면 그를 사랑하면 안 되는 것이었다. 지금 나는 하나님이 사랑한다는 그 때문에 죽기 직전인데, 그래서 울며불며 기도하는데, 하나님의 첫마디가 그를 사랑한다니. 본인도 알고, 다른 교우들도 다 알았다. 내가 이유 없이 시달린다는 것을. 정확하게 말하자면, 나는 부족한 사람은 맞지만, 잘못한 사람은 아니다. 그런 그를 사랑한다면, 하나님의 정의는? 그것이 하나님의 거룩함인가? 사랑할 사람도, 사랑하지 말아야 할 사람도 분간 못하는 하나님이라니. 이런 하나님을 못 믿겠다. 그런 하나님을 어떻게 믿느냐 말이다.

"너는 죄가 없냐?"

　내 속에서는 하나님의 말씀에 대거리를 하고 있었다. "사람에게 죄가 없냐는 물으나 마나 한 것을 물으시면 어떡하란 말입니까. 죄 없는 사람이 어디 있습니까? 그리고 언제 내가 죄 없다 했습니까? 나는 내가 죄 많은 인생이라는 걸 잘 알거든요. 지금 이 순간에 뭐 어쩌라고요. 당신도 아시잖아요. 그런데 왜 그러시는 거예요, 정말?" 그렇게 악다구니를 써 대며 속으로 하나님께 저항했다. 혹 떼려다 붙인 꼴이다.

　그 의미를 제대로 숙고하지 못하고 15년 이상이 훌쩍 지났다. 너는 죄가 없냐는 말씀은 질책이 아니었다. 나는 어쩔 수 없는 죄인이다. 다른 선택지가 있음에도 불구하고, 나는 결국 나쁜 쪽을 택하여 죄를 범한다. 그렇게 하고 싶지 않은데 그렇게 한다. 그것은 타락한 본성이나 습성으로 해석해도 좋다. 분명 죄를 지은 것은 나지만, 내가 아닌 나다. 그래서 바울은 하나님의 법을 거슬러 죄를 짓는 것은 내가 아니라 내 안의 죄라고 거듭 말한다(롬 7:17, 20). 그러니까 주께서 내게 죄가 없냐고 하신 것은, 너도 달리 어찌할 도리 없이 죄를 짓듯이 그도 그렇게 죄를 범한다는 뜻이다. 그리고 그 잘못의 주체는 그가 아니라 그 속의 죄다.

　내가 어쩔 수 없이 죄인이듯이, 그도 어쩔 수 없이 죄를 짓는다. 어쩔 수 없이 죄를 지으며 사는 내가 '나를 불쌍히 여겨 달라고 기도하듯이 그도 불쌍히 여겨 마땅한데도, 그것을 볼 줄 아는 영안이 내게 없었던 것이다. 내가 죄를 저지르며 살듯 그도 죄를 저지르는데, 그게 하필이면 나였던 것이다. 왜 나인지 모르겠으나 그가 나에게 잘못한 것은 맞다. 나더러 죄인이라고 하는 것 같아서, 내 약점을 파고들어 나를 주저앉히려는 심사인 듯싶어 불쾌했다. 아, 이렇게 아둔하구나. 그래서 나는 죄인이구나.

"내가 너를 용서해 주었듯이 용서해라."

　나는 또다시 반항했다. 그가 와서 내게 용서를 청해도 용서할까 말까인데, 내가 먼저 가서 용서를 해주라니. 그가 먼저 잘못을 시인하고 용서를 구하면 나는 폼 나게 용서해 줄 수 있다. 그러면 나는 훌륭한 목사가 되는 것이다. 도량 있고, 아량 넓은 그런 목사 말이다. 그림이 너무 좋다. 어느 영화 대사처럼, '가오'도 서고 말이다. 내가 왜 몇 수 접고 들어가야 하는지 도무지 납득할 수 없다.

　물론, 만나서 용서한다는 말을 하는 것이 쉽지 않지만 못할 것도 아니다. 영혼 없는 멘트를 몇 번 날리면 그만이다. 그것은 직면이 아니고 외면이다. 고통과 맞부딪히는 것이 아니라 고통으로부터 도망가는 것이다. 그래서 심리학자인 루이스 스미디스[Lewis B.Smedes]는 조언하기를 천천히 용서하라고 했던 것이다.[9] 시간과 거리를 두고 용서하되 너무 오래

지체하면 복수의 감정이 마음의 주인 자리를 차지할 테니, 너무 빨리도, 너무 늦지도 말라고 말이다. 그런데 이렇게 다그치시면 안 된다. 하나님이라도 말이다. 한참 뒤에야 깨달았다. 그것이 어쩌면 그를 위한 것이라기보다는 나를 위한 것이었음을.

그분의 차분하고 따뜻한 음성을 들었을 때, 내 안에서 상충하는 두 개의 감정이 동시에 용솟음쳤다. 하나는 '억울함'이었다. 하도 어이없고 기가 막혀 용서하고 싶지 않아서, 공평하지 못한 처사라서, 정당하지 못한 명령이라서, 억울해서 펑펑 울었다. 하지만 내게 "상처를 준 그 사람을 용서할지 여부를 그 일을 범한 사람이 결정하게 하는 것은 어리석은 일"이라는 스미디스의 말이 십분 옳다.[10] 그가 찾아와서 나에게 용서를 구할 때 내가 용서할 준비가 되어 있지도 않았다면, 더 억울하기 그지없는 노릇이다. 차라리 내가 먼저 용서하는 것이 백번 낫고 옳다.

다른 하나의 감정은 '자유'였다. 그렇게 항의하는 마음 한편에, 나도 모르게 이미 용서하고 있는 나를 보았다. 내가 용서하려고 해서 그런 것이 아니라 불가항력적 힘에 의해서, 그러나 결코 강요하지 않는 조용한 힘에 의해서 억울한 심정은 물러났고, 마음을 짓이기고 있던 무거운 짐들이 사라졌다. 그렇게 시원할 수가 없었다. 편안했고, 행복했다. 한편으로 억울해서 울었고, 한편으로 너무 시원하고 자유로워 좋아서 울었다.

어찌 보면 모순된 두 감정이 한순간에 공존할 수 있다는 것이 지금 돌이켜 보아도 신기하고 놀라울 따름이다. 스미디스의 말이 그날 내 마음을 잘 설명해 준다.

용서받았다는 느낌은 기초적인 느낌이다. 왜냐하면 모든 것이 근거하는 존재의 바닥에서 용서받았다는 느낌을 받기 때문이다. 그것은 전적으로 수용되었다는 느낌이요, 당신의 깊은 자아에 박힌 느낌이요, 당신이 어떤 나쁜 짓을 저질러도 그것으로 무효화되지 않는 느낌이다. 당신은 완전히 받아들여졌다고, 전적으로 사랑을 받는다고, 전적으로 인정받고 있다고 느낀다. 당신의 존재는 평온하게 쉼을 얻는다.[11]

못살게 구는 그의 처사도 괘씸하지만, 그리스도인으로, 목사로 용서하지 못한다는 죄책감, 그리고 용서하지 못함으로 오는 억눌림은 용서하는 억울함에 비할 바가 못 되었다. 나는 그를 용서함으로써 그동안 상상조차 못한 자유를 얻었으니 결코 억울하거나 불공평하지 않다. 남아도 크게 남는 장사를 한 셈이다.

그로부터 몇 년 후, 예기치 않게 그는 생사의 기로에 설 만큼 아팠다. 그 와중에 나는 참 감사했다. 그가 치명적인 병에 걸린 것을 보고 감사했다는 말을 하면, 거의 모든 교인들의 표정이 순식간에 굳는다. "목사를 괴롭히면 벌 받는다는 이야기를 하려는 거구나"라고 지레짐작한다. 완벽하게 틀렸다. 나도 사람인지라 추호도 그런 맘이 없었다고 할 수 없겠지만, 가감하지 않고 1퍼센트도 채 되지 않을 것이다. 감사한 까닭은 내가 그를 위해 울 수 있고, 금식하며 기도할 수 있었기 때문이었다. 그의 영혼을 위해, 그의 생명과 건강을 위해 진심으로 중보하고, 그럼으로써 나 자신을 치유하는 기회를 주께서 허락하신 것이 기뻤다.

"주 예수 그리스도의 사역을 하면서도 셀 수 없이 많은 상처와 원한으로 가득 차" 있던 켄달[R.T.Kendall] 목사는 "처벌을 거부하는 것"이야말로 "완전한 용서의 본질"이라고 말했다.[12] 완전한 용서란 "그들이 '당해야 할 일을 당하는' 모습을 보고 싶어 하는 인간적 욕망을 포기하는 것이다." 하나님께서 욥에게 친구들의 잘못을 용서하고 중보하라 명하신 것도 바로 이 때문이 아니었을까? 그렇게 함으로써 욥은 하나님께 용서받은 자가 되고, 가당치도 않는 말로 자신을 모함했던 친구들을 용서하는 자가 된 것이다.

그날 내가 들었던 하나님의 음성, 내게 원수인 그도 하나님이 사랑한다는 잔인한 진실은 나는 죽었다 깨어나도, 꿈에도 생각 못할 그런 것이었다. 내 범주에 그는 하나님의 벌을 받아 마땅한 원수였지, 하나님의 사랑을 함께 받는 형제라는 인식은 전혀 없었다.

이것 하나만은 진실이다. 나는 하나님이 내 원수도 나랑 똑같이 사랑한다는 이 무서운 진실을 그날의 그 말씀이 아니었다면 도저히 알지 못했을 것이다. 용서하는 내가 용서받는다는 진실, 그날 저녁 내 심중에서 들려온 소리가 아니었다면, 용서한 내가 자유롭다는 진실을 알지 못할 뻔했다. 알아도 피상적으로 알았을 것이다. 용서는 억울하지 않다. 그것은 자유에 이르는 길이다.

용서하지 않는다면 어떻게 할 것인가?

용서가 하나님의 본성이요 사역이라도, 용서하면 자유를 누린다 하더라도, 용서는 여전히 어렵다. 그래도 용서하라는 말은 고통의 파도 한가운데 있는 이에게는 모진 말에 불과하다. 용서란 강요할 성질의 것이 아니다. 강요하면 용서하기 더 어렵다. "용서하지 않는 영혼에 하나님의 심판이 임할 것이라고 위협함으로써 용서를 유도하는 설교자보다 더 변변치 못한 설교자는 없을 것이다."[13] 그러기에 나와 같은 목사들은 성경에 기록되어 있다는 이유만으로, 한번 용서해 보았다고 함부로 용서하라고 설교하는 것을 조심하지 않으면 안 된다.

그렇다고 언제까지 용서하지 않는 것도 위험하다. 용서에 대한 무조건반사에 가까운 거부감으로 용서하기를 거부할 수 있다. 그래서 이렇게 말한다.

"우리는 하나님이 아닙니다."

하지만 나의 대답은 이렇다.

"우리는 하나님의 자녀입니다."

예수께서 말씀하셨다. "그러나 나는 너희에게 말한다. 너희의 원수를 사랑하고, 너희를 박해하는 사람을 위하여 기도하여라. 그래야만, 너희가 하늘에 계신 너희 아버지의 자녀가 될 것이다"(마 5:44-45). 설령 우리의 용서가 하늘 아버지의 용서에 미치지 못하더라도 닮고 모방해야 한다.

그래도 용서하고 싶지 않다면, 그래서 '왜 내가 그 나쁜 놈을 용서해야 한단 말이야' 하는 생각이 계속 든다면, 반대 질문을 해볼 필요가 있다. "내가 그를 용서하지 않는다면, 어떻게 할 건대?" 용서했을 때와 용서하지 않았을 때를 비교해 보면 결단하기가 한결 쉬워질 듯하다. 용서가 아니라면 대안은 무엇인가? 내가 보기에 둘 중 하나다. 상대에게 보복을 하거나 자신을 학대하는 것이다. 둘 다 결과는 같다. 파멸이다. 복수는 복수를 낳을 뿐이다. 더 큰 복수를 불러들인다. 라이언 일병 하나를 구하기 위해 적군 수백 명을 죽여야 한다면, 그로 인해 죽은 군사의 복수를 위해서는 또 얼마나 많은 사람이 죽어야 한단 말인가?

나는 망대 비유를 좋아한다(눅 14:28-31). "너희 가운데 누가 망대를 지으려 한다면 그는 먼저 앉아서 그것을 완성하는 데 드는 비용을 따져 과연 그만한 돈이 자기에게 있는지 곰곰이 생각해 보지 않겠느냐?"(눅 14:28, 공동번역) 용서하는 것과 용서하지 않는 것의 지불할 대가와 비용을 셈해 볼 필요가 있다. 대략 네 가지 측면에서 생각할 수 있다. 하나님과의 관계, 마귀와의 관계, 이웃과의 관계, 자기 자신과의 관계. 이 네 관계에서 용서하는 것과 그렇지 않은 것 사이의 결과를 저울에 달아 보면 현저한 차이를 알게 된다.

우선, 용서하지 않으면 하나님과의 관계가 멀어질 수밖에 없다. 주기도문은 용서하지 않는 자는 용서받을 수 없다고 말한다. 죄를 용서해 달라는 청원은 곧 다른 이웃의 잘못을 용서해 주겠다는 "용서의 서약"이다. 김세윤 교수의 말이다. "하나님께 죄 용서받음과 우리 이웃에 대하여 죄 용서함이 이렇게 구조적으로 연결되어 있습니다. 이웃에 대한 죄 용서 없이 하나님에 대한 죄 용서받음이 가능하지 않다는 말입니다."[14] 하나님께 나의 죄를 용서해 달라고 구하는 것은 내가 다른 이들의 죄를 용서해 주겠다는 결단을 내포한다. 하나님께 용서를 구하는 이라면, 원수의 죄도 용서해 주겠다고 마음먹는 것이다.

1만 달란트 빚진 자 비유는 용서하지 않는 자는 용서받을 수 없다는 것이 요지다. "너희가 각각 진심으로 형제자매를 용서하여 주지 않으면, 나의 하늘 아버지께서도 너희에게 그와 같이 하실 것이다"(마 18:35). 우리는 대개 하나님이 우리를 용서했으니 남을 용서해야 한다고 생각하지만, 주기도문과 이 비유는 내가 용서해야 용서받는다고 말한다.[15] 우리가 용서하지 않고, 용서하려는 마음을 묶고 원한을 계속해서 품으면, 하나님도 그리하신다(마 16:19, 18:18). 용서받았으니 용서해야 한다는 말도 맞지만, 용서하지 않고서는 용서받을 수 없다는 것이 일점일획도 바꿀 수 없는 주기도문과 비유의 요체다.

두 번째로, 용서하지 않으면 마귀를 마음속으로 초대하게 된다. 용서하지 않는 것은 내 마음의 문을 활짝 열어젖히고 마귀를 환영하는 것과 다름없다. 쟈크 엘룰$^{Jacques Ellul}$에 따르면, 마귀는 '고소자'요 '분리자'다.[16] 서로 고소하고 분리되는 곳은 어디나 사탄이 있고, 그렇게 행하는 사람이 바로 사탄의 졸개 노릇을 하는 셈이다. "한 사람이 다른 사람을 고소할 때, 그는 사탄(보통명사!)의 일부이다." 용서하지 않는 것은 나와 그를 분리시키는 최상의 방법이다.

그러한 마귀의 전략은 교묘하기 짝이 없다. 원수는 대개 가깝고 자주 만나는 관계, 곧 가족이나 친구, 직장과 교회에서 생기기 쉽다. 가까운 사람은 용서하지 못하면서도 신문과 텔레비전, 인터넷과 SNS에서 들리는 안타까운 소식에 분노하고 슬퍼하는 자신을 보면서 나는 착한 사람이라고 착각하면 안 된다. 그것이 마귀 고유의 수법이므로 마귀를 이기는 방법은 용서다.

세 번째로, 이웃과의 관계가 단절되기 시작한다. 한번은 어느 선배 목사를 만나, 힘들었던 터널을 통과한 그간의 사연을 나누었다. 교회를 개척하며 겪은 고달픈 사건과 사고들, 문제를 일으킨 이들이 일거에 교회를 떠난 사연, 그리고 이제는 새로운 성도들과 함께 새로운 사역을 기대하고 있다는 등의 이야기를 나누었다. 그러자 그분은 나에게 이런 말씀을 들려주셨다. "김 목사, 그분들을 용서해야 합니다. 용서하지 않으면 앞으로 만나게 될 교인들도 용납하지 못하고 품을 수도 없어요." 그렇다. 이전의 관계에서 용서하지 못하면 새로운 만남에도 장애가 된다.

마지막으로, 자신에게 해롭다. 자기 자신을 행복하게 하기 위해서라도 용서해야 한다. 그래서 용서는 아주 이타적이기도 하지만 이기적이기도 하다. 한번은 이정희 교수와 사모님을 뵈었다. 당시 그분들은 총장 후보였고, 온갖 험담과 근거 없는 비방이 난무하는 태풍의 눈에 들어가 있었다. 그때 사모님이 이런 말씀을 하셨다. "너무 미워하니까 내 몸이 아파요. 그래서 용서하는 기도를 하니 몸도 마음도 편해졌어요."

데이빗 씨맨즈[David A. Seamands]는 우리가 겪는 대부분의 정서장애의 원인과 진단을 용서에서 찾는다. "하나는 하나님의 무조건적인 은혜와 용서를 깨닫고 받아들이지 못하며 누리지 못하는 것이고, 또 하나는 그 무조건적인 사랑, 용서, 은혜를 다른 사람들에게 베풀지 못하는 것이다."[17] 하나님의 용서를 받아들이고, 내게 치명적인 고통을 가했던 이들을 향한 분노와 원한을 거두어들이고 용서하는 것, 바로 그것이 자신을 치료하는 길이요, 자신을 사랑하는 법이다.

그래도 한번 해보라

한 아이가 걷고, 말하고, 손을 놀리고, 엄마 아빠를 향해 방긋방긋 웃어주는 것이 얼마나 행복한지. 그러나 그것이 아이로서는 대단한 노력을 요하고, 부모로서는 대단한 인내가 있어야 한다. 다 자란 아이가 걷고 말을 한다고 흐뭇해하는 것은 지극히 비정상적이지만, 막 자라나는 아기에게 그러한 과정은 필수적이다. 밥 한번 잘 먹었다고 건강해지는 것도 아니고, 키가 쑥쑥 자라나는 것도 아니고, 힘이 불끈 샘솟는 것도 아니다. 하지만 밥맛이 있든 없든 매일 끼니를 거르지 않고 식사를 하면 언젠가는 부모의 키만큼 훌쩍 자란다.

사실 용서도 이와 다르지 않다. 이왕 한 김에 내 이야기를 한 번 더 할까 한다. 어렵사리 용서를 경험한 나로서는 다른 이들을 용서하는 것이 적어도 남보다 쉬워야 한다. 용서를 더 잘해야 마땅하다. 그런데 그게 아니었다. 더 어렵다. 오히려 이전보다 더 힘들다. 용서해야 한다는 것을 머리로 아는데, 마음이 쉬 움직이지 않고 몸은 미동조차 안 한다.

그렇다고 포기할 수 없다. 그것은 계속 해야 할 일이다. "오늘, 내일, 올해, 내년, 쉬지 말고 용서하라"[18] 서툴더라도 괜찮다. 갓 태어난 아이가 자라나는 과정을 상상하면 된다. 용서에 관한 한 미숙한 우리는 울음보를 터뜨리는 어린아이와 다를 바 없다. 스미디스는 용서의 기술을 알려주며 다음과 같이 격려한다.

> 당신이 지금 누군가를 용서하기 위해 분투하고 있다 해도, 가끔 겨우겨우 용서하는 정도에 그친다고 해도, 오늘 용서했다가 내일 미워하고 모레 다시 용서한다 해도, 당신은 용서의 사람이다. 용서에 관한 한 우리 모두가 아마추어다. 용서 게임에 전문가는 없다. 아마추어에게 서투른 실수는 당연지사다.[19]

어차피 아마추어인데 한두 번의 실패쯤이야 대수롭지 않게 여기는 하나님의 자녀다운 배짱이 필요하다. 처음부터 걷는 사람 없고, 처음부터 말하는 사람 없다. 용서도 처음부터 잘하는 사람은 아무도 없다. 천릿길도 한걸음부터라고, 첫술에 배부를 리 없지만, 첫술을 입에 넣어야 배가 두둑해진다. 그러니 눈 딱 감고 한번 해보라. 안 되면 한 번 더하면 된다. 한 번 더!

14   오직 여호와는 성전에 계시니

부유한 재산은 사람을 속일 뿐이다. 탐욕스러운 사람은 거만하고, 탐욕을 채우느라고 쉴 날이 없다. 그러나 탐욕은 무덤과도 같아서, 그들이 스올처럼 목구멍을 넓게 벌려도, 죽음처럼 성이 차지 않을 것이다. 그들이 모든 나라를 정복하고 모든 민족을 사로잡지만, 정복당한 자 모두가 빈정대는 노래를 지어서 정복자를 비웃으며, 비웃는 시를 지어서 정복자를 욕하지 않겠느냐? 그들이 너를 보고 '남의 것을 긁어모아 네 것을 삼은 자야, 너는 망한다!' 할 것이다. 빼앗은 것으로 부자가된 자야, 네가 언제까지 그럴 것이냐? 빚쟁이들이 갑자기 들이닥치지 않겠느냐? 그들이 잠에서 깨어서, 너를 괴롭히지 않겠느냐? 네가 그들에게 털리지 않겠느냐? 네가 수많은 민족을 털었으니, 살아 남은 모든 민족에게 이제는 네가 털릴 차례다. 네가 사람들을 피 흘려 죽게 하고, 땅과 성읍과 그 안에 사는 주민에게 폭력을 휘두른 탓이다. 그들이 너를 보고 '네 집을 부유하게 하려고 부당한 이득을 탐내는 자야, 높은 곳에 둥지를 틀고 재앙에서 벗어나려 하지만, 너는 망한다!' 할 것이다. 네가 뭇 민족을 꾀어서 망하게 한 것이 너의 집안에 화를 불러들인 것이고, 너 스스로 죄를 지은 것이다. 담에서 돌들이 부르짖으면, 집에서 들보가 대답할 것이다. 그들이 너를 보고 '피로 마을을 세우며, 불의로 성읍을 건축하는 자야, 너는 망한다!' 할 것이다. 네가 백성들을 잡아다가 부렸지만, 그들이 애써 한 일이 다 헛수고가 되고, 그들이 세운 것이 다 불타 없어질 것이니, 이것이 바로 나 만군의 주가 하는 일이 아니겠느냐? 바다에 물이 가득하듯이, 주의 영광을 아는 지식이 땅 위에 가득할 것이다. 그들이 너를 보고 '홧김에 이웃에게 술을 퍼 먹이고 술에 취하여 곯아떨어지게 하고는, 그 알몸을 헤쳐 보는 자야, 너는 망한다!' 할 것이다. 영광은 커녕, 실컷 능욕이나 당할 것이다. 이제는 네가 마시고 곯아떨어져 네 알몸을 드러낼 것이다. 주의 오른손에 들린 심판의 잔이 네게 이를 것이다. 더러운 욕이 네 영광을 가릴 것이다. 네가 레바논에서 저지른 폭력이 이제, 네게로 되돌아갈 것이다. 네가 짐승을 잔인하게 죽였으나, 이제는 그 살육이 너를 덮칠 것이다. 사람들을 학살하면서, 땅과 성읍과 거기에 사는 주민에게 폭력을 휘둘렀기 때문이다. 우상을 무엇에다 쓸 수 있겠느냐? 사람이 새겨서 만든 것이 아니냐? 거짓이나 가르치는, 부어 만든 우상에게서 무엇을 얻을 수 있겠느냐? 그것을 만든 자가 자신이 만든 것을 의지한다고 하지만, 그것은 말도 못하는 우상이 아니냐? 나무더러 '깨어나라!' 하며, 말 못하는 돌더러 '일어나라!' 하는 자야, 너는 망한다! 그것이 너를 가르치느냐? 기껏 금과 은으로 입힌 것일 뿐, 그 안에 생기라고는 전혀 없는 것이 아니냐? 나 주가 거룩한 성전에 있다. 온 땅은 내 앞에서 잠잠하여라. 하박국 2:5-20

내가 이 책의 초판을 쓰면서 가장 고심했던 본문 중 하나가 하박국의 다섯 번의 저주 선언(합 2:5-20)이었다. 요점은 이 본문과 내 고난과의 상관관계였다. 저주의 대상이 된 것은 바벨론이다. 제힘만을 믿고 약소국가를 함부로 짓밟고, 탈취하고, 폭력을 행사하고, 우상을 숭배하는 바벨론 제국을 향한 하박국 선지자의 날선 비판과 조롱이 그 내용이다. 이 말씀이 내 고난과 무슨 관계가 있는가?

결론은 뻔하다. 나는 말씀의 주인이 아니다. 말씀의 종으로 말씀을 섬기는 자이지, 말씀을 내 입맛대로 부려서는 안 된다. 내 맘대로 말씀을 이리 붙이고 저리 갖다 붙이면 안 된다. 그러므로 세 장 분량의 하박국서에서 한 장의 대부분을 차지하는 이 텍스트를 어떻게든 대면하고 대결했어야 했다. 그것이 응당 성경의 종으로서 나의 바른 처신이다. 내 고난의 스토리를 하박국서를 통해 읽어내려는 계획 가운데 이 꺼끌꺼끌하고 거친 본문이 내 목덜미를 잡아당겼다. 어떤 식으로든 나와 본문 사이의 불화를 조정해서 써야만 했다. 그러나 초판에 미처 쓰지 못했다.

결국 포기했었다. 일차적으로 본문의 내용이 이 책의 의도와 다소 달랐기 때문이다. 내가 경험한 고난을 성경으로 해석하여, 내 고난을 이해하고 싶었다. 그래서 "화 있을진저"라는 저주 선언의 구체적인 내용보다는 그 문장의 의미에 집중했다. 나는 기독교인, 특히 목사는 화내면 안 되는 줄 알았다. 그런데 하박국은 무려 다섯 차례나 무시무시한 욕을 퍼붓는다. 그래서 나도 화내도 되고, 욕 좀 해도 된다는 자기 위안에 초점을 맞추었다. 화 선언은 욕설이면서도 통곡이고 눈물이었다는 것, 내 원수에 대해 분노하는 데서 그칠 것이 아니라 용서해야 한다는 점에 집중했다.

또 하나의 이유는 그 당시 나는 너무 힘들었다. 내게 문제가 된 것은 나 자신이었다. 나 하나의 문제에만 급급했고, 내 뒤틀린 현실을 해석하는 것만으로도 버거웠다. 오로지 나 자신만을 들여다보기에 여념이 없었고, 주위를 돌아볼 여력이 전혀 없었다. 성 아우구스티누스는 자신과의 독백에서 스스로에게 묻고 답한다. 너는 정말 뭘 알고 싶으냐? 하나님과 나! 그 외에는 없니? 없어. 오직 하나님과 나! 여기에 '너'는 없다. 이것은 한편으로 개신교의 개인주의와 개교회주의, 교파 난립의 한 원천이지만, 다른 한편으로 세상만사를 나와 무관한 어떤 것으로 간주하지 않고 나의 문제로 치환하겠다는 태도로 읽을 수 있다.

물론 하나님과 나는 무인도의 로빈슨 크루소가 아니라 어떤 관계망에 속한 존재다. 우리 기독교의 하나님은 삼위일체 하나님이다. 이것의 요체는 하나님은 관계 속의 하나님이라는 것이다. 하물며 인간이며, 나랴. 그러니까 아우구스티누스가 말한 '나'는 유아론적 나 자신이 아니라 관계론적인 나일 것이다. 그럼에도 나는 나를 관계 속에서 읽어내는 데 실패했다. 애시당초 시도조차 못했다. 그것이 나의 실책이다.

왜 구조인가?

우여곡절 끝에 결국 쓰게 된 것은 세 가지 이유에서다. 첫째, 앞서 말한 대로 나는 성경의 종이지 주인이 아니기 때문이다. 나는 설교를 하거나 성경을 가르칠 때에 종종 나 자신에게 묻곤 한다. "성경'이' 말하는가, 성경'에' 말하는가?" 내 설교와 강의를 듣고 성경을 펼쳤을 때, 성경이 이해가 되어야 한다. 열심히 들었는데, 좋은 설교요 강의라고 여겼는데 막상 성경과는 딴판이었다면, 그것은 성경이 말한 것이 아니라 내가 성경에 말한 것이다. 주종관계가 역전된 것이다. 성경에 있으므로 나는 말해야 하고, 글을 써야만 한다.

두 번째, 구조를 다루지 않으면 고난을 설명하기 어렵다는 것을 보여주는 좋은 사례가 우리 사회의 자살률이다. 어느 사회, 어느 시대에나 스스로 목숨을 끊는 가슴 아픈 일은 있어 왔다. 그러나 한 시기에 폭발적으로 증가하고, OECD국가 중 지속적으로 부동의 1위를 차지한다는 사실은 개인의 심리로 축소시킬 수 없다는 명백한 반증이다. 한국인의 오랜 정서로도 설명되지 않는다. 수천 년 동안 자살률이 다른 민족에 비해 월등히 높았다는 물증이 있는가? 사회적 병리 현상으로밖에는 달리 설명할 길이 없다. 외적인 성공과 성장으로만 한 사람의 일생과 인격을 평가하고, 돈으로 그 값을 매기는 사회에서 사람은 사람답게 살기 어렵다. 그런 더러운 사회를 저버리고 견디지 못하고 죽음에 이르는 것이다. 개인의 책임도 없지 않지만, 사회의 잘못이 훨씬 크다.

좀 더 미시적인 경우를 살펴보자. 내게 개인의 고통이 사회적 맥락 속에서 파악되어야 한다는 것을 분명히 알게 해준 글이 있다. 로고스서원의 글쓰기학교 수강생이 쓴 글이다. 그는 고故 대천덕 신부의 '예수원'에서 만난 한 형제의 이야기를 통해서 고통의 근원에 사회적 문제가 있다는 것을 알게 되었다.

그 형제는 어려서부터 알코올 중독자인 아버지를 용서하는 것이 인생 최대의 과제였다. 그는 술에 취하면 가정 폭력이 심했던 아버지에 대한 끔찍한 기억에 시달렸다. 자신의 불행이, 자신의 고통이 아버지에게서 말미암았다고 생각하며 자랐다. 그러나 대천덕 신부의 강의를 들으면서 아버지를 이해하게 되었다. 사업 실패와 불가능한 재기, 오랜 실직과 가족을 책임지지 못하는 무능함에 대한 자책 등을 술 말고는 달리 달랠 길이 없었다. 그것이 사회 전반의 문제였는데도 오롯이 아버지 혼자서 감당해야만 했다. 사회 전체의 맥락에서 보니 아버지가 이해가 되었고, 바로 그 지점에서 용서가 시작되었다.

우리가 겪는 고통의 많은 부분이 사회적 요소가 자리한다는 것은 이상할 것도, 놀랄 일도 아니다. 그러므로 내 고통에서 시작해서 눈을 들어 이웃의 고통으로 확장, 심화하는 것, 또는 그리스도의 고난 속에서 나 자신의 고난에 갇히지 않고, 이웃의 아픔으로 눈을 돌려 그들과 함께하는 것은 십자가를 지는 제자됨의 한 모습일 것이다.

라인홀드 니버Reinhold Niebuhr는 그의 책『도덕적 인간과 비도덕적 사회』에서 사회가 구조적으로 악할 수밖에 없음을 철저하게 파헤친다.[1] 그의 논리를 아주 간단하게 설명하면 이렇다. 개개인은 선하다. 또는 선할 수 있다. 선한 사람 100명이 모이면? 그래도 선할까? 니버의 통찰은 책 제목처럼 개인은 도덕적이라 하더라도 그들이 모여 사회를 조직하면, 그 집단은 선하지 않다는 것이다. 비도덕적이다. 많은 개혁가와 종교인들이 사회에 대한 낙관적이고 이상적인 생각에 빠져 사회가 지니는 광포한 야수성을 제대로 들여다보는 데 실패했고, 정치의 능력을 불신했다고 질책한다.

성경은 처음부터 국가에 대해 비판적이었다. 대표적인 사례가 사무엘상 8장의 스토리다. 이 스토리에서 하나님은 마지못해 이방 나라와 별로 다를 바 없는 왕정국가를 허용한다. 이스라엘 백성의 요구는 왕을 달라는 것이었다. 여기서 주목할 것은 요청의 근거인데, 바로 "다른 나라들처럼"이다. 타락한 세계를 구원하는 제사장 나라로 부름받은 이스라엘이 세상과 똑같은 국가를 건설하겠다고 하나님께 강청한다.

하나님의 대답은 의외다. 나, 하나님도 버림받았다!(삼상 8:7) 이어서 사무엘을 통해서 그 요구가 지닌 위험성을 낱낱이 폭로한다. 아들과 세금과 심지어는 재산마저 거두어 갈 것이다. 그것으로 왕과 신하들, 곧 가진 자는 더 가지게 될 것이고, 백성들은 결국 왕의 노예가 될 것이다. 왕, 왕정, 국가에 대해 긍정적인 말이 일언반구도 없다. 어디 하나 선한 것이라고는 눈을 씻고 봐도 없다는 듯, 부정적인 말 일색이다. 그것은 위로는 하나님을, 아래로는 백성을 버린 것이다.

하나님께서 결과적으로 왕정을 허용하셨으니 완전히 악하거나 문제 있다는 말은 아니다. 존 하워드 요더John Howard Yoder에 따르면, 악을 징벌하고 선을 장려하는 것이 국가의 목적이자 기능이다.[2] 그러나 선하기는 어려워도 악하기는 쉽다. 국가나 사회라는 구조가 잘못되면 더 큰 악을 초래하고, 사람들은 더 큰 고통에 빠지게 된다.

마지막으로, 구조적 악이 초래한 고통이 날로 가중되기 때문이다. 지금까지 2부와 3부에서는 하나님과의 개인적·인격적 관계의 측면에서 고통을 다루었다. 그것은 고난에 관한 진실의 일면에 불과하다. 그러나 하박국 2:5-20은 개인과 사회, 곧 사회적 악을 겨냥한다. 이것이 우리의 고난이 지닌 진실의 또 다른 면이다. 둘을 함께 보아야 고난의 전체 면이 보인다. 다시 말해 하나님과 나, 그리고 너라는 삼중 구도를 살펴야 고난에 관한 총체적 이해에 도달한다.

고대는 물론이고 현대 사회에서도 한 개인의 결정과 무관한 사회 구조적 문제로 개인은 물론이고 사회 전체가 고통받는 현상이 빈발하다. 아직도 기억이 생생하다. 나의 첫 아들이 태어난 다음 날, 아비 없이 자란 아들이 아비가 되는 그 감격스러운 다음 날, 첫 손주를 보신 장모님은 기쁨에 겨워 손뼉을 치며 껑충껑충 뛰며 좋아한 다음 날, 산부인과 병원의 TV 화면은 삼풍백화점 붕괴로 가족을 잃어 처절하게 절규하는 이들의 모습으로 가득 찼다. 그날 그곳에서 죽어간 이들은 과연 누구의 잘못이란 말인가? 그것은 하나님도, 그 자신도 아닌 사회의 잘못이다.

  2014년 4월 16일, 인천에서 제주도로 향하던 여객선 세월호의 침몰과 실종자 9명을 제외하고도 295명의 죽음은 어떻게 설명할 수 있는가? 어두컴컴한 수면 아래 깊숙이 가라앉은 배와 그곳에 갇혀 죽어가는 아이들이 있는데도, 골든타임 72시간 동안 그 아까운 생명을 구조하기 위해 투입된 전문잠수사가 없었다. 청소년인문학교에서 세월호 이야기가 나왔다. 내가 중학생 아이들에게 물었다. "그들은 죽은 거니? 죽인 거니?" 아이들이 운다. "우리가, 국가가 죽인 거네요." 가진 자의 탐욕과 국가의 무능이 빚은 참사다. 아마도 하박국이라면, "스올처럼 자기의 욕심을 넓히며 또 그는 사망 같아서 죽고 죽어도 족한 줄 모른다" 하지 않겠는가(합 2:5, 개역개정). 그러니 써야만 했다. 쓰지 않으면 안 되었다. 성경이 말해야 하고, 고통받는 자들을 기억하는 것은 산 자의 의무다.

화 있을진저!

예언자의 다섯 저주 선언에 대한 분류는 학자에 따라 다르다. 데이빗 프라이어는 처음 두 번을 '폭력으로 탈취하는 것'으로, 다음 두 번을 '폭력으로 통치하는 것'으로, 마지막 것은 '폭력의 근본 원인으로 우상숭배를 지목하는 것'으로 정리한다.[3] 반면 강성열 교수의 시각은 약간 다르다.[4] 그는 처음 것을 총론으로 해석한다. 교만과 탐욕에 대한 저주가 다섯 저주의 기조를 규정하는 것으로 본다. 두 번째부터 네 번째 저주 선언은 '폭력에 대한 벌'로 묶는다. 그리고 마지막 것에는 '우상 숭배에 대한 벌'이라는 제목을 붙인다.

두 가지 관점에서 내 생각은 이렇다. 하나는 분류의 차원에서 보자면, 강성열 교수의 것이 좀 더 적절하다. 왜냐하면, 교만과 탐욕에 관한 선언은 우상 숭배에 대한 선언과 수미쌍관하기 때문이다. 즉 '교만=우상'이기 때문이다. 이것을 구조로 만든다면 다음과 같다.

A. 폭력의 원인 : 심리적, 인간적 원인

　B. 폭력의 현상 : 사회적, 경제적 현상

A. 폭력의 원인 : 종교적, 신학적 원인

하나님처럼 되려고 했던 첫 인간의 교만은 제 스스로 신이 되려던 우상 숭배에 다름 아니었다. 교만은 최초의 죄였고, 원죄였다. 교만하기에 탐욕스럽게 남의 것을 독차지하려고 했고, 더 나아가 제 자신을 창조한 신의 것도 함부로 넘본 것이다. 반대로 말해도 똑같다. 하나님의 것을 자기 것인 양 제 호주머니에 쓱 집어넣는 사람이 다른 동료와 다른 집단, 다른 국가에 대해 말해 무엇하리. 안중에도 없으리라.

다른 하나는 두 사람의 공통되고도 일관된 해석은 바로 '폭력'이다. 이 책의 2장에서 하박국이 살았던 시대를 한마디로 '폭력'으로 규정할 수 있다고 했다. 하박국서는 폭력의 문제를 심각하게 다루고 있는데, 그 증거가 하박국이 하나님께 던진 첫 질문에 분명하게 나타난다. 그는 이스라엘 내에 만연하는 폭력의 실태를 하나님께 고발한다. "살려 달라고 부르짖어도 듣지 않으시고, '폭력이다!' 하고 외쳐도 구해 주지 않으시니, 주님, 언제까지 그러실 겁니까?"(합 1:2) 폭력이 원초적 문제다.

그 각각의 것은 폭력이라는 관점에서 잘 읽힌다. 첫 번째 것은 탐욕스러운 교만과 남의 것을 게걸스럽게 노략질하는 폭력에 관하여(합 2:5-8), 둘째는 자기 자신은 미구에 닥칠 재앙을 피해 볼 요량으로, 자기의 성공과 부를 과시하기 위하여 집을 높이 쌓으면서도 타인의 집을 빼앗는 부동산 폭력에 관하여(합 2:9-11), 다음은 타인과 타국의 피 흘리는 강제 노동과 희생 위에 도시와 국가를 건설하는 폭력에 관하여(합 2:12-14), 넷째는 이웃에게 강제로 술을 퍼마시게 하고, 피를 철철 흘리게 하는—특히 레바논에서 행한—폭력에 관하여(합 2:15-17) 적나라하게 비판한다.

아담의 타락 이후 첫 범죄가 가인의 아벨 살해(창 4:8)였던 것을 보면, 하박국의 저주 선언은 창세기 스토리가 그저 역사의 시초에 있을 법한 한 사건이 아니라 인류 역사에 반복되는 죄악의 원형적 모델이었음을 보여준다. 바벨론이 자행한 죄악의 원형질은 신적인 교만으로 타인의 생명과 재산, 국가를 폭력적으로 강탈한 것에 있다. 하나님의 것을, 하나님이 주신 것을, 자기 것이 아닌 남의 것을 노략질하는 것은 자신이 그것의 주인이라는 말이고, 그래서 교만이고 탐욕인 동시에 우상 숭배인 것이다.

하박국의 시대 이전 창세기에서도 원초적 형태의 죄악이 폭력이었다면, 하박국 이후로 예수의 십자가를 지나서 지금까지도 원래적 형태의 죄악은 폭력이다. 그렇기에 월터 윙크는 현대 사회의 병폐를 일관되게 '폭력'으로 읽어낸다. 그에 따르면, "폭력은 우리 시대의 시대정신[ethos]이며, 현대 세계의 영성이다."[5] 폭력은 일상 곳곳에 침투해 있다. 윙크가 폭력을 영성이라고 말한 것은, 폭력이 거의 종교적 수준이라는 것을 강조하기 위함이다. 종교란 구원과 동의어라 해도 무방하다.

따라서 폭력은 구원이라는 이름으로 다가온다. 이를 '구원하는 폭력'redemptive violence이라고 윙크는 말한다.[6] 문자적으로 번역하면 '대속적 폭력'이다. 좀 더 풀어 보자면, 폭력이 구원한다는 뜻이다. 이것이 사회 곳곳에 스며들어서 "미국의 진짜 종교는 기독교가 아니라 폭력이라는 이름의 종교다"라는 말이 과하지 않을 정도다. 미국 신학자의 철저한 자기 반성이 놀랍다. 그러나 우리는 이 말이 단지 미국에 국한된 것이 아님을 알아야 한다. 좌파든 우파든 자기 주장을 관철하기 위해 쉽사리 폭력을 동원하거나 아니면 최후의 수단으로라도 폭력에 의존하는 한, 그의 최종 종교는 폭력이다.

여기서 저주의 대상은, 타인을 구조적으로 억압하고 타인의 것을 체계적으로 착취하는 모든 사회와 국가 시스템이다. 반면 바벨론적 체제는 그 구조를 신의 이름으로 정당화한다. 대표적인 경우가 바벨론 신화다. 그 신화는 폭력의 신화로 채색되어 있다. 더 나아가 바벨론 사회는 존재론적으로 폭력적이다.[7] 폭력에 의해 체계적으로 조직된 사회인 것이다. 처음부터 절대 신의 권위에 도전하고 패배한 하급 신들의 시체에서 흐르는 피와 흙을 짓이겨, 신들의 노역을 대신하도록 만든 것이 인간이다. 그러니 인간은 애당초 불결하며, 폭력과 무력에 의해서 통제받지 않으면 언제라도 반란을 꾀할 그런 존재로 간주된다.

일본 제국주의도 우리 한국 사람에 대하여 그런 식으로 말하곤 했다. '조선 사람은 맞아야 말을 듣는다.' 타자를 폭력에 의해서만 길들일 수 있다고 인식하는 그들의 세계관은 폭력적인 국가이고 체제임을 스스로 인정하는 셈이다. 그것을 잘 아는 하박국이 바벨론에 대한 저주를 일관되게 폭력에서 찾는 것은 지극히 온당하고 당연하다.

우상을 엇다 쓰겠냐

다섯 번의 저주 선언의 최종 귀착지는 우상 숭배를 조준한다. 하나님의 사람이 그토록 저주를 퍼붓는 모든 바벨론의 행동 이면에 똬리를 틀고 조종하는 것이 바로 우상 숭배다. 그래서 이것을 건드리지 않고서는 앞의 저주는 무위로 돌아가거나 과녁에 미치지 못하고 만다.

그러면 왜 이 모든 폭력이라는 바벨론적 삶의 양식의 최종 배후로 우상을 지목하는 것일까? 그것은 우상이 또 하나의 신이기 때문이다. 우리는, 그리고 하박국은 바벨론의 신을 간단히 우상이라고, 사람이 새겨 만든 것이라고 단정 지었지만, 그것이 그들에게 신으로 존재했고 숭배 되었다는 것은 부인 못할 사실이다. 창조물을 창조주로 섬기는 꼴이다.

그런데 하박국을 위시한 성경의 예언자들은 하나같이 그것들을 우상이라고 잘라 말한다. 한마디로 사람이 만든 물건이다. 그래놓고 그것을 신이랍시고 섬긴다고 조롱한다. 바로 여기에 그 신들에 관한 진실이 오롯이 담겨 있다. 즉 그 신들은 사람이 만든 신이다. 바벨론은 자신의 욕망을 투영하고 그 꿈을 실현시킬 도구, 그리고 탐욕을 정당화해 줄 기제로서 신을 창조했다.

아마도 포이에르바하Ludwig Feuerbach가 종교 특히 기독교에 관해 퍼부었던 모든 비판은 기실 바벨론의 종교를 향해야 마땅하다. 그러나 그 비판이 기독교를 향했다는 말은 기독교 역시 바벨론적 종교, 인간의 탐욕과 권력 욕망을 실현시키는 이데올로기로 전락했다는 사실을 반영한다.

인간에 의해 만들어진 신이, 인간을 위해 제조된 신이 인간의 욕망을 정당화하는 것 말고 무엇을 할 수 있을까. 구티에레즈의 말처럼, 종교는 영성과 합리성을 추구할 뿐 아니라 실천과 비판적 기능이라는 양

면성을 지니고 있다.[8] 애초부터 비판적 기능이 거세된 종교에 불과하다. 그것은 그냥 꼭두각시 신이고, 기계로부터의 신에 지나지 않는다. 이것을 성경은 우상이라 명명한다.

그렇다면 탐욕과 폭력적 삶의 양식과 우상 숭배 사이에는 어떤 관련이 있을까? 하나님이 아닌 것, 자신이 창조한 것을 하나님으로 섬기겠다는 것은 일차적으로 진정한 하나님을 불신하겠다는 말이다. 이차적으로는 스스로 자기 인생의 주인이 되고, 자기 외의 모든 사람과 사물에 신적인 지배권을 행사하겠다는 뜻이다. 내 맘대로 하겠다는 것이다. 내 것을 내 맘대로, 네 것도 내 것이니 내 뜻대로 하겠다는 의지의 표현이 우상인 것이다.

모두가 모두에게 신이고자 한다. 너도 나도 신이라면, 누가 인간이고, 누가 신을 섬긴단 말인가. 모두가 신이니, 모두가 지존으로 경배받기를 원한다. 자신을 그리 숭상하지 않는 것들에 대해 신적 권한을 행사한다. 바로 폭력이다! 내 소원하는 바, 내 의지하는 바를 쟁취하기 위한 수단이 다른 사람이다. 그렇게 되지 못했을 때는 곧바로 신적 능력을 행사하여 강제로 굴복시키려 한다. 그러나 누가 그 뜻을 따르겠는가. 자신도 신인데. 모든 사람이 자신을 신으로 인정받기 원하고 인정해 달라고 아우성을 치는 통에, 세상은 그야말로 만인에 대한 만인의 투쟁이 무한히 발생하고 증폭된다.

그 결과는 창조가 아니라 파멸이다. 우상숭배는 하나님의 형상인 자기 자신의 파괴이고, 또 다른 나이자 하나님의 형상인 타자를 파손시킨다. 하나님이 주신 자원으로 만족하지 못하고, 나 아닌 다른 사람의 것으로 빼앗아 자신의 안녕을 추구하고, 행복을 갈구한다면, 결국 모두의 행복은 사라지고 만다.

창조가 아니라 혼돈이다. 창세기 1:2을 역으로 뒤집으면 된다. 창조 이전의 세상을 성경은 세 단어로 표현한다. 혼돈, 공허, 어둠. 그렇다면 창조 이후의 세상, 곧 창조는 질서, 충만, 광명이다. 그러기에 하나님은 제일 먼저 빛을 창조하시고, 비어 있는 세상에 삼라만상과 일월광명을 창조하여 차곡차곡 채운다. 그리고 그 모든 것은 순서를 따라, 종류를 따라, 질서 있게 자리를 잡는다. 하늘에 있을 것은 하늘에, 땅과 바다에 있을 것은 그곳에 거처를 마련한다.

결국 우상을 기반으로 한 국가와 사회는 제 스스로 몰락할 수밖에 없다. 제 딴에는 창조적 삶이지만 정복과 약탈로 유지되는 사회는, 정복지가 줄어들고 수탈할 것이 줄어들면 소위 성장 동력을 상실하게 되고, 결국 소진하고 소멸하게 되는 수순을 밟는다. 그것을 아는 예언자는 그런 나라의 운명을 비웃고 빈정대고 놀려먹는 것이다. 하나님이 아닌 것을 하나님인 양 섬기는 사회, 그 죽은 우상을 위해 산 사람이 죽어야 하는 사회, 그 사회는 저주받아 마땅하다.

온 땅은 쉿!

그토록 저주를 퍼붓던 하박국 선지자의 마지막 말이 침묵이라는 것이 놀랍다. 두 가지 때문이다. 모두 나의 경험에서 유추한 것이다. 하나는 저주의 행태는 끝없는 저주로 이어지기 때문이다. 나도 모르게 분노에 사로잡히고 화가 치밀면, 그것들이 끝도 없이 꼬리에 꼬리를 문다. 끝날 줄을 모른다. 그런데 하박국은 침묵으로 끝낸다.

다음으로, 저주는 결국 나 자신의 파괴로 끝나기 때문이다. 그 저주가 내게로 돌아온다. 생각뿐이라 할지라도 타인에게 가한 모든 저주는 일차적으로 내 안에서 발생한다. 즉 욕을 하는 것도, 저주를 하는 것도 나다. 상대에게 가 닿지 않는 내 상상 속의 분노와 저주는 결국 내 안에서 머물고 맴돈다. 결국 저주는 저주하려는 대상을 다치게 하기보다는 자신을 먼저 망가뜨린다. 그런데 하박국은 침묵으로 자신을 보호한다.

침묵과 침묵 아닌 것의 차이가 무엇일까? 바로 하나님께서 성전에 계신다는 믿음이다. 성전은 문자적으로 거룩한 장소, 공간이다. 그 의미는 하나님이 계신 곳, 하나님의 집이다. 하나님은 세상을 창조한 조물주요 다스리는 통치자이므로, 하나님이 계신 성전은 왕궁과 같다. 인간의 측면에서 보자면 하나님을 예배하는 곳이지만, 신적인 자리에서 보자면 성전은 세상을 다스리는 공간인 것이다.

하나님께서 성전에 계신다는 고백은 하나님이 다스린다는 확신의 표명이다. 신문과 텔레비전에서는 대통령, 수상, 장관, 의원들이 주목을 받는다. 그들이 세상의 주인이고, 한 나라의 운명을 가늠한다는 인상을 준다. 하박국 시대의 사람들도 마찬가지였으리라. 바벨론이 고대 중근동의 승자이고, 국제 질서를 좌우하는 강자라는 믿음에 그 시대의 사람들 모두 동의했을 것이다.

그러나 유독 하박국만은 그렇게 생각하지 않는다. 오히려 코웃음을 친다. "하나님은 성전에 계신다는 것을 간과하는군. 하나님이 세상을 다스린단 말이야. 바벨론이니 뭐니 해도 그것들은 우상과 같고, 지푸라기나 쭉정이와 같아서 무너지고 사라지고 말거야. 그 너머에, 그 이면에 계신 하나님을 보라고." 그것들은 번쩍거리는 금과 은으로 치장하기는 했지만, 그 속은 썩어가는 나무에 불과하다. 사람들은 금과 은을 사랑하지만, 하박국은 그 안에 있는 바짝 마른 생기 없는 나무를 본다.

바벨론과 같은 대제국이 바람에 나는 겨와 같다고? 이 말이 아마

추상적으로 들릴지 모르겠다. IMF 사건을 통해서 나는 알게 되었다. 국가도 부도날 수 있고, 은행도 망할 수 있다는 것을. 그리고 그것이 한 개인의 삶을 얼마나 힘들게 하는지를. 그건 바로 내 이야기다. 결혼 초기, 전세금에 대출을 받아서 27평 정도의 집을 구입했다. 유학 갈 때 신용과 보증을 위해서 무리하게 샀다. 더 정확하게 말하면, 매달 수입만 일정하고 최소 수준만 유지하면 되는데, 가난한 신학생에게는 그것도 어려웠다. 나중에 보니, 그 돈으로 까먹으면서 박사 공부하고, 생활했다. 이자도 못 내서 결국 팔고 보니 시쳇말로 쪽박 찼던 것이다. 안 망한다고? 역사를 보라. 망하지 않은 제국이 있었는가.

그렇기에 잘못된 정치, 잘못된 구조를 향해 온갖 독한 말로 저주했지만, 그의 내면과 영혼은 평온하다. 표면은 거친 파도로 요동하지만, 수면 아래 깊은 곳은 조용한 대양과 같다고 할까. 그런 면에서 저주의 마지막 말이 침묵이라는 것은 인상적이지만 그리 놀랄 일만은 아니다.

하박국의 침묵이 지닌 의미를 파악하는 데 도움을 준 것은 외의로 분석철학자인 루트비히 비트겐슈타인이다. 수수께끼 같고 아주 엄밀한 수학적인 책 『논리철학 논고』의 마지막 문장은 너무나 유명하다. "말할 수 없는 것에 관해서는 우리는 침묵하지 않으면 안 된다."[9] 얼핏 보면, 말할 수 없는 것을 말하려는 것은 헛소리라는 의미로 읽힌다. 실제로 20세기 초의 논리실증주의자들은 그렇게 해석했다. "거 봐, 신과 영혼, 아름다움 등은 애당초 말도 안 되는 것이었어"라고 말이다.

말할 수 없는 어떤 것들, 그에 따르면 신이나 윤리, 미학과 같은 것은 말의 방식으로 말할 수 없다. 비트겐슈타인에게 말은 수학적이고 논리의 규칙을 위배해서는 안 된다. 그러나 신 등의 존재는 그런 방식으로 말해질 성격이 아니다. 그것을 억지로 말하려 하거나 반대로 말도 안 되는 터무니없는 것으로 치부하는 것은 적절한 말하기 방식이 아니다. 그러니 하나님에 대해서는 말의 방식으로 말하지 말자는 것이다. 그렇다면 어떻게?

직접적으로 대답하지 않았으나, 그의 대답은 '삶의 형식'이다. 간단히 말하면, 삶의 진실, 삶을 삶 되게 하는 소중한 것들은 말보다는 그저 살아내야 할 어떤 것이다. 하나님을 말이 아닌 온몸으로 살아내라는 것, 그리고 그렇게 살아내는 삶의 형식이야말로 하나님을 말하는 적절한 형태다. 그렇다면 비트겐슈타인에게 침묵은 그저 아무 말도 하지 않는 것이 아닌, 삶으로 살아내기인 것이다.

조금 다르게 말해 보자. 하박국이 검지를 입에 대면서 "쉿!" 하고 말한 것은 선생님이 오시니 조용히 하라는 것과 흡사하다. 그것은 떠들지 말고 이제는 조용히 하라는 사인만이 아니다. 수업할 준비를 하라는 표시이기도 하다. 예언자가 우리더러 "쉿!" 하고 외친 것은 우리를 신원하시는 하나님, 악한 사회를 심판하시고 악한 자에게 복수하는 하나님이 오시니, 선한 사람을 향해서는 저주를 그치라는 것, 타락한 사회 한가운데서도 현존하시는 하나님의 행위에 걸맞은 행동을 하라는 것이다.

나는 하박국이 우리더러 침묵하라고 한 것은 그런 뜻이 아닐까 생각해 본다. 처음부터 잘못 설계된 구조와 사회에서 고통받는 약자로서, 그들과 유대와 연대를 표명하는 이들에게 한편으로 하나님의 통치에 대한 믿음이 흔들리지 말고 확신할 것을 주문하는 동시에, 다른 한편으로는 삶으로 실천할 것을 요청한 것이 아닐까. 나는 그렇다고 확신한다. 하나님이 다스리시니, 하나님이 해결하실 것이기에 뒷짐 지고 관망하겠다는 무책임한 침묵이 아니다. 그것은 "이 삶의 불의에 대항하여 싸우는 북새통 뒤에, 억압하고 있는 자들을 저주하는 그 비통함 뒤에 완전히 새로운 목소리로, 그리고 조용하고 평온한 목소리로"[10] 말한다. 쉿!

칼 바르트의 마지막 말로 이 글의 마지막을 대신한다. 그는 죽기 전날 두 사람과 통화를 했는데, 그중 한 명은 평생지기였던 에두하르트 투르나이젠이다. 바르트에게 쇠렌 키르케고르를 소개해 주었던 사람도 바로 그다. 함께한 많은 신학적 동지들이 바르트를 떠나도 그만은 곁에 남아 있던 친구였다. 두 사람의 통화 내용은 당시 세계정세와 관련된 것이었다. 둘은 갈수록 평화와 멀어지고 냉전이 격화되는 소식에 침울해했다. 그러나 바르트는 투르나이젠과의 통화를 이런 말로 끝냈다. "어깨를 늘어뜨리지 말자! 절대로! 그분이 모든 것을 다스리신다!"[11] 사람들은 워싱턴이, 모스크바가 세상의 중심이고, 세상을 움직이는 성소인 양 착각한다. 그렇지 않다.

하나님이 다스린다!

그러므로 침묵!

그러므로 기도!

그러므로 노래!

5부

하박국,

하나님께 기도하다

15   기적을 바랐는데

주님, 내가 주님의 명성을 듣습니다. 주님, 주님께서 하신 일을 보고 놀랍니다. 주님의 일을 우리 시대에도 새롭게 하여 주십시오. 우리 시대에도 알려 주십시오. 진노하시더라도, 잊지 마시고 자비를 베풀어 주십시오. 하박국 3:2

"목사님, 하나님은 전능하시잖아요?"

"그렇지요."

"그리고 하나님은 우리를 진짜 사랑하시잖아요?"

"당연하지요."

"그런데 왜 하나님은 우리를 한순간에 완전하게 변화시켜 주지 않는 거지요?"

"왜 그런 질문을 하는 건가요, 자매님?"

"만약 하나님이 단번에 우리를 새롭게 해주신다면, 더는 죄로 인해 아파하거나 괴로워하지 않아도 되잖아요."

"그런 질문을 하는 걸 보니, 자매에게 남모르는 고민이 있나 보군요."

"예, 그래서 너무 힘들어요."

어느 대학생선교단체에서 초청 강연을 마치고 나눈 대화다. 강연 내용은 '마가복음의 제자도'였다. 세상의 정상이나 고지를 지향하지 않고, 십자가의 예수님처럼 기적적인 승리나 쟁취를 꿈꾸지 않는 것, 지금 여기서 십자가를 지고 예수님을 따르는 것이 참된 제자의 모습이라는 것이 요지였다.

사역자로서 나는 교인들이 고민하고 힘들어할 때, '나에게 초자연적 능력이 있어서 원하는 대로 도울 수 있다면 얼마나 좋을까' 하는 생각을 하곤 한다. 돌로 빵을 만들 수 있다면 능히 그러고도 남을 사람이나다. 세상 모든 권력을 가지고 악한 자를 한꺼번에 쓸어버렸을 것이다. 높은 성전에서 뛰어내려도 다치지 않는 마술을 보여서라도 교인들이 신앙생활을 잘하게 하고 싶은 때가 부지기수다. 그런 능력을 주지 않는 하나님이 조금 섭섭하다. 많이도 필요 없고 아주 조금이면 되는데 말이다. 왜 그럴까? 왜 하나님은? 왜 내게는?

주께서 하신 일을 보고 놀랐습니다

요나는 하박국처럼 도저히 받아들이기 어려운 하나님의 명령을 듣는다. 이스라엘의 철천지원수인 앗수르의 수도 니느웨에 가서 하나님 말씀을 전하라는 것이다. 요나는 하나님의 속셈을 간파했다. 심판이 아니라 용서라는 것을(욘 4:2). 그래서 일부러 반대로 도망간다. 북서쪽 다시스가 아니라 남동쪽 욥바로. 단 하루를 살다 간 박넝쿨은 애지중지하면서도 수십만의 니느웨 사람들에 대해서는 인정머리가 없는 그는 철저히 자기중심적인 사람이었다.

요나와 시작은 같았지만 하박국의 결말은 달랐다. 요나서는 하나님의 물음과 요나의 침묵으로 끝맺는다. 침묵의 의미가 명시적으로 기록되어 있지 않아 그가 끝까지 하나님의 권유를 거절한 것으로 해석할 여지도 있고, 항변할 수 없는 하나님의 사랑에 숙연해져 자신의 맹랑한 이기심이 부끄러워 침묵한 것으로 볼 수도 있다. 그렇지만 그는 하박국처

럼 기도의 자세를 취하지도, 감사의 찬양을 드리지도 않는다. 하박국은
1장의 의문과 항의에서 시작해서 2:20의 침묵을 지나 3장에 이르러 급
기야 찬양한다.

　요나서는 하박국 2장의 침묵에 머물러 있는 반면, 하박국은 침묵에
서 기도로, 불평에서 찬양으로 나아간다. 하나님이 하시는 일이 제 기준
에 맞지 않고 영 마음에 들지 않아도 하나님의 뜻이기에, 선하신 하나님
의 일의 결국이 선으로 종결될 것을 믿기에 그는 기도하고 노래한다. 하
나님 중심이라서 그렇다. 하박국은 자신의 욕망과 야망을 비전과 소명
의 명목으로 그럴듯하게 덧칠하지 않는다. 아이를 잉태하면 목숨이 위
태로울 수 있는 마리아처럼, 그도 주의 말씀이 바로 자신에게 이루어지
기를 구할 뿐이다(눅 1:38).

　하박국의 기도는 두 가지로 묶을 수 있다. 먼저, 하나님이 하시는
일에 대한 자신의 솔직한 감정을 드러낸다. "주님, 주께서 하신 일을 보
고 놀랍니다"(합 3:2). 악인이 승승장구하는 현실이 놀랍고, 의인이 외롭
게 악인들에게 둘러싸여 따돌림을 당하는 것에 놀라고, 하나님이 간악
한 바벨론으로 이스라엘을 징계하신다는 사실에 경악했다. 철학의 시작
은 경이와 당혹이다. 대자연의 경이로움 앞에 경탄하며 '와! 왜 그렇지?'
를 묻게 되고, 세상사 돌아가는 이치가 하도 우악스러워 의심하며 '어?
왜 이렇지?'를 물으면서 철학은 시작된다. 하나님에 대한 당혹과 경이가
하박국의 믿음을 낳았고, 위대한 기도를 창조하고, 상상을 뛰어넘는 찬
양을 이끌어낸다.

　다음은 간구다. 그는 하나님께서 당신의 일을 새롭게 시작하는 부
흥을 간청한다(합 3:2). '부흥'은 '새롭게 하다'는 뜻이다. 여기서 주목할
것은 부흥이 아니라 '하나님의 일'이다. 그 일은 다름 아닌 당신의 백성

222

의 멸망이다. 그것에 하나님 임재의 상징이자 이스라엘 정체성의 핵심인 예루살렘 성전의 붕괴도 포함되어 있다. 망하게 하시더라도 속히 회복시켜 달라는 것이다. 우리는 망하는 일 없이 흥하기를 원한다. 그러나 십자가를 걸머지는 자에게만 부활이 있다.

하나님의 일은 망하게 하는 것이 아니라 흥하게 하는 것이다. 그래서 그는 이렇게 기도한다. "진노하시더라도, 잊지 마시고 자비를 베풀어 주십시오"(합 3:2).

> 그는 알고 있다. 그의 당대의 사람들의 행동은 하나님의 진노를 받아 마땅하다. 그러나 그는 자비가 진노에 스며들어 완화해 줄 것이라고 기도하는 믿음을 갖고 있다.……우리는 하박국처럼 하나님의 의심할 여지 없는 진노 가운데서도 긍휼을 기억하시도록 하나님께 간청할 수 있는 확고한 토대를 가지고 있다.[1]

그가 그렇게도 강하게 거부했던 하나님의 뜻을 이제 인정한다. 우리는 진노받아 마땅하며, 그것이 하나님의 선과 공의에 부합한다고. 그렇더라도 자비마저 잃지 말고 베풀어 달라고 탄원한다. 하박국에게 하나님은 진노의 하나님이시지만, 무엇보다도 자비의 하나님이다.

하박국이 하나님이 하시는 일을 보고 놀랐지만, 나로서는 하박국이 놀랍다. '그런 걸 하나님 뜻이라고 하나?' '어떻게 하나님이 그럴 수 있나?' 하며 예전처럼 집요하게 물고 늘어질 법도 한데, 묵묵히 받아들인다. 하나님의 일을 한다는 명목으로 제시간에 이륙해야 할 비행기를 잠시 멈추게 해달라고, 그것이 하나님의 뜻인 양 '야베스의 기도'를 드릴 수도 있었을 텐데, 그렇게 하지 않는다.[2] 한두 사람도 아니고 민족을 구

하는 일인데, 한 사람 위해 비행기도 세우시는 분인데 그까짓 것 못할
게 무엇이며, 구하지 말아야 할 까닭이 무엇이겠는가.

하박국은 하나님의 본질과 본성에 의거하여 하나님과 변론할 뿐,
자기 이해관계나 이익에 의존하여 구하지 않는다. 그 누구보다 하나님
의 하나님 되심을 잘 아는 예언자로서 그 옛날 출애굽 당시의 열 가지
재앙과 홍해 사건을, 요단 강 도하와 여리고 점령을, 갈멜 산에서의 대
결과 승리를 지금 여기서 재현해 주실 것을 간구할 수 있음에도 불구하
고, 그는 도무지 알 수 없는 하나님의 뜻을 받아들이고 그 뜻이 이루어
지기를 기도한다.

그는 기적을 바라지 않고 기도한다. 전 민족적 회개운동을 통해 남
유다의 부흥을 구하거나, 어떠한 수단과 방법을 동원해서라도 주도권을
행사하거나, 한두 사람의 탁월한 리더십에 의거한 국면의 전환을 아뢰
거나, 쳐들어오는 바벨론 백만 군대 앞에서 "사람이 주를 이기지 못하게
하옵소서!"(대하 14:11, 개역개정) 하는 기도로 승리를 쟁취한 아사 왕처
럼 기도하지 않는다. 구약에 기록된 많은 믿음의 사람들의 기도를 모르
지 않을 하박국인데도 말이다. 왜 그랬을까?

기적은 가능한가?

기적은 가능하지만, 개연성이 그다지 높지 않기 때문이다. 말 그대로 기
적은 예외적이고 비상한 경우에 발생한다. 한쪽에서는 많은 사람들이
기적을 믿지 않는다. 불편해한다. 반대쪽에서는 열렬히 기적을 추구한
다. 운수와 요행을 바라고 주기적으로 복권을 구입하는 이들은 기적을
갈망한다. 단번에 모든 문제가 해결되기를 꿈꾼다. 해결의 기미조차 보

이지 않고 더 조여만 오는 고단한 현실에 숨이 막혀 체념하고 포기한다. 기적을 믿지 않는 것이나 지나치게 몰두하는 것, 모두 바람직하지 않기는 매일반이다.

일반적으로 기적은 자연법칙의 위배로 정의되지만, 성경에서 창조주가 자연에 개입하는 것은 위배가 아니라 섭리요 통치의 일환이다. 이것은 자연관의 차이로 설명할 수 있다. 근대인들은 자연이 자연법칙에 따라 움직인다고 보았지만, 성경과 고대의 세계관에서 자연은 하나님이 활동하시는 무대이며 계시의 장이다. 자연을 닫힌 체계로 보느냐 열린 체계로 보느냐인데, 자연의 창조주요 역사의 섭리자인 하나님이 세계 가운데 간섭하신다는 것은 하등 이상하지 않다.

하박국 3:3-15은 하나님의 현현顯現에 관한 기사다. 이는 출애굽으로부터 연원한, 역사 가운데 나타나시는 하나님에 대한 구약의 기록과 일치한다.[3] 하나님이 세상에 자신을 계시하실 때 나타나는 전형적인 양식이 지진, 연기, 불, 구름, 천둥 같은 자연현상이다. 하박국의 세계관에서 하나님은 우주와 인간의 역사 현장에 친히 개입하신다. 능치 못할 일 없는 그분께 기적은 기적이 아니다. 기적은 존재한다.

기적이 불가능하지 않다는 것을, 그 누구보다도 기적에 대해 비판적이었던 데이비드 흄David Hume을 통해 확인할 수 있다. 그는 알려진 바와 달리 기적을 부정하지는 않았다. 흄 전공자인 이태하 교수에 따르면, 흄이 기적을 비판한 것은 기적적인 현상의 부인이 아니라 기적을 신앙의 근거와 증거로 삼는 것을 반박하기 위해서였다.[4] 예컨대, 기적적으로 살아난 경우보다 그렇지 않은 경우가 견줄 수 없을 만큼 많은데, 그것으로 신앙의 정당성을 옹호하려는 것은 잘못이라는 것이다. 예컨대, 기적으로 하나님이 존재한다는 것을 입증할 수 있다면, 그렇지 않은 경우가 더 많다.

 기적은 가능할 뿐 아니라 실제로 일어난다. 그리스도인은 신앙의 합리와 신비를 공히 인정한다. 이치에 맞는지 성경에 비추어 검토하는 일도 필요하고, 동시에 인간 이성을 훌쩍 뛰어넘는 성령의 기이한 역사에 마음을 열 줄도 알아야 한다. 그래서 나는 신비주의자들을 좋아한다. 대표적으로 인도의 선다 싱Sundar Singh이나 인도네시아의 멜 태리Mel Teri다.[5] 그들에게 병 고침은 예사이고, 죽은 사람을 살려내기도 하고, 물로 포도주를 만들거나, 악어나 뱀을 통제하거나, 깊은 우물에 갇혀 있다가 열쇠 없이도 탈출하는 등의 사례가 비일비재하다.

 이들 삶의 행적에 나타나는 진귀하고 희귀한 사건들을 보고 일말의 거부감을 갖는 이들도 있다. 그러나 그보다는 그들이 하나님을 얼마나 사랑하는지 주시하고, 우리가 얼마나 성경을 비성경적이고 비성령적인 방식으로 읽으며 믿고 있는지를 돌아보아야 한다. 정작 멜 태리는 기적이 아니라 성경으로 돌아가라고, 그것도 성경의 단순성으로 돌아가라고 역설한다. 이는 그들의 진정성을 신뢰할 수 있게 할 뿐 아니라, 그들이 단지 기적을 꿈꾸고 추구하지 않았음을 보여준다. 그들 누구도 기적을 신앙의 토대로 삼지 않았다.

 이는 마가복음이 묘사한 예수님과도 흡사하다.[6] 로마의 그리스도인들은 정치적·사회적 혼란, 경제적 궁핍, 빈발하는 기근과 홍수 등의 자연 재해에 더하여 종교적 핍박을 받으며 안팎으로 시련을 겪었다. 그런 위기 속에서 로마의 그리스도인들은 두 가지 정반대 반응을 보인다. 너무 힘들고 지쳐서 현실에 순응하려는 이들이 한 부류다. 적당히 타협하며 하나님과 세상을 겸하여 섬기려는 것이다. 반대편에서는 급진적이고 기적적인 승리의 날을 꿈꾼다. 그야말로 경천동지할 재림을 소망한다. 이는 현실의 변혁이 아닌 현실로부터의 도피다.

마가는 그들에게 하나님의 아들 예수 이야기를 들려준다. 그러면 예수님이 하나님의 아들이라는 것을 어떻게 입증하고 알 수 있을까? 바로 기적이다. 가이사랴에서의 베드로의 고백이 있기 전까지, 예수님은 숨 돌릴 여유조차 없을 정도로 바삐 움직인다. 바람과 바다를 잠잠케 하고, 거라사 군대 귀신을 몰아내고, 열두 해나 혈루증을 앓던 여인을 치유하고, 야이로의 죽은 딸을 가볍게 살린다. 조용한 곳에 잠시라도 머물러 기도하며 하나님과 교제할 틈조차 간신히 구할 만큼 많은 병자들이 찾아왔고, 손수 그들을 치유하셨다.

그런데 희한하게도 예수님은 축귀와 치유 사건 후에는 대부분 침묵을 명령한다. 자신의 신분과 정체를 좀체 드러내지 않는다. 귀신들에게도(막 1:25, 34, 3:12), 병을 치료해 준 다음에도(막 1:43-45, 5:43, 7:36, 8:26), 심지어 제자들에게도 감춘다(막 8:30, 9:9). 자신이 누구인지를 알릴 절호의 기회로 삼아 떠벌리기는커녕 도리어 발설하지 말라고 되레 신신당부한다.

이는 두 가지 측면에서 조망할 수 있겠다. 하나는 예수님의 정체와 관련된 것으로, 그분은 질병을 고치러 오신 분이 아니다. 다른 하나는 제자들의 무지다. 그들은 그 많은 기적을 보고 경험해도 예수님이 하나님의 아들이라는 인식과 신앙에 도달하지 못했다. 어디 한두 번도 아니고, 한두 해도 아니고, 한두 종류도 아니고, 한두 군데에서 일어난 것도 아닌데, 그 정도면 예수가 하나님의 아들이라고 알 법도 한데, 작심이라도 한 듯이 예수님이 어떤 분인지 전혀 모르니 참으로 신기할 따름이다.

그래서 마가는 기적이 아니라 십자가를 제시한다. 이는 마가복음에서 유일하게 인간이 예수님을 하나님의 아들이라 고백한 이가 놀랍게도 이방인인 백부장인 것을 통해 볼 수 있다. 그는 십자가 아래에서 십자가에 달리신 그리스도를 보고서 그분이 하나님의 아들임을 믿고 고백한다(막 15:39). 그가 구약의 이야기에 낯선 이방인이요 이교도라는 점을 감안하면, 예수님을 그토록 따라다녔던 제자들의 무지와 견주어 보면, 이는 기적에 가깝다. 기적적인 승리나 현실에 타협하려는 이들에게 마가는, 기적은 가능하지만 기적만으로는 한계가 있음을 지적한 것이다. 십자가에 달린 예수를 보아야만, 그 자신이 십자가 아래에 서 있는 자만이 예수를 하나님의 아들로 믿고 따른다. 오직 십자가!

전능하시다면서요?

기적은 가능하다. 그것이 신의 행위이든, 우연이든, 아니면 아직 설명하지 못한 사건이든, 기적이 존재하는 것은 분명하다. 철학자들 중 일부는 기적을 신의 존재를 부정하는 논거로 삼는다. J. L. 매키는 악이 존재하는 한, 하나님의 전능은 악과 논리적으로 배치된다고 주장한다.[7] 기독교에서 악은 하나님의 창조에 있어서 필수불가결하다. 하나님은 악이 없어서 순진하고 천진난만한 인간보다는 악과 고통 속에서 인내하는 성품을 배우고, 인격적인 반응으로 경배와 찬양을 드리는 존재가 되기를 원하신다. 이것은 매키가 보기에 하나님의 전능과 모순된다. 정말로 하나님이 전능하시다면, 악이 없는 세상, 전인적으로 예배할 수 있는 세상을 능히 창조해야 마땅하다. 하나님과 악의 현실은 서로 어긋나고, 둘 중 하나는 부정된다.

왜 전능한 분께서 고난받는 자의 삶을 기적적으로 해결하지 않으실까? 첫째, 하나님의 전능이라는 개념을 이해할 필요가 있다. 문자적으로 전능은 불가능한 일이 없다는 말이다. 그렇다고 말도 안 되는 일까지

하실 수 있고, 해야 한다는 뜻은 아니다. 예컨대, 사각형인 원을 만들 수 있어야 한다든가, 들 수 없는 돌을 들어 올릴 수 있어야 한다는 등 말도 안 되는 의미 없는 단어들의 조합에 '하나님은 할 수 있다'$^{God\,can}$는 말만 갖다 붙인다.⁸ 말이 안 되는 것을 요구하고는 그것을 하지 못하니 합리성, 곧 말이 안 된다고 단정하는 것은 무슨 해괴한 논리란 말인가? 말도 안 되는 일을 할 수 있고, 해야 한다고 들이대는 것은 말이 안 된다. 어불성설이요, 논리가 아니라 억지 부리는 것이다.

둘째, 인간에게 자유의지가 있기 때문이다.⁹ 창조주는 세상을 만드시면서 인간에게는 자유의지를 주셨고, 자연은 자연의 내재적인 법칙에 따라 운행하도록 했다. 인간과 자연을 상대적으로 독립된 존재로 창조하셨다. 하나님은 그 세계를 인격적으로 존중하고 사랑한다. 전능하신 하나님은 당신이 만드신 법칙에 구애받지 않지만, 그렇다고 아무 때나 마음대로 그 법칙을 바꾸어 세상을 휘젓지는 않는다.

셋째, 하나님은 전능이 아니라 약함으로 우리를 구원하신다. 더 정확히 말하자면 하나님의 전능은 약함 가운데 나타난다. 이런 논리적 어폐가 심한 말을 바울은 고린도 교회에 보낸 편지에서 피력한다. 파당과 분쟁으로 일그러지고, 도덕적 불륜과 교리적 무지로 혼란스럽고, 부자와 빈자, 강자와 약자 사이의 갈등이 계속되는 이 교회에 사도는 십자가의 약함을 제시한다. 어리석고 거리끼는 십자가, 세상의 폭력에 무력하게 죽임당한 십자가가 되레 하나님의 능력이라는 역설로 서로 화목할 것을 당부한다. 그러면서 자신의 간증을 한다. 선교 사역에서의 갖은 고초와 사탄의 가시라 불렸던 아픔 속에서 얻은 진리를 말한다. "내가 약한 그 때에 강함이라"(고후 12:10, 개역개정).

넷째, 기적은 드물게 일어난다. 복음서는 기적이 선택적으로 기록되어 있다. "예수께서는 제자들 앞에서 이 책에 기록하지 않은 다른 표징도 많이 행하셨다"(요 20:30). 예수님의 이적 또한 선택적이었다. 모든 잔칫집을 돌아다니면서 물로 포도주를 만드신 것도 아니고, 모든 초상집을 찾아다니면서 죽은 사람을 살려내신 것도 아니며, 귀신들린 모든 사람을 고치신 것도 아니고, 모든 병자가 나음을 입은 것도 아니었다. 배고픈 사람들 앞에 도사처럼 나타나 오병이어 기적을 밥 먹듯이 일으키지도 않았다. 드무니까 기적이다.

다섯째, 반대로 기적이 흔하게 일어난다면 어떨지를 생각해 볼 때, 전능하신 하나님이 기적 퍼레이드를 펼치지 않는 연유를 이해하게 된다. 레오 톨스토이는 어린 아들을 상실한 신실한 한 여인 이야기를 들려준다.[10] 어미는 자신에게 전부인 하나뿐인 아들을 거두어 가시는 소름끼치는 하나님께 왜 기도해야 하는지를 회의한다. 톨스토이는 정반대의 질문을 던진다. "우리의 모든 기도가 다 응답된다면 어떤 일이 벌어질까?" 상상만 해도 즐겁지 않을까? 그러나 그렇게 되면 기적은 더 이상 기적이 아닐 테니, 누구도 기적으로 인해 감사하거나 만족하지 않을 것이다.

그 상상을 영화로 만든 것이 짐 캐리[Jim Carrey]가 주연한 「브루스 올마이티」[Bruce Almighty]다. 하는 일마다 되는 일이 없는 기자인 브루스 놀란은 하나님께 불평을 늘어놓으며 자신의 인생을 망친 장본인으로 하나님을 지목한다. 그런 그에게 하나님이 나타나 브루스에게 신의 전능함을 부여한다. 그러자 그는 사랑하는 아내에게 판타스틱한 장면을 연출하느라 달을 정원으로 끌어들이고, 라이벌인 앵커에게 장난을 쳐서 그 자리를 차지하는 데 성공한다. 사실 이런 것들은 그의 기막힌 코믹 연기와 함께 재미도 있고 흥미도 있다.

하지만 신이 된 자신에게 올라오는 헤아릴 수 없는 기도―무려

152만 7,503개!―를 듣는 데 지친 브루스는 모든 기도에 "예"라고 응답하도록 설정해 놓고 잠자리에 든다. 다음 날 아침, 눈뜨고 일어난 세상은 엉망진창이다. 주식이 세 배나 뛰어오르고, 너무 많은 사람이 한꺼번에 로또 1등에 당첨 되는 바람에 시 당국에 항의하는 시위가 벌어진다. 기적을 경험하지만 누구도 행복하지 않다. 신이 되고, 전능자가 된 브루스도 불행하기는 마찬가지다. 오히려 그는 신이 아니라 예전 모습으로 돌아오면서 행복해지게 된다.

기적이 신앙을 창출하지 못하듯이, 기적이 행복하게 만들지도 못한다. 톨스토이는 응답되지 않는 기도가 때로는 축복이라고 말한다. "응답되지 않는 기도를 문제로 보는 대신, 응답된 기도가 문제가 될 수도 있다는 것을 탐구했다. 응답되지 않는 기도가 색다른 선물이 될 수도 있지 않을까?"[11] 어떤 기도도 응답되지 않는 것도, 모든 기도가 응답되는 것도 문제다. 그래서 내 기도가 선택적으로 응답되는가 보다.

마지막으로, 기적이 신앙과 거리가 멀기 때문이다. 후배 목사의 경험담이다. 그는 신유의 은사를 받아서 병을 자주 낫게 해준다고 한다. 그래서 찾아오는 이들이 많단다. 그중에는 불신자들도 많은데, 그들은 병이 나으면 반드시 예수님을 믿겠다고 철석같이 약속하지만, 정작 치유를 받고 나면 감사 표시를 하고는 교회에 나오지 않는다고 한다. 신자들도 마찬가지다. 그런 일을 많이 겪은 그는, 이제는 신유를 그리 강조하지 않게 되었다.

이번에는 성경을 살펴보자. 죽은 나사로의 부활은 믿음을 불러일으키지만, 예수의 죽음의 직접적인 원인이 되기도 한다. 그 사건 때문에 유대인들은 예수를 죽이기로 마음을 먹었으니 말이다. 오병이어 사건은 많은 제자들이 떠나는 계기도 되고, 베드로의 위대한 고백을 낳기도 한다(요 6:68-69). 이스라엘은 애굽과 광야에서 수많은 이적과 기사를 경험하고도 믿지 않았다(신 29:2-4). 놀라운 기적과 기도의 능력을 가진 엘리야도 이세벨의 말 한마디에 극심하게 낙담했다. 기적은 아합과 이세벨은 차치하고라도 정작 엘리야 자신에게조차 확신을 주지 못했던 것이다. 신앙은 기적을 낳지만, 기적이 신앙을 만들지는 못한다.

차라리 기도하겠습니다

성경의 사람들은 간혹 기적을 일으키기도 하지만, 대개 기도한다. 바울에게는 놀라운 하나님의 능력이 있었다. 그가 사용하던 손수건이나 앞치마를 병자나 귀신들린 자에게 갖다 대기만 해도 치유가 되었을 정도였다(행 19:12). 하지만 그런 비상한 능력으로도 그는 자기 몸의 가시 하나 해결하지 못했다. 죽기를 각오하고 세 번씩이나 간절히 기도했지만, 하나님으로부터 돌아온 대답은 그 가시를 안고 살아가는 것이 능력의 원천이라는 것이다(고후 12:7-10). 그것이 바울을 약하게 하는 것이 아니라 오히려 강하게 한다는 것이다.

바울은 육체의 가시가 무엇인지를 구체적으로 거명하지 않았지만, 그것을 "사탄의 하수인"(새번역) 또는 "사탄의 사자"(개역개정, NIV)라고 말한다. 사탄이라는 단어에서 우리는 그것이 바울의 신앙과 사역에 결정적인 방해물이라는 것을 짐작할 수 있다. 그는 사역에 방해가 되니 제발 제거해 달라고 기도했을 것이다. 가시가 없어진다면 그것은 하나님의 능력이 나타나는 것이니, 없애 달라고 하지 않았을까? 가시 때문에 하나님의 영광이 가린다는 점을 하나님께 힘주어 말했을 법하다. 그러나 하나님은 바울에게 지긋지긋했을 그 가시를 제거하는 것이 아니라 가시와 함께 사는 길을 걷게 한다.

더 극적인 분은 예수님이다.[12] 그분에게 가룟 유다는 가시 이상의 존재였을 것이다. 차라리 나지 않았으면 더 좋았을 뻔한 이 사람도 열두 사도의 한 사람이다. 예수님은 밤을 새워 기도한 후에 열둘을 선택했고(눅 6:12-13), 그에게도 다른 사도들과 동일한 능력을 주셨다. 유다 역시 기쁨에 겨워 이렇게 말했을 것이다. "주님, 주님의 이름을 대면, 귀신들까지도 우리에게 복종합니다"(눅 10:17). 주님으로부터 "귀신들이 너희에게 굴복한다고 해서 기뻐하지 말고, 너희의 이름이 하늘에 기록된 것을 기뻐하여라"(눅 10:20)는 사랑 넘치는 말씀도 들었을 것이다.

때문에 가룟 유다는 예수님의 기도 응답의 결과다. 추측건대, 예수님은 당신을 따르는 많은 무리 중에 열둘을 고르기 위한 기도의 절반을 사용하셨을 것이다. 나머지 절반은 가룟 유다를 포함시킬지 여부로 하나님과 그리고 당신 자신과 씨름하며 보내지 않았을까? 그런 유다를 선택하고, 능력을 주고, 동역자로 세운다는 것은 차마 끔찍한 일이었을 것이다. 주님 역시 고난 없는 넓고 편안한 길이 아니라, 고난 가운데 고난을 이기는 삶을 선택하셨다.

순교자들 가운데 그 누구도 기적을 기도하지 않았다는 점은 이례적이다.[13] 누구보다도 기적을 바랐을 법한 그들이지만, 그들은 죽음이 목전에 있거나 뻔히 예상되는 절체절명의 상황에서도 목숨을 위해 기도하지 않는다. 순교를 감당할 불굴의 용기와 힘을 달라고 기도하거나, 심지어는 그런 고난을 특권으로 베푸신 하나님께 감사했고, 어떤 이는 예수님처럼, 스데반처럼 증오와 불안으로 박해하는 이들의 용서를 구하는 기도를 드렸다. 그 누구도 "기적을 일으켜 주시길 요청한 이는 단 한 명도 없었다"는 것이 기도와 기적에 관한 최종 결론이다.

그래도 기적을 바란다면

그래도 기적을 이심전심으로 바라마지 않는다. 실제로 기적이 가능하며
지금도 일어난다는 것을 성경과 여러 간증들이 뒷받침한다. 그러나 대
개 참담한 고난 가운데서 간혹 일어나는 환경의 기적적인 변화에 매달
릴수록 아픔만 더할 뿐이다. 여전히 변하지 않는 현실에 씁쓸한 뒷맛을
남기기 일쑤다.

또 다른 의미의 진정한 기적이 있다. 바로 예수 그리스도다. 예수님
의 성육신이나 부활보다 그분 자신이 기적이다. 예수님이 하나님의 아
들이 아니라면, 그분이 행한 모든 기적들은 정말로 기이한 일이 아닐 수
없다. 그분이 하나님의 아들이라면, 그가 일으킨 기적이란 그리 대수롭
지 않다. "그리스도 자체가 이미 기적이다. 그런 그가 만약 기적을 행하
지 못했다면 그것이 오히려 기적이다."[14] 예수님 자신이 기적인데, 다른
무엇을 또 구할까?

기독교에는 '무엇'what보다 '누구'who인지가 더 중요하다. 예수님이
기적을 일으킨 것이지 기적이 예수님을 만든 것이 아니다. "기적이 예수
를 이끌고 가는 것이 아니라 예수 그리스도가 기적을 이끌어 갔다. '무
엇'이 '누구'를 이끌어 간 것이 아니라 '누구'가 '무엇'을 이끌어 갔다. 그
리스도를 떠난 기적을 이야기하면, 그것은 참으로 혼란스럽다."[15] 기적
보다 기적을 일으키는 분이 더 중요하다. 기적보다 기적을 일으키는 그
리스도를 구해야 한다. 예수 없는, 신앙 없는 기적은 해롭다. 우리에게
기적은 예수를 알고 예수를 사는 것이다.

또 하나의 기적은 자기 변화다. 내가 바뀌는 것이 기적이다. 기적은
드물게 일어난다고 했다. 그런 면에서 가장 안 변하는 내가 변하는 것이

기적 중의 기적이다. 이 점을 오스왈드 챔버스^{Oswald Chambers} 보다 더 멋지게 말한 이도 드물 것이다.

> '기도가 사물을 바꾼다'는 진실이 아닙니다. '기도가 먼저 나를 바꾼 후, 내가 사물을 바꾼다'가 진실입니다. 하나님은 구속의 기초 위에서 기도가 사물을 보는 눈을 바꾸도록 모든 것을 설정하셨습니다. 기도는 겉으로 보이는 사물을 변화시키는 것이 아니라 사람의 내적 본성에서 역사하는 기적입니다.¹⁶

그러니까 기독교가 '무엇'이 아니라 '누구'에 관한 것이었듯이, 기도 또한 마찬가지다. 기도는 '무엇'을 얻는 것이 아니라, 사람 곧 기도하는 자신을 바꾼다. 기적은 외부를 바꾸려고 들지만, 기도는 내면을 새롭게 한다. 기적은 남을, 기도는 나를 바꾼다.

기적은 문제를 해결한다. 하지만 기적으로는 사람이 변하지 않는다. 마음을 새롭게 할 수 없다. 고난 가운데 외부 환경이 급격히 변모하는 기적을 꿈꾸다가 발치의 현실을 잃어버리느니, 마음을 다잡고 면모를 일신하는 기도의 무릎을 얻어야 한다. 그 기도에는 기적 이상의 능력이 있다. 고단한 삶이 퍽이나 힘들고 지쳐서 기적을 바란다면, 기적은 예수 안에 있다. 그리고 내 안에 있다. 기적은 기도에서 시작한다. 기도는 나를 변화시키는 겨자씨다.

16   고통이 고통을 구원한다

주님, 내가 주님의 명성을 듣습니다. 주님, 주님께서 하신 일을 보고 놀랍니다. 주
님의 일을 우리 시대에도 새롭게 하여 주십시오. 우리 시대에도 알려 주십시오. 진
노하시더라도, 잊지 마시고 자비를 베풀어 주십시오. 하박국 3:2

제정신을 잃고 죽은 듯이 누워 있던 어미가 벌떡 일어나 서랍의 돈다발
을 꺼내들고 달려가 목사에게 매달리며 울부짖는다. "우리 아이 살려 주
세요!" 분노한 아비는 벽에 걸려 있던 십자가를 박살내고 위로는커녕
가슴에 못 박는 소리를 해대는 목사와 교인들을 향해 외친다. "고난과
시련이 감사하다고요? 그런 하나님 안 믿어!" 그 어미는 아이가 싸늘한
시체로 발견된 날, 그동안 애지중지했을 성경책을 갈가리 찢고 통곡한
다. 신실한 집사였을 그녀에게 하나님은 남편의 말처럼 믿고 싶지 않은
존재를 넘어, 면전에 있다면 성경을 찢듯 그렇게 하고 싶을 그런 존재일
것이다.

　실화를 바탕으로 만든 영화 「그놈 목소리」의 한 대목이다. 납치당
한 아들의 생사를 확인할 수 없고 납치범의 목소리는 시시각각으로 조
여 오는데, 발을 동동 구르는 부모에게 찾아간 목사는 그들을 위해 기도
한다. "하나님 아버지께서 저희를 사랑하사 저희에게 내려 주신 이 고난
과 시련도 감사드립니다." 감사라니. 감사한다니. 감사하라니. 우리 하나
님은 그런 분이 아니다. 실신지경의 부모에게 그런 말을 한 것은 아무리
생각해도 이해가 안 된다. 무례하기 짝이 없다. 그런데도 우리는 종종

이런 잘못을 범하곤 한다.

어떻게든 말을 해야 하는 목회자의 딱한 처지를 잘 안다. 그렇다면 몇 마디 말로 위로해 주기보다는 함께 울어 주고, 욥처럼, 하박국처럼 하나님을 향해 왜 그러시느냐고, 이럴 수는 없다고, 살아 계시고 전능하시니 어떻게든 아이를 구해 달라고, 부모의 품으로 돌아오게 해달라고, 납치범이 마음이 바뀌어 아이를 돌려주든지 아니면 경찰이 조속히 아이를 찾아내도록 지혜를 주십사고 탄원해야 마땅하다. 우리를 위해, 우리를 대신해서, 우리와 같이, 우리 안에서 지금도 울려 퍼지는 십자가에 달린 그리스도의 절규를 따라 공명하는 것, 바로 그것이 우리 몫이 아닐까?

고난에 대한 독특한 관점

고통을 무상황적으로 그저 감사하라고 을러대는 것은 피에르[Abbe Pierre] 신부가 말한바 고통주의다. "고통주의는 예수가 고통을 받았다는 사실을 구실 삼아 고통을 찾고 그 속에서 기쁨을 느끼는 혐오스러운 사고입니다."[1] 만약 그렇다면 하나님은 마조히스트이고, 우리는 사디스트일 것이다. 고난 자체를 기뻐하라는 것은 성경 어디에도 찾아볼 수 없는 이교도적 발언이다. 베드로 사도가 고난을 기뻐하라는 것은, 우리의 고난이 그리스도의 고난에 동참하는 것이기 때문이다(벧전 4:12-16). 야고보의 경우는 고난이 우리의 믿음과 인격을 성숙케 할 것이라고 확신하기 때문이다(약 1:2-4). 그러므로 고통이 주는 의미가 있다고 해도 고통 자체가 기쁜 것은 아니다.

피에르 신부는 세상만사가 고통이라는 부처의 깨달음에 동의한다. 하지만 그와 같은 결론을 내리지 않을 것이라고 말한다. 왜냐하면 고통

의 근원인 욕망을 제거함으로써 고통을 애써 피하려는 것은 예수의 제
자의 길과 다르기 때문이다. 고통 속에서, 고통을 통해서만 고통을 극복
할 수 있다. 그런 점에서 구원은 고통 없이는 불가능하다.

우리는 고통을 통하지 않고서는 고통스러운 세상으로부터 구원받
을 수 없다. 나는 피에르 신부의 말에 마음을 홀딱 빼앗겼다. "자신의 고
통을 통해서 혹은 남의 고통을 통해서 타인과의 일치감에 도달할 수 있
다면, 우리는 새로운 빛을 보게 됩니다."[2] 왜 그런가? 고통을 통해서 고
통받는 이웃, 나와 같은 혹은 나와 비슷한, 그렇지 않더라도 내가 받은
고통으로 미루어 짐작할 수 있는 이웃의 고통과 대면하기 때문이다.

고통을 숙명으로 보는 시각과 고통을 구원으로 보는 관점은 명백
히 다르다. 스탠리 존스[Stanley Jones]는 『인도의 길을 걷고 있는 예수』[The
Christ of the Indian Road]에서 인도의 카르마 사상과 십자가를 대조한다.[3] 전생
이 현세의 삶을 결정한다는 인도의 숙명론과 인과응보의 카르마 사상
을 극복하지 못하면 어려움에 처해서 더 주저앉게 만든다. 그들은 고난
이 닥치면 이렇게 말한다. "내가 무엇을 할 수 있겠는가? 이 모든 것이
다 나의 카르마※인 것을." 꽉 짜인 보상과 형벌 체계 속에서 전진하지
못하고 되레 후퇴한다. 결국 그들은 이렇게 말한다. "예수가 그의 전생
에서 그렇게 사악한 사람이 아니었다면, 그렇게 심한 십자가의 고통 같
은 것은 당하지 않았을 텐데……." 그들에게 고통은 응당 죄의 결론
이고 실패의 결과일 뿐이다. 고통은 할 수만 있다면 피하는 것이 능사요
대수다.

그러나 그리스도인들은 그렇게 생각하지 않는다. 기독교는 고난에
대한 독특한 관점과 지평으로 인해 다른 종교나 사상과 확연히 구별된
다. 다른 사람을 위해 고통을 겪는다는 것을 카르마 사상으로는 도무지

238

이해할 수 없는 반면, 기독교 사상은 그것을 구원의 본질로 파악한다. 고난의 본질과 그 의미는 타인을 위한 고난이다. 이는 이사야의 고난받는 종에서 예시되었고, 그리스도의 십자가에서 성취되었으며, 지금도 숱한 하나님의 사람들이 아무 까닭 없이 이웃의 고난과 함께하고 있다.

이것을 '대속적 고난'redemptive suffering 이라고 한다. 구속적 폭력이 남을 희생해서 내가 구원받는 것이라면, 대속적 고난은 나를 희생해서 남을 구원한다. 다시 말해 남을 대신하는 고난이며, 그런 고난이 남과 나를 구원한다는 신앙이다. 이는 고난에 관한 기독교만의 고유하고 독특한 이해다. 이것 없이는 그리스도의 고난을 읽을 수 없으며, 고난의 정당한 자리매김도 불가능하다. 고난에 관한 궁극적인 해명이자 실천의 지침이다. 그러니 어떤 고난도 무조건 감사하라고 눈을 부라리는 무서운 하나님을 종교적으로 믿을 수 있을는지 몰라도 사랑할 수 없다. 그러나 아무 죄 없이 나를 대신해 고통받는 하나님의 눈물은 믿을 수 있다. 뿐만 아니라, 그 하나님을 사랑할 수 있다. 나는 하나님을 사랑한다.

진노 중에라도 긍휼을 잊지 마소서!

하나님은 고난을 주시는 분이 아니라 고난을 받는 분이다. 십자가의 고통이 우리의 구원이 되었다. 하박국의 기도는 이천오백 년 전에 이미 말했다. 진노 중에라도 긍휼을 잊지 말아 달라는 간구는, 진노받아 마땅하더라도 가엾게 여겨서 자비를 베풀어 달라는 청원이다. 마치 아이들이 '엄마, 잘못했어요, 용서해 주세요'라고 말하는 것이나, 아빠가 매를 들면 '다섯 대 맞아야 하지만 한 대만 맞게 해주세요' 하는 것과 같다. 어느 누가 하나님의 진노와 심판을 가감 없이 그대로 감당할 수 있겠는가.

응당 벌을 줄여 달라 간청할 수밖에.

　여기서 좀 더 나아가 보다 적극적으로 해석할 필요가 있다고 본다. 즉 진노가 하나님의 긍휼에 의한 것이라면, 진노가 긍휼이 되게 해달라는 것이다. 하나님은 진노의 하나님이면서 긍휼의 하나님이다. 거룩과 공의의 하나님인 동시에 사랑과 은혜의 하나님이다. 양자는 하나님 안에서 아무런 모순이나 충돌이 없다. 그러나 궁극은 긍휼과 사랑이다. 죽음이 끝이 아니라 부활이 최종적인 말이듯, 진노는 긍휼에서 비롯되고 마지막에는 긍휼에 도달한다. 하나님께는 정의보다 긍휼이, 거룩보다 사랑이 더 크시며, 정의와 거룩은 사랑과 긍휼의 맥락 안에서만 온전히 이해된다.

　수전 손택[Susan Sontag]이 간파한 것처럼, 현대인은 전쟁으로 죽어가고 폭력으로 신음하는 사람들의 고통을 텔레비전이나 인터넷, SNS와 같은 매체를 통해 사진과 이미지로 일종의 '스펙터클'로 소비한다.[4] 그것들은 우리를 구경꾼으로 만들고, 연민의 감정을 느끼게 하지만 어떤 실천도 감행하지 못하고 무기력하게 만든다. 한편으로 저 아래의 고통에 눈살을 찌푸리고 안타깝게 여기지만, 다른 한편으로 안락한 의자에서 이미지를 바라보면서 그들과 달리 고통받지 않는다는 사실에 만족하는 것이다. 그것은 그들의 고통일 뿐이며, 단지 연민을 소비하는 것일 뿐이다.

　실제로 하박국의 텍스트에 사용된 긍휼이란 단어는 여성의 자궁을 뜻한다. 어미의 극진한 사랑, 깊이를 가늠조차 할 수 없는 절절한 연민을 가리킨다. 애가 타고, 애가 끊어지는 아픔이다. 자녀의 아픔을 관객의 자리가 아닌 제 몸의 아픔인 양 아파하는 것이다. 부모와 타인의 시선의 차이가 그럴 것이다. 아픔을 멀거니 쳐다보는 외부의 시선에 반해, 부모의 것은 그냥 아프다. 같이 아프다. 아니, 더 아프다. 타인은 고통을 관찰

하려들지만, 가족은 고통에 참여한다.

그러므로 왜 그래야 하는지, 어떻게 그러는지를 묻고 답을 청하는 것은 불필요하거나 어리석기 그지없는 일이다. 어미이기 때문이다. 제 몸으로 낳은 자식이기 때문이다. "하나님의 사랑은 너무 강해서 설령 그분이 명백하게 무시받고 버림받고 거부당하는 지경에 이르더라도, 그분은 아내를 향한 남편이나 자녀를 향한 어미처럼, 그들의 행동과는 무관하게 사랑을 이끌어낸다."[5] 왜 그렇게 하시는가? 대답은 너무 간단하다. 사랑하기 때문이다.

예수님의 선교 사역의 근본 동기는 긍휼이었다. 예수님은 곳곳에서 만나는 이들의 가련한 외침을 외면하지 못했다. 굶주리는 이들을 보다 못해 오병이어로 먹이고(마 14:19), 귀신 들린 가나안 여인의 딸을 고치고(마 15:22), 귀신 들려 간질하는 아이를 치유하고(마 17:15), 많은 빚을 탕감해 주고(마 18:27), 눈을 뜨게 해주셨다(마 20:34).

마태복음 10장은 제자 파송 설교로 알려져 있다. 그 배경은 백성들의 곤궁한 삶과 인도자 없는 현실이다. 그러므로 추수할 일꾼을 보내 달라는 9:36-38은 10장과 연결해서 읽는 것이 더 타당하다. 민망하다는 말은 목자 없는 무리에 대한 감상이 아니라 그들과의 정서적 일체감의 표현이다. 애타는 연민이며 불타는 사랑이다.

그렇다면 하나님의 긍휼은 하나님의 고통이고, 인간의 구원이다. 그분이 우리를 위해 감수하시는 고통을 통해서 해방을 경험한다. 위르겐 몰트만[Jürgen Moltmann]의 말은 감동적이다. "고난당할 수 없는 전능한 하나님은 가난하다. 왜냐하면 그는 사랑할 수 없기 때문이다. 그는 사랑하기 때문에 고난당한다."[6] 당신의 자녀가, 당신의 피조물이, 당신의 신부가 아파서 울고 있는데도 멀거니 바라보는 분이라면, 가난한 신이 아

니라 불쌍한 신이 될 것이다. 사랑도 못해 본 하나님, 사랑도 할 수 없는
하나님이라면 말이다.

어떻게 진노가 자비인가?

죄인을 향한 하나님의 진노가 연민과 긍휼이라는 포괄적인 내러티브 속
에서 이해될 때 그것이 구원이 된다는 취지의 주장은, 막상 당하는 이의
입장에서는 선뜻 받아들이기 어렵다. 미로슬라브 볼프는 진노의 하나님
과 사랑의 하나님이 서로 어울리지 않는다고 피력한다. 그가 진노하는
하나님 이미지를 거절했던 이유는 적나라하다. 진노의 표적이 자신이
될까 두려웠다는 것이다. 공평하신 하나님이 악을 일삼는 이들에게 천
벌을 내리신다면, 자신에게도 미치는 것을 용납해야 하기 때문이다.

그가 생각을 바꾸게 된 계기는 그의 조국 유고슬라비아 내전의 참
상을 겪고 난 다음이다. 줄잡아 20만 명이 학살당했다. "상상을 불허할
정도의 잔학한 폭행을 당"했다. 그는 곧이어 르완다 내전을 상기시킨다.
겨우 100일 동안 무려 80만 명이 난도질을 당해 죽었다. 그런데도 하나
님이 진노하지 않으신다? 그것을 모르쇠로 일관한다면 그야말로 잔인
한 하나님이 아닐까? 하나님이 무자비한 재판관이 아니라고 해서 선악
을 구분도 하지 않고 용납하는 맹목적인 할아버지도 아니다. 하나님의
해법은 심판과 방관 사이의 용서다. "하나님은 이 진퇴양난에 처하여 어
떻게 하시는가? 하나님은 용서하신다."[7]

나는 용서가 해결책이라는 볼프의 견해에 전적으로 동의한다. 진노
하는 하나님을 인정하면서도 그분이 피도 눈물도 없는 냉혹한 재판관
으로 전락하는 것을 막기 위한 최상책은 용서다. 그러나 그 전에 하나님

의 진노 자체도 구원이라고 말해야 한다는 것이 내 생각이다. 하나님의 진노가 구원이 아니라면, 진노는 불필요한 감정의 과잉에 불과하다. 아니면 짐짓 화를 내는 척하다가 별일 아니라는 듯이 씩 웃고 만다면 너무 가볍다. 그리고 성경에 나타난 진노하는 하나님을 설명할 방도가 마땅치 않다.

그러나 볼프가 염려했던바, 진노가 우리 자신에게 쏟아질 때에도 은총이라고 고백하기란 참으로 어렵다. 나는 그 가능성을 쉘던 베너컨 Sheldon Vanauken 의 사랑 이야기에서 보았다. 사랑하는 아내 데이비를 잃은 이후, 과거를 조명하면서 내린 그의 결론은 "하나님의 자비는 잔인하다"이다. 그 자비는 잔인하지만 여전히 자비이다. 잔인하다면 자비가 아닐 테고, 자비라면 더욱더 잔인하지 않을 것이다. 아내의 때 이른 죽음을 두고 자비라고 하는 것은 참으로 황당무계한 말이 아닐 수 없다. 그도 인정한다. "누구나 쉽게 받아들일 수 있는 개념은 아니다."[8] 그런데도 그는 "잔인한 자비"라는 단어로 하나님의 자비를 설명한다. 그것은 분명 "몸서리처지는 신비"임에도 불구하고 말이다.

베너컨 부부의 사랑 이야기는 더없이 아름답고, 아름다운 만큼 애절하고 애잔하다. 그들은 신자가 되기 전 영원한 사랑을 기약하고, 어떠한 것으로도 침범받지 않는 견고한 빛의 성채를 꿈꾸었다. 그들은 특히 C. S. 루이스의 도움으로 회심한 이후에도 그 사랑을 방어하는 데 애를 쓴다. 서로의 사랑을 영구히 지켜내고자 심지어 자녀도 낳지 않는다. 하나님은 그들의 사랑이 이웃과의 나눔과 공유라는 참 사랑을 망각하고, 그 자체로 목적이 되는 이기적인 욕망으로 치닫는 것을 보고 아내를 데려가셨다는 것이 베너컨의 진단이다.

아내와의 사별은 하나님을 고려하지 않는 사랑, 이웃을 배려하지 않는 사랑에 대한 심판이었던 것이다. 이는 참으로 잔인하다. 그러나 동시에 그로 말미암아 유한한 시간 속에서의 사랑이 아니라 영원한 하나님 안에서의 사랑으로 승화되었다. 이것이 자비다. 결국 그는 C. S. 루이스가 보낸 편지에서 언급했던 "잔인한 자비"를 받아들인다. 하나님은 그들의 잘못된 사랑은 깨트리셨지만, 사랑을 완성하셨다. 하나님의 진노로 말미암아 우리 안의 욕망이 정화되어 그분 안에서 온전히 보존되고 성취된다면, 그것은 모질기는 하지만 진노가 아니라 자비다.

하나님의 고통이 우리의 고통을 구원한다

성경의 하나님은 때로는 우스꽝스럽다. 그중 하나가 하나님이 후회한다는 사실이다. "구약성경에서는 인간의 후회보다 하나님의 후회가 열 배나 더 자주 등장"한다는 점이 특이하다.[9] 후회하지 않는다는 구절과 후회한다는 주장 사이의 논리적 모순도 이상한 데다가, 하나님이 사람보다 더 자주 후회한다니, 만일 그렇다면 하나님은 변덕스럽다는 뜻인가?

구약에서 하나님의 후회는 고통의 맥락에서 등장한다. 대표적으로 인간의 타락과 반역, 하나님의 백성들의 배신을 보시고 후회한다. 그러나 그것은 마음의 근심을 동반한다. "땅 위에 사람 지으셨음을 후회하시며 마음 아파하셨다"(창 6:6). 그러니까 하나님의 후회는 하나님의 아픔과 관련되고 구원으로 이어진다. 피조물의 타락에 마음 아파하셨던 분의 대책은 세상의 심판이 아니라 노아와 그 가족을 통한 구원 이야기이다.[10] 세상의 창조를 후회하시는 하나님은 결국 다시는 물로 세상을 심판하지 않으리라는 약속을 하시고, 사울을 선택한 것을 후회하시는 하나님은 다시는 버림받지 않을 새로운 다윗 왕조를 세우신다.

그러므로 우리는 "이 본문에서 야웨의 후회는 고통스러운 슬픔을 동반하였고, 두 본문은 모두 그의 파멸을 거두심과 연결되어 있다"는 것을 주목해야 한다.[11] 하나님께서 뜻을 돌이키시는 것에 고통이 수반되었고, 그것은 구원의 동력이자 동기가 되었다. 만약 하나님이 후회하지 않았다면, 하나님이 어떤 상황에도 미동하지 않고 세상을 움직여 나가는 아리스토텔레스의 하나님과 같은 분이라면, 이스라엘은 결코 살아남지 못했을 것이다. 하나님의 아픔이 우리의 구원이 되었다.

그러기에 일본 신학자 기타모리 가죠는 하나님의 본질을 '아픔'으로 정의한다.[12] 하나님이 피조물로 인해 느껴야 했던 상실과 아픔을 빼놓고 말하는 "하나님의 '본질'은 본질을 잃어버린 본질"이다. 아픔의 하나님, 하나님의 아픔은 싸구려 감상이 아니라 값비싼 희생이다. 당신의 아픔으로 우리 아픔을 싸매시고 치료하셨다. 당신은 하나도 아프지 않으면서 신적인 능력으로, 위에서 아래를 지긋이 내려다보며, 마치 시혜를 베푸는 양 인간을 구원하지 않는다.

하나님의 아픔은 이사야의 고난받는 종의 노래에서 더 정밀해진다. 이 노래는 고난을 조금 다른 차원에서, 그리고 아주 높은 경지로 승화시켜 고난의 전혀 새로운 국면을 열어 준다. 그들이 감내하는 '고난이 곧 구원'이며, '남을 대신하는 고난'이라는 것이다. 그러므로 대속하는 고난이요 대리하는 고난이다.

이사야는 자신들이 당하는 고난을 하나님의 공의의 측면에서 인정하면서도 하나님의 자비의 일환으로 해석한다. 이스라엘 백성이 원한 서린 이방 땅에서, 시온의 노래를 마음껏 부를 수 없는 시련의 계절에, 만방과 열방 가운데서 고난을 통해 제사장 나라로 부름받은 자신의 사명을 발견하기를 원한다. 마침내 고난을 통해 구원이 이루어진다는 진

리를 얻는다. 이사야는 "제사장 나라"와 "거룩한 민족"(출 19:6)을 향해
말한다. 희생제물이 되라! 도살당하는 어린 양 같으나 모든 사람의 죄짐
을 대신 지는 자가 되라!

　이것은 요한계시록의 어린 양 이미지와 맞닿아 있다. 고난을 통한
구원이다. 요한계시록에서 어린 양은 기독론의 핵심 은유다.[13] 전편에
걸쳐 약 30회나 등장한다. 폭력에 입각하여 세상을 다스리는 로마의 통
치와 주권에 대항하고, 그것 너머로 도래하는 하나님 나라의 새로운 질
서는 어린 양의 고난과 희생, 복종에 의해 수립된다. 힘의 과시가 아니
라 충성된 증인들의 고난이 세상을 구원한다. 제국하에서 신음하던 성
도들은 자신들이 당하는 고통의 이유와 의미를 어린 양 예수를 통해 해
석하고 그분을 뒤따르게 된다.

　예수님은 제물을 드리는 사제이자 제물이 된 사제다. 제물을 드리
는 자와 제물이 되는 것 사이의 어떤 구별도 없다. 희생제사의 특징은 누
구를 희생함으로 내가 하나님을 예배하고, 내가 살아가는 방식이다. 내
죄를, 내 잘못을 누군가에게 떠넘기고, 전가하고, 그 대신에 자유와 해방
을 취하는 방정식과 상반된다. 히브리서가 해석하듯, 자신이 제사장이면
서 희생제물이다. 하나님의 후회와 아픔, 고난받는 종과 십자가의 예수
님은 하나같이 고통을 통과한 구원을 말한다. 고난 없이 구원 없다!

　대속적 고난이야말로 기독교 복음의 정수이며, 기독교의 고난 이해
의 본질이다. 예수님의 고난이 속죄라면, 우리에게 어떤 의미가 있을까?
요한 바오로 2세는 그 의미를 두 가지로 정리한다. 타인의 아픔에 참여
하는 자가 되고, 그렇게 함으로써 고난을 통한 그리스도의 구속 사역의
일부가 된다.[14] 무죄한 분이 타인이 져야 할 고난을 대신하고 대리한 것
처럼, 나와 일절 관계 없는 사람의 고난을 함께 지는 것은 그리스도의

일이기 때문이다. 주님이 우리더러 나를 따르라고 했을 때, 십자가를 지라고 하셨을 때의 그것은 예수님처럼 남의 잘못과 아픔을 대신하라는 말에 다름 아니다.

이것은 함석헌 선생이 우리의 역사를 뜻으로 풀이한 결론과도 일치한다. 모든 사람은 필경 고난을 받고, 그 고난에는 반드시 뜻이 있다. 우리나라의 지정학 위치로부터 해서 역사를 훑어내면서 그토록 심한 가난과 많은 고난을 겪은 뜻을 알아야 한다. 그것은 고난에 담긴 하나님의 섭리와 사명의 발견이다. 그 사명은 바로 폭력과 불의의 역사의 값을 지는 자가 되는 것이다.[15] 선생은 이것을 다름 아닌 예수님에게서 보았다. 예수께서 당한 고난의 의미를 우리 역사 해석의 단초와 알짬으로 삼았던 것이다. 자신을 구원하는 차원으로 고난을 승화시키고, 자신의 고난이 다른 사람들을 구원하는 고통의 경지에 이르게 하는 것이다.

바울은 고난을 기뻐했다(골 1:24). 그것은 피학적 취향이 아니라 자신의 고난을 그리스도의 고난의 관점으로 파악했기 때문이다. 이를테면, 그의 고난은 그리스도의 고난으로의 참여인 동시에 그리스도의 구원의 증언이다. 그래서 기뻐하는 것이다. 자기가 왜 고난당하는지 알고, 자신이 겪는 고난이 그리스도의 경지에 이르니 어찌 아니 기뻐하겠는가?

우리의 고통이 이웃의 고통을 구원한다

대표적으로, 마틴 루터 킹 목사가 대속적 고난을 살아냈다. 그는 맬컴 엑스Malcolm X와 견주어 볼 때 상당히 유복한 환경에서 자랐다.[16] 타고난 건강 체질이었고 "강인하고 열정적인 성격의 아버지에게서는 불의에 굴하지 않는 단호한 결단력을 물려받고, 부드럽고 상냥한 어머니에게서

는 온화한 품성을 물려받"았다.[17] 인종차별이라는 치욕스런 환경에서도
그의 부모는 백인을 미워해서는 안 되며 "백인을 사랑하는 것이 기독교
인의 의무라고 가르치"기까지 했다. 그렇다고 그의 부모가 부당한 백인
들의 차별에 비굴하게 굴지도 않았다. 가정 안에서 이미 비폭력주의의
싹이 자라고 있었던 것이다.

　나는 킹을 예수와 간디에게서 비폭력을 배운 평화 사상가요 실천
가로 알았다. 이면에 고통에 대한 남다른 사상이 자리한다는 것은 미처
몰랐다. 킹에 따르면, 비폭력 철학의 특별한 점은 "비폭력 운동의 중심
사상이 되는 고통이 가장 창의적이고 강력한 사회적 힘이 될 수 있다는
것이다. 고통은 자체에 어떤 도덕적 속성을 포함하지만 강력하고도 창
의적인 힘이 될 수 있다."[18] 그것은 바로 흑인들이 겪는 고난 속에 구원
이 있다는 것이다.

　그는 흑인 민권운동을 펼치는 가운데 엄청난 고통을 겪었다. 감옥
을 제집 드나들듯 했고, 그의 집은 두 번이나 폭파되었으며, 가족마저도
생명의 위협을 받아야 했다. 몇 번의 테러 속에서 용케 버틴 그도 끝내
암살로 생명을 마쳐야 했다. 그럴 때마다 그는 스스로에게 묻곤 했다.
"어떻게 이 불리한 조건을 유익으로 변형시킬 수 있을까? 어떻게 스페
인에 가지도 못하고 이 좁은 로마의 감옥에서 당하는 수치를 구속적인
고통으로 바꿀 수 있을까?"[19]

　킹의 대답은 고통이 자신을 구원할 뿐만 아니라 흑인들의 고통을
백인에 대한 증오와 투쟁의 동력으로 삼지 않았다는 것이다. 자신들이
당하는 고통이 흑인들은 물론이거니와 백인들마저 구원한다고 믿었고,
자신의 고통을 구원의 기회로 활용한다. 내 영혼을 조용히 뒤흔들었던
그의 말을 그대로 인용한다.

나의 개인적인 고난은 또한 내게 값없이 받는 고통의 가치를 가르쳐 주었습니다. 나의 고난이 쌓일 때마다, 나는 내 처지에 응답할 수 있는 두 가지 길이 있다는 것을 곧바로 알게 되었습니다. 그 하나는 고통에 반항하는 것이고, 다른 하나는 그 고통을 창조적인 힘으로 변화시키고자 하는 것입니다.

나는 후자를 택하기로 결심했습니다. 나는 고통의 필요성을 인정하면서 그것을 하나의 미덕으로 만들어 보고자 애를 썼습니다. 고통에서 나 자신을 구하는 유일한 길이 있다면 내 개인적인 시련을, 내 자신을 변화시키고, 지금 비극적인 상황에 처해 있는 사람들을 도와줄 기회로 삼고자 한 것이었습니다.

나는 지난 몇 년 동안 값없이 치른 고통을 구원이라고 확신하며 살아왔습니다. 그러한 희생에는 여전히 장애물이 많다는 것을 말해 주는 사람들도 있었고, 어떤 사람들은 그것을 어리석은 것으로 간주하기도 했습니다. 그러나 나는 그것이 사회와 개인을 구원하기 위한 하나님의 힘이라는 것을 이전보다 더더욱 확신하고 있습니다.[20]

비단 킹 목사만이 아니다. 사실 우리 주변에는 고통으로 성숙하는 사람도 있고, 형편없이 망가지는 이들도 있다. 기독변호사회 총무로 일하는 박종운 변호사가 기독청년아카데미에서 강의한 내용을 소개한다. 그가 외국인 노동자들을 위해 변론하는 과정에서, 오직 선교만을 목적으로 갖고 있던 이들도 그들의 사회적 제약을 보면서 인권에 관심을 갖게 되었고, 반대로 인권에 집중하던 진보적 기독교 단체가 영혼과 내면의 변화를 지향하게 되었다고 한다.

그러면서 진보적 기독교 운동권이었던 어느 목사 이야기를 들려주었다. 그는 동남아의 한 노동자가 받지 못한 체불임금을 찾아 주고, 그가 공장에서 다친 손을 치료해 주고, 보상금도 많이 받아 주고, 무사히 고국으로 돌려보냈다. 그가 한번은 그렇게 돌아간 이들을 방문했는데, 엄청난 충격을 받았다. 그곳에서 그들은 한국에서 당한 그대로 자국의 노동자들을 대하더란다. 그것도 몇 배로 가혹하게. 그래서 '아, 영혼이 구원받지 못하고 내면이 변하지 않으면 말짱 도루묵이구나'라고 깨닫고, 예전과 달리 복음 전하는 일에도 힘을 쏟게 되었다고 한다.

　　이는 수용소에서 나와 자유의 몸이 된 사람들이 억압하는 쪽이 되고 폭력과 불의를 자행하는 가해자가 되었다는 이야기와 비슷한 사례다. 자신이 당한 고통은 타인에게 고통을 전가해도 된다는 허가서가 아니며, 현재의 불의를 정당화해 주지도 못한다. 그들은 악한 사람이 아니라, 그냥 평범한 사람이다. 우리 역시 그런 행동을 할 가능성이 있다. 그러므로 "다른 사람이 자신에게 옳지 못한 짓을 했다 하더라도 자기가 그들에게 옳지 못한 짓을 할 권리는 어느 누구에게도 없다는 평범한 진리를 일깨워 주어야" 한다.[21]

슬픔의 강을 어떻게 건너는가

소설가 정찬은 동인문학상을 수상한 단편소설 「슬픔의 노래」에서 폴란드 작곡가 H. M. 구레츠키Gorecki를 통해 묻는다. 인류 역사에 면면히 흐르는 슬픔의 강물을 어떻게 건너 강 건너편의 빛에 도달할 수 있느냐고. 이 작품의 주인공 박운형은 1980년 5월 광주에 투입된 계엄군이었다. 그는 그곳에서 몇 사람을 학살한다. 이후 미국으로 연극을 공부하러 가, 거기서 그로토프스키의 가난한 연극에 매료되어 폴란드로 건너간다. 일체의 장식을 제거한 궁핍하리만치 단순한 무대는 세계의 현실을 반영한다. 이 연극의 정신은 구원은 개인의 속죄라는 것, 구원은 고통을 필요로 하며, 고통 안에서 고통을 넘어서는 것만이 구원에 도달한다는 것이다. 그럴 때 광주의 희생은 한 개인 박운형만이 아니라 민족사를 구원하는 사건이 된다.

저자는 박운형을 통해 슬픔의 강을 건너는 방법을 일러 준다. "강을 건너는 방법은 두 가지가 있지요. 배를 타는 것과 스스로 강이 되는 것. 대부분의 작가들은 배를 타더군요. 작고 가볍고 날렵한 상상의 배를."[22] 작가의 말을 문자적으로 보면 둘 다 슬픔을 통과하는 한 방법일지 모르겠다. 그러나 배를 타고 건너는 것은, 고난이 면제되거나 경감되는 것은 고난의 연대기를 연장시키는 것일 뿐이다.

'슬픔의 강을 어떻게 건너는가' 하는 물음에 대한 답, 곧 '스스로 강이 되어 건넌다'의 기독교적 버전이 헨리 나우웬[Henry Nouwen]의 『상처 입은 치유자』[The Wounded Healer]일 것이다. 치유자는 일차적으로 목회자를 가리키지만, 모든 제자를 말한다. 본시 사역자는 외롭지만, 우리 시대는 전문화되고 분업화되어 삶의 제반 영역의 일부분, 즉 종교적 전문가로 축소되어 더욱 고독하다. 일상의 영역에서 무능하고 외로울 수밖에 없다. 나우웬은 사역자가 늘 겪는 외로움을 제거하거나 당연시하지 않고 그것으로 외로워하는 이들을 이해하고 환대하는 법의 훈련을 강조한다. 이를테면 "고통을 통해 얻은 상처가 다른 사람을 치유하는 원천으로 이용되는 방법을 사역자가 깊이 이해"하는 것이다.[23]

상처 입은 치유자의 요체는 자신의 상처로 타인을 돕는 것이다. 더 나아가 자기의 아픔으로 하나님의 아픔에 참여한다. 성부 하나님은 하나님의 후회로, 성자 하나님은 십자가의 고난으로, 성령 하나님은 우리 속에서 말할 수 없는 탄식으로 우리를 구원하고 돕는다. 그리스도의 고난은 우리의 고난을 요청한다. 어차피 고난 없는 인생이 없다면, 그 불가피한 고난을 그리스도의 대속적 고난의 세계관으로 이해하고, 그 고난에 동참하여 고난의 일부가 될 때에 왜 고난받아야 하는지, 어떻게 진노가 긍휼이 되며 고통이 구원이 될 수 있는지를 알게 된다. 기억해야하겠다. "우리들의 아픔은 하나님의 아픔에 봉사할 때 오히려 제대로 고침을 받는다"는 것을.[24]

17 그날이 오면

하나님이 데만에서 오신다. 거룩하신 분께서 바란 산에서 오신다. (셀라) 하늘은 그의 영광으로 뒤덮이고, 땅에는 찬양 소리가 가득하다. 그에게서 나오는 빛은, 밝기가 햇빛 같다. 두 줄기 불빛이 그의 손에서 뻗어 나온다. 그 불빛 속에 그의 힘이 숨어 있다. 질병을 앞장 세우시고, 전염병을 뒤따라오게 하신다. 그가 멈추시니 땅이 흔들리고, 그가 노려보시니 나라들이 떤다. 언제까지나 버틸 것 같은 산들이 무너지고, 영원히 서 있을 것 같은 언덕들이 주저앉는다. 그의 길만이 영원하다. 내가 보니, 구산의 장막이 환난을 당하고, 미디안 땅의 휘장이 난리를 만났구나. 주님, 강을 보고 분히 여기시는 것입니까? 강을 보고 노를 발하시는 것입니까? 바다를 보고 진노하시는 것입니까? 어찌하여 구원의 병거를 타고 말을 몰아오시는 것입니까? 주님께서 활을 꺼내시고, 살을 메우시며, 힘껏 잡아당기십니다. (셀라) 주님께서 강줄기로 땅을 조각조각 쪼개십니다. 산이 주님을 보고 비틀거립니다. 거센 물이 넘칩니다. 지하수가 소리를 지르며, 높이 치솟습니다. 주님께서 번쩍이는 화살을 당기고, 주님께서 날카로운 창을 내던지시니, 그 빛 때문에 해와 달이 하늘에서 멈추어 섭니다. 주님께서 크게 노하셔서 땅을 주름 잡으시며, 진노하시면서 나라들을 짓밟으십니다. 주님께서 주님의 백성을 구원하시려고 오십니다. 친히 기름 부으신 사람을 구원하시려고 오십니다. 악한 족속의 우두머리를 치십니다. 그를 따르는 자들을 뿌리째 뽑아 버리십니다. (셀라) 그들이 우리를 흩으려고 폭풍처럼 밀려올 때에, 숨어 있는 가엾은 사람을 잡아먹으려고 그들이 입을 벌릴 때에, 주님의 화살이 그 군대의 지휘관을 꿰뚫습니다. 주님께서는 말을 타고 바다를 밟으시고 큰 물결을 휘저으십니다. 하박국 3:3-15

빅터 프랭클이 아우슈비츠 수용소에서 만난 한 동료의 이야기다. 한번은 꿈속에서 어떤 목소리가 소원을 말해 보라고 하기에 그는 전쟁이 언제 끝날지를 물었다. 꿈을 꾼 것은 1945년 2월이고, 프랭클에게 말한 시점은 3월 초입이다. 꿈속의 목소리는 3월 30일에 종전이 될 것이라고 일러 주었다. 하지만 약속의 날이 임박해도 전쟁이 끝날 조짐이 전혀 보이지 않자, 그는 3월 29일 아프기 시작하더니 30일에는 헛소리를 하다가 의식을 잃고, 그만 31일에 운명하고 말았다. "사망의 직접 요인은 발진티푸스"이지만, 프랭클의 진단은 다르다.

> 내 친구의 죽음을 초래했던 결정적인 요인은 기대했던 해방의 날이 오지 않았다는 데에 있었다. 그래서 그는 몹시 절망했으며, 잠재해 있던 발진티푸스균에 대항하던 그의 저항력이 갑자기 떨어진 것이다. 미래에 대한 그의 믿음과 살고자 하는 의지는 마비되었고, 그의 몸은 병마의 희생양이 되었다.[1]

미래는 아직 오지 않았다. 현재는 이미 겪고 있는 어떤 것이다. 고통스러운 현실을 견뎌내는 힘은 아직 오지 않은 내일이다. 그 내일이 오늘과 다르지 않다면, 더는 살 이유가 없다. 미래에 대한 기대와 살아야 할 이유가 있다면, 어떤 상황도 견딜 수 있다.

같은 수용소의 주치의도 프랭클의 결론에 동의한다. 1944년 성탄절로부터 1945년 새해에 이르는 일주일 동안 사망률이 급격히 증가했다. 수용소 사정이 그 사이에 급격히 나빠진 것은 아니다. "대부분의 수감자들이 성탄절에는 집에 갈 수 있을 것이라는 막연한 희망을 품고 있"다가 졸지에 기대가 무너지자 용기를 잃는다. 끝내 절망감에 사로잡혀 그동안 버텨낸 힘마저 잃고 그대로 주저앉아 버린 것이다. 미래에 대한 믿음의 상실이 죽음을 부른다면, 미래에 대한 희망이야말로 고난을 이기는 힘이다.

판도라의 상자

제우스는 신의 영역이자 권한인 불을 훔쳐다가 인간에게 준 프로메테우스에게 진노한다. 그래서 인간을 벌하기 위해 대장장이 신인 헤파이스토스를 시켜 흙으로 최초의 여성인 판도라를 만들어 인간 세상으로 내보낸다. 신들은 그녀에게 온갖 선물을 안긴다. 아프로디테는 아름다움을, 헤르메스는 말을 잘 하는 설득력을, 아폴론은 음악을 주었다. 그때 제우스는 온갖 죄악과 재앙이 담긴 상자를 건넨다. 절대로 열지 말라는 주문과 함께. 그러나 여인은 호기심을 못 이겨 상자를 열었고, 인류를 불행하게 하는 온갖 것들이 쏟아져 나왔다. 얼른 뚜껑을 닫았지만 이미 늦었다. 그 상자 안에 단 하나, '희망'만 남게 되었다.

이 신화가 함축하는 바는 양면적이다. 갖가지 불의와 불행이 난무하는 가운데 판도라의 상자에 갇힌 희망은 현실에 무력하다고 볼 수도 있고, 반대로 상자 속이기는 하지만 희망이 순전히 보존되어 있기에 희망을 말할 수도 있다. 어느 쪽으로 해석하건, 희망이 남아 있다는 것은 변함없다. 그렇다면 희망이 남아 있는 한, 삶은 재난과 재앙에도 파괴되지 않고 살아남는다. 희망이야말로 최종적이고 궁극적인 말이다. 어둠이 빛을 이길 수 없고 밤이 새벽을 막을 수 없듯이, 희망은 절망을 거뜬히 이긴다.

하지만 그리스도인으로서 희망의 근거와 이유는 무엇일까? 무작정 희망이 있어야 하고, 고난을 이기게 하는 힘이 거기에 있다고만 말한다면, 신앙이 성공학이나 자기계발과 무엇이 다를까? 희망은 신앙에 근거한다. 위르겐 몰트만은 신앙과 희망의 상관관계를 이렇게 말한다.

신앙은 먼저 오지만^{prius}, 희망은 우월하다^{primat}. 만약 신앙을 통한 그리스도 인식이 없다면, 희망은 허공에 떠 있는 유토피아적 희망이 되고 만다. 하지만 만약 희망이 없다면, 신앙은 무너지게 되고 작은 신앙이 되며, 결국에는 죽은 신앙이 되고 만다. 신앙을 통해 인간은 참된 생활의 발자취를 따르게 된다. 하지만 오직 희망만이 그로 하여금 이 발자취 위에 머무르게 한다.[2]

신앙은 곧 희망이다. 어떤 이들에게는 신앙과 희망이 산뜻하게 분리될지라도, 십자가와 부활의 지평에서 둘은 하나다. 신앙의 희망, 희망의 신앙만이 고난 너머의 세계를 엿보고, 현재의 고단한 삶과 투쟁하고 승리를 거머쥐게 하는 원동력이다. 그래서 종말에 관한 희망은 신학과 신앙의 부록이 아니라 시작이다. 자, 이제 판도라의 상자가 아니라 빈 무덤을 열어야 한다. 아니 열린 빈 무덤에서 희망의 부활을 확인해야 하겠다.

비극 속에서의 낙관

하박국의 희망은 부활의 희망처럼 십자가를 거친 것이다. 하박국의 유명한 노래(합 3:16-19)를 읽기 전에 우리는 조금 까다로운 본문(합 3:3-15)을 통과해야만 한다. 그 본문의 요점은 하나님의 역사적 현현이다. 땅이 진동하고, 산이 흔들리고, 강물이 넘치고, 바다가 소리를 지른다. 구약에서의 전형적인 하나님의 임재에 대한 묘사다. 시내 산에서 모세를 만나실 때, 그리고 엘리야를 만나실 때, 지진과 연기, 불, 구름 등은 하나님이 그곳에 계시다는 외적 표현이다. 이는 "하나님 자신을 직접적으로 경험한 것을 감정적으로 표현하기 위해 자연계에서 일어난 아주 무시무시한 현상들로부터 자유롭게 그리고 시적으로 끄집어낸 이미지

를 조화시"킨 것이다.[3]

그렇다고 상상력으로 꾸며낸 신화는 아니다. 과거의 역사적 사건들에 기초한다. 13절에서 15절은 출애굽과 홍해 사건을, 3절의 데만과 바란은 광야에서 하나님이 이스라엘을 축복하셨던 곳이다(신 33:2). 그리고 7절의 구산은 옷니엘이 물리친 메소포타미아 왕 구산 리사다임을 연상시키며, 미디안은 기드온과 연결된다. 역사적으로 하나님은 이스라엘을 애굽에서 구하고, 광야를 안전하게 지키고, 약속의 땅에서도 보호하시는 분이다. 그 이야기에 근거해서 지금도 하나님은 이스라엘을 구원하실 것이라는 소망을 품게 된다.

하박국의 희망의 근원은 그 출처가 과거이지만, 동력은 미래에서 온다. 과거에 기반을 두지만, 그저 과거사로 끝나지 않고 또다시 그리하실 것이라는 미래에 대한 확신, 하나님이 당신의 고통받는 백성을 구하기 위해, 고통을 가하는 자들을 심판하기 위해 다시 오실 것이라는 믿음은 희망을 뿜어낸다. 이것을 3절 "하늘은 그의 영광으로 뒤덮이고, 땅에는 찬양소리가 가득하다"에서 볼 수 있고, 2장 14절 "바다에 물이 가득하듯이, 주의 영광을 아는 지식이 땅 위에 가득할 것이다"에서도 볼 수 있다. 이 본문의 요지는 과거에 이스라엘을 구원하셨던 하나님에 있다. 구원의 하나님을 단지 과거의 한 페이지를 장식하는 존재로 생각하거나, 박물관 후미진 구석 자리나 차지하는 화석에 견주어서는 안 된다. 하나님은 살아 계시며, 또한 살아 있는 자의 하나님이다.

그러기에 하박국은 절망의 나락에서 시작하여 기다림의 성루와 침묵의 성전을 지나 찬양의 정상에 우뚝 선다. 예전에 당신의 백성을 구원하셨던 하나님이 앞으로도 그리하실 것임을 믿는 믿음이 없다면 노래할 수 없다. 이 구절은 문학적 아름다움과 함께 신앙의 본질과 정수를 담은 시요 노래다. 하지만 우리를 당혹스럽게 하기도 한다. "성경에서 바로 이 말처럼 나를 당혹하게 만드는, 조롱하는 것처럼 보이는 구절은 찾아보기 힘들다.······누가 감히 이 말을 할 수 있을 것인가?"[4] 찬양한다는 것이 신앙적으로는 아름다워 보일지 몰라도, 고난당하면서 고난을 허용하시는 하나님, 고난 속에서 나를 다듬어 가시는 하나님을 찬양한다는 것은 차마 노래하기 어렵다. 솔직히 말해 가혹하고 잔인하다.

그러기에 역설적으로 믿음이 무엇인지를 잘 드러낸다. 의인은 믿음으로 산다고 했다. 믿음으로 산다는 것은 '그럼에도 불구하고'와 '신실함'이다. 이 둘은 서로 연결된다. 다니엘의 친구들처럼 하박국은 하나님의 구원을 의심치 않는다. 설령 하나님이 그리 아니하실지라도 그는 하나님 신앙을 결코 철회하지 않는다. 욥은 어떠한 상황에도—하나님이 주실 때도, 거두어 가실 때도—순전하게 감사했다. 하나님이 복을 주셔서 감사했다면, 혹 화를 주시더라도 받아야 한다는 것이다.

여기서 욥과 다윗을 견주어 보면 하박국이 말한바 믿음의 실체를 좀 더 소상히 알 수 있다. 욥은 마침내 하나님을 만나자, 자신이 잘 헤아리지도 못하면서 무지한 말로 하나님의 이치를 두고 지껄였다고 고백하고는 침묵을 선언한다(욥 42:2-6). 이 점은 성전에서 하박국이 침묵하는 것과 대동소이하다. "나 주가 거룩한 성전에 있다. 온 땅은 내 앞에서 잠잠하여라"(합 2:20). 여기서 "잠잠하라"는 말은 "쉿!"과 같은 감탄사다.[5] 두 사람 모두 하나님의 주권과 통치가 살아 있으며 미치지 않는 곳이 없다는 것을 깨닫자 침묵하는 것이다.

그러나 하박국의 침묵은 다른 무엇과 연결되어 있다. 그의 침묵은 무언가를 준비한다. 고요한 침묵이 벅찬 노래를 불러들인다. 이제 하박국은 침묵에서 멈추지 않고 하나님을 노래한다. 하나님이 자기 눈앞에서 악한 자를 심판하고 의인을 신원하는 것을 직접 목격하지 못할지라도, 그리고 하나님이 그리 아니하실지라도 찬양을 멈추지 않겠다는 것이다. 하나님 앞에서 바른 자세는 저항과 기다림과 침묵을 지나 결국 노래하는 것이다. 그리하여 산헤드린 공의회 앞에서 예수님의 주 되심과 부활에 대해 침묵할 것을 강요받던 사도들의 고백에 이르게 된다. "우리는 보고 들은 것을 말하지 않을 수 없습니다"(행 4:20).

하박국의 노래는 다윗의 시를 반향한다(시 18:31-35). "하나님께서는 나의 발을 암사슴의 발처럼 빠르게 만드시고, 나를 높은 곳에 안전하게 세워 주신다"(시 18:33). 이 노래는 표제에서 보듯이, 다윗이 모든 원수들로부터 승리한 연후에 부른 것이다. 하지만 하박국은 아직 승리를 경험하지 못했다. 믿음의 눈으로야 확실하지만 역사적 현실로 보건대 승리는 묘연하고 요원하다. 승리를 장담할 처지가 아니다. 그런데도 하박국은 하나님이 그렇게 하실 것이라고 선언한다. 다윗은 이미 얻은 승리를 노래하지만, 하박국은 아직 오지도 않은 승리로 인해 다윗처럼 찬양한다.

나는 여기서 세 가지 결론을 얻는다. 첫째, 하박국은 고통의 현장에서 하나님의 임재를 인격적으로 경험한다. 인격적 만남이란 곧 인격체를 전제한다. 존재가 대답이다. 둘째, 종말론적 승리의 확신이다. 신자는 비록 눈앞의 현실이 팍팍하고 비루해도 결국 이길 것을 믿는다. 마지막으로, 노래한다. 체념하지 않는다. 노래로 그날을 미리 살고, 노래로 그날을 앞당긴다. 각기 과거와 미래, 현재라는 시간의 세 차원을 아우른다. 비극 속에서 낙관하는 것은 과거에 하나님이 역사하셨고, 미래에 있을 하나님의 승리를 기대하기 때문이며, 그러기에 현재는 하나님의 은총을 노래한다.

존재가 대답이다

욥기 전체를 두어 차례 설교한 적이 있다. 대략 윤곽을 잡고 매주 읽어 나가면서 묵상하고 연구하고 정리하여 설교했는데, 준비하는 나 자신이 너무 즐거웠다. 난해한 욥기를 얼추 이해하게 되었고, 욥의 고난을 둘러 싸고 욥과 친구들의 논쟁이 강도를 더하면서 불을 뿜는 모습이 흥미진 진하고 가히 말씀의 향연이라 할 만했다. 마지막을 향해 달려가면서 설 교자도 청중도 결말에는 정말 화끈한 무언가가 있을 것이라고 잔뜩 기 대했다. 이는 비단 욥기라는 텍스트만이 아니라 우리의 삶의 콘텍스트 에서도 고난에 관한 절절한 물음에 대한 절실한 해답을 바라는 바이기 때문일 것이다.

하지만 결론은 황당했다. 욥기 38장에서 42장에 이르는 결말부에 서 폭풍 가운데 등장한 하나님의 대답은 그리 새로운 것이 없었다. 가늠 할 수 없는 하나님의 주권과 통치의 신비와 깊이를 죽 나열한다. 인간 의 지혜로 종잡을 수 없는 것들, 예컨대, 타조·악어·말 같은 동물의 왕 국에서, 별·구름·안개 같은 천문과 기후 등에 관해서도 제대로 모르는 하잘것없는 피조물이 감히 하나님의 섭리와 경륜에 대해 왈가왈부한다 는 것이 도대체 말이 되는 것이냐는 힐문이다. 이 말에 욥은 간단히 승 복한다.

'이것이 대체 무엇이란 말인가?' 허탈했다. 기껏 인간들이 이치를 캐묻고 치열한 논쟁을 벌였는데, 정작 하나님이 나타나셔서 '너희들 뭐 아냐?' 그리고 '너희들 뭐 하냐?'라는 한마디에 모두 입을 다물고 사태 에 종지부를 찍으니, 싱겁기도 하고 생뚱맞기도 하다. 하나님이 욥의 물 음에 대답하셨다는 것이 대답이다. 그리고 그분이 세상만사 알아서 다

다스리신다는 것이다. '이럴 거면 애초에 시작을 하지 말든가, 뭔가를 내놓아야지, 장난하는 것도 아니고 이게 뭐야' 하는 생각에 참 어이가 없었다. 그 속에 담긴 보석 같은 진리들, 즉 물음 속에 담긴 아이러니, 인간 이성을 넘어서는 하나님의 자유, 기이한 하나님의 통치 방식을 얼추 머리로는 이해했지만 몸과 마음으로 깨치지 못한 탓이다.

하박국의 대답도 마찬가지다. 과거 하나님의 역사적 현현을 회고하는 것, 다시 말해 하나님이 과거에 그러했듯이 역사의 주관자요 주권자인 그분의 나타나심이 대답이라는 점에서 욥기와 하등 다를 바 없다. 그에게도 하나님은 쉽사리 전모를 파악할 수 없는 오리무중의 하나님이자, 역사의 한복판으로 하늘을 가르며 오셔서 행동하시는 하나님이다. 그 앞에 선 인간은 실로 미미하고 나약하기 짝이 없다. 그래서 하나님은 하늘에 있고 인간은 땅 위에 있다는 단순한 사실 앞에서(전 5:2), 그저 욥처럼 무지한 입을 함부로 놀린 것을 탓하거나 아니면 하박국처럼 경이로운 노래를 부르게 된다.

하박국서에서의 하나님의 현현과 욥기에서의 하나님의 대답이 정말 고난에 관한 진정한 대답이라는 것을 깨닫게 해준 사건이 있다. 우리 교회에 열여덟 살에 아들을 낳은 자매가 한 명 있었다. 공부도 제대로 하지 않고 가출도 자주 하던 그녀는 중국집에서 아르바이트를 하던 중 주방장과 눈이 맞아 아이를 갖게 되었다. 처음 배가 불러서 교회에 나온 자매의 몰골은 말이 아니었다. 나는 큐티를 하도록 가르쳤고, 교우들도 잘 돌봐 주었다. 시간이 흐르면서 자매에게 변화가 나타났다. 성경을 읽고 묵상하고 나누는 모습이 보통이 아니고, 교회 도서관의 책도 빌려 부지런히 읽는다. "자매님은 그렇게 똑똑한데 왜 공부를 안 했어요?"라고 할 만큼 총명했다.

여담이지만, 나는 예수 믿으면 똑똑해진다는 확신을 갖고 있다. 사람이 사람의 말귀를 알아듣는 것도 어려운데, 훈련받은 개나 돌고래가 말을 알아듣는 것을 보면 기특하고 신기하다. 하물며 피조물인 우리 인간이 창조주의 말씀을 알아듣는다는 것, 즉 성경에서 그분이 하신 말씀을 이해하고 자신에게 적용할 수 있다면, 그는 정말이지 똑똑하다 해야 하지 않을까? 실제로 그 자매가 그랬다. 내가 검정고시를 통해 대학에 가라고 격려했더니, 시험에 무난히 합격하고 대학은 형편을 보고 차차 준비하기로 했다. 고생하며 자라서 남의 마음도 헤아릴 줄 아는 착하고 영특한 자매였다.

하지만 아들을 낳고 5년이 훌쩍 지나기까지 자매는 남편의 술주정과 폭력에 계속 시달렸고, 재정 관리는 엉망이었다. 시퍼렇게 멍이 든 모습을 감추려고 교회에 오지 못한 것이 여러 번이다. 남편 또한 어려서부터 말 못할 상처를 많이 받았으니 그도 가여운 희생자다. 큐티 나눔 때 남편 이야기를 하면 입이 벌어져 다물어지지 않는다. 그래도 남편 전도하려고 기도했고 사랑하려고 무던히 애를 썼지만, 결국 견디지 못해 아이마저 남기고 훌쩍 떠나 버렸다. 아이와 어미를 생각하면 가슴이 미어진다. 어미는 마치 친동생처럼, 아이는 내 아이처럼 우리 부부가 사랑했기에 더욱 그러하다.

그 당시 다섯 살 된 아이가 한동안 엄마를 찾더니 잠잠하다. 말은 하지 않지만, 아빠에게 그리고 무엇보다도 엄마를 만나면 할 말이 꽤 많을 것이다. "왜 아빠는 엄마를 그렇게 못살게 굴었어? 왜 엄마는 나를 버리고 갔어?" 이런 원망에 찬 물음이 아니라면 그렁그렁한 눈으로 이렇게 말할지도 모르겠다. "엄마, 왜 빨리 안 와요? 엄마, 너무 보고 싶어요!" 어쩌면 떠나간 엄마가 미워서 아무 말도 안 하거나, 마음과 달리 독하게 돌아설는지도 모르겠다.

　　그렇지만 아이의 모든 물음과 삶에 대한 해답은 '엄마'다. 아이는 엄마에게 질문을 하는 것도, 대답을 원하는 것도 아니다. 엄마가 보고 싶었고, 다시 떠나지 말고 서로 사랑하며 살자는 애원이다. 아이에게 왜 엄마가 그렇게 할 수 밖에 없었는지를 납득시키기 위해 말해야 한다면, 그것은 아마 돌아오지 않겠다는 뜻일 것이다. 엄마와의 만남과 재회가 답이라는 말은 싱겁지도, 헐렁하지도 않다. 그 상황에서 무언가 강력한 어떤 것을 찾는다면, 자극적인 현대 문화에 중독된 탓일 게다. 아이의 모든 물음의 출발점과 해결책은 바로 엄마다.

　　신앙의 핵심 물음과 대답은 존재에 있다. "무엇이 존재하느냐"에 못지않게 절박한 문제는 "어떤 존재이냐"이다. 우리는 그 어떤 존재를 예수 그리스도라고 믿는다. 스탠리 존스는 '모든 종교는 똑같다'고 우리를 설득하려고 한다면 우리는 결코 설득당하지 않을 것이라고 말한다. "왜냐하면 우리는 예수 그리스도 안에 유일한 무언가가 있다고 믿기 때문이다. 그 유일한 것은 다름 아닌 그분의 인격 자체."[6] 예수 그리스도라는 한 존재로 인해 하나님의 계시는 유일회적인 것이 된다. 다른 이름은 없다. 어떤 도전과 위기가 닥쳐도 유일한 해법은 한 존재, 한 인격체 예수 그리스도다. 고난에 관한 온갖 물음들에 대한 대답은 주님 한분뿐이다. 고난에 관한 백 가지 물음에 한 가지 대답이 있을 뿐이다. 하나님이 정답이다.

우리 승리하리라

대학 시절 많이 불렀던 노래다.

우리 승리하리라
우리 승리하리라
우리 승리하리라 그날에
오, 참 맘으로 나는 믿네
우리 승리하리라

이 노래가 우리말로 번역되면서 빠진 후렴구가 있는데, 직역하자면 이렇다. "나는 내 맘 깊숙한 곳에서 믿는다, 우리가 머지않아 승리할 것을." 노예해방 선언이 있은 지 백 년이 다 되었건만 여전히 차별의 장벽에 신음하는 현실 앞에서도, 도무지 악한 현실이 개선될 희망의 여지조차 보이지 않는 와중에도, 승리의 날을 노래하는 강한 낙관과 변혁에의 열망을 읽을 수 있는 노래다.

이처럼 희망할 수 없는 처지에서도 희망한다는 모순이 바로 희망의 본질이다. 바울은 반문한다. "우리는 이 소망으로 구원을 얻었습니다. 눈에 보이는 소망은 소망이 아닙니다. 보이는 것을 누가 바라겠습니까?"(롬 8:24) 승리를 낙관할 수 없을 때, 그리하여 희망한다는 것이 스스로에게 쓴웃음이 되고 타인에게는 비웃음이 될 때, 희망의 힘과 실체가 드러난다.

고난의 문제는 나무가 아니라 숲을 보는 것에 가깝다. 나무 하나하나가 모여 숲을 이루지만, 나무 하나로 전체 숲이 만들어지지는 않는다. 전체와 부분은 상호작용하지만, 전체는 부분의 합 이상이다. 고난은 그리스도인의 전체 믿음 이야기의 일부다. "고난이 마지막 이야기가 아니라 머잖아 선하게 반전될 더 큰 이야기의 한 부분임을 깨닫는 것이다."[7] 이 '마지막 이야기'를 기독교 신학은 종말론이라고 부른다. 희망에 관한 이야기다. 우리는 이 종말의 지평에서 온전히 고난의 실체에 다가갈 수 있다.

존 힉은 고난의 종말론적 차원과 의미를 창조신학에 근거하여 새로운 이해를 제안했다. 그에 따르면, 세계와 인간은 영적으로나 도덕적으로 미숙한 상태로 창조되었다.[8] 완전한 존재가 아니었기에 고난은 타락의 결과가 아니라 성숙에 이르는 불가피한 과정이다. 이 여정 속에서 하나님의 형상으로 빚어진다. 우리가 하나님의 형상이라는 것은 이미 완성된 것이라기보다는 완성되어 감을 의미한다.

이 영적·도덕적 성숙에 도달하는 여정에 불가피하게 고통이 수반된다. 따라서 고통은 난데없이 끼어든 불청객이 아니라, 우리를 성숙케 하려는 하나님의 필연적 도구다. 이를테면 성장통이라 하겠다. 힉은 자신의 학설을 "영혼 형성"soul making이라 명명했다. 하나님께서 원래 의도했던 영적 상태에 도달하도록 영혼을 연단한다는 것이다. 때로 고통 없는 세계를 상상해 볼 수는 있겠지만, 영혼이 성숙하기 위해서는 결핍이나 위험이 있어야 한다. 예컨대, 용기라는 미덕이 위험한 상황에서만 드러나고 자라나듯이 말이다.

가장 이상적인 모델은 예수 그리스도다. 하나님의 아들로서 완전성을 능히 갖추신 분임에도 불구하고, 그래서 그 어떤 것도 배우거나 연습할 필요가 없는 분임에도 불구하고, 그분은 고통을 통해 완전해지셨다. "하나님께서 많은 자녀를 영광에 이끌어들이실 때에, 그들의 구원의 창시자를 고난으로써 완전하게 하신다는 것은 당연한 일입니다"(히 2:10). 구원을 시작하신 분이 그러하셨듯이, 우리도 그분을 따라 고난으로 영혼이 만들어지고 형성된다.

그러나 단기간에 성숙의 목표에 이르지는 못한다. '성숙에 이르는

여정'이라는 말이 암시하듯이, 궁극적으로 악과 고통의 해결은 아주 오
랜 시간이 걸리며 종말의 날에야 끝날 것이다.

> 우리들은 우리들의 현재의 경험을 바탕으로 악은 실재적으로 악하고 사악
> 하며 치명적이고, 또한 믿음에 근거하여 종국에는 패할 것이고 신의 선한
> 목적을 보좌할 것이라고 말해야만 한다. 미래의 완성이라는 관점에서 볼
> 때 악은 단순히 악으로 남을 것이 아니다. 그 이유는 악은 무한한 선의 창
> 조를 위해 사용될 것이기 때문이다.[9]

무릇 모든 이론이 그러하듯이 여기에도 문제가 없을 수 없다. 과연 역사
가 진보할까? 태초의 순간에서 지금까지 많은 변화가 있었음에도 불구
하고, 퇴보 또는 정체의 시기도 많았다. 지난 세기의 아우슈비츠와 히로
시마, 광주, 세월호는 우리 시대가 고대와도 별반 다르지 않다는 것을,
오히려 더 끔찍한 세대라는 것을 말해 준다. 또한 고통이 영혼의 성숙을
위한 도구라는 점도 마땅치 않다. 우리의 성숙이 아니라 존재 자체를 멸
절시키는 고난을 어떻게 설명할지 참으로 난감하다.

　모든 이론에 한계와 약점이 있지만 배울 점이 있다. 악과 고난이 종
말에 가면 해결된다는 희망과 확신, 세상의 모진 시련과 혹독한 고통
과 사악한 악이 난무하는 중에 그 모든 것을 더해도, 선의 승리와 의인
의 형통함을 능가하지 못한다는 믿음을 배워야 한다. 바로 그 믿음이 불
의한 현실에 타협하지 않고 절망하지 않게 하는 힘이다. 힉은 자신의 책
을 다음과 같은 말로 마친다. "사악함과 고통뿐만이 아니라 거룩함과 행
복이 있는 모든 인간 경험을 수긍할 만한 것으로 만들 만큼 위대한 미래
의 선은 존재하는가? 나는 아마도 그러한 선이 있을 수 있고 또한 있다

고 생각한다."[10] 나도 그리 생각한다. 끝내 선은 승리한다. 우리 승리하
리라, 그날에!

나는 노래하리라

대덕연구단지 안에 소재한 교회에서 사역할 때 일이다. 지역 특성상 교
회 구성원 대다수가 연구원들이었다. 당시 나는 학생부 전도사였다. 교
사 중에 상당히 지적으로 날카롭고 정확한 분이 있었다. 하루는 그가 내
게 물었다. "전도사님, 나는 그게 참 이상했어요." "뭐가요?" "아니, 가진
재물도, 지식도, 건강도 없고, 그렇게 가진 것 하나 없는 사람이 세상에
있나요?." 송명희 시인의 시 「나」에 곡을 붙여 부른 찬양을 두고 한 말이
다. "그런데 작사자가 뇌성마비라는 것을 알고 나니 조금 이해가 되네
요." 그러면서도 어떻게 철저히 가진 것 하나 없는 사람이 있는지, 그러
면서도 어떻게 하나님이 공평하시다고 시를 쓸 수 있는지 여전히 의아
해하는 표정을 읽을 수 있었다.

사실 인생은 공평하지 않다. 불공평하다. 나면서부터 장애인으로,
그것도 의사의 실수로 평생을 장애인으로 살고 있는 이가 하나님이 공
평하다 말하는 것은, 듣는 이에게는 감동일지 모르지만 당사자에게는
신산한 고통 끝에 나온 말이다. 시인은 하나님이 불러 주신 그대로 자신
의 시를 쓴다고 했다. 그런 그녀도 "공평하신 하나님"이라는 대목은 본
인의 말을 빌리면, "너무나 엉뚱하신 말씀에 기가 콱 막혀서 도저히 쓸
수가 없"어서 악다구니에 가까운 소리를 질렀다고 한다. "아니요! 못 쓰
겠어요! 공평해 보이지가 않아요! 내겐 아무것도 없어요!"[11] 하박국도
그랬는지 모른다. "아니요! 못하겠어요! 하나도 즐겁지 않아요! 내겐 아

무엇도 없는데 무엇을 두고 구원의 하나님이란 거죠?"

구약학자들은 하박국의 노래를 17절이 아니라 16절부터를 한 단위로 구분한다. 즉 "무화과나무부"터가 아니라 "그 소리를 듣고 나의 창자가 뒤틀린다"부터 묶는다. 그렇다면 노래하는 그의 입술은 바들바들 떨고 있다. 다리는 후들거려 서 있기도 힘들다. 차가운 현실의 냉기가 뼈에 사무친다. 창자는 배배 꼬이고 뒤틀린다. 파산과 파탄 지경에 이르러서는 노래가 자동적으로 흘러나오지 않는다. 이는 하박국의 노래가 승리를 확정 지은 다음에 신나서 부르는 승전가가 아니라는 말이다. 그러니 그의 노래는 기쁨에 겨운 찬가가 아니라 깊은 슬픔의 애가다.

하박국의 노래에 1장의 의심과 항변, 2장의 기다림과 침묵, 그리고 3장의 기도가 있음을 기억해야 한다. 예컨대, 욥기 42장은 적어도 1장에서 41장까지의 길고 긴 논쟁, 욥의 극렬한 투쟁을 감안하지 않으면 공허한 고백에 지나지 않는다. 욥의 겸손한 수용과 찬양, 그리고 축복을 말하기 위해서 우리는 하나님과 논쟁하고 친구들과 사투를 벌이지 않으면 안 된다. 그 과정을 생략한 욥기 42장, 하박국 3장은 뿌리 없는 나무요, 기초 없는 건물이다.

하박국이 하나님의 뜻에 대한 격렬한 저항에서 시작해서, 하나님의 대답을 기다리고 그분의 임재 안에 침묵하고 끝내 기도하고 노래한다는 사실을 잊어서는 안 된다. 그가 노래하기까지의 과정과 여정을 놓치면 그야말로 경박한 노래가 될 수밖에 없다. 고난 가운데 계시된 하나님의 뜻에 대한 저항에서 수용으로, 수용에서 순종으로 이어지는 고리를 끊어서는 안 된다. 저항과 침묵과 노래는 각각 구별되지만 하박국서 전체 안에서는 하나다.

예기치 못한 고난으로 인해 선한 하나님을 의심하고 항변하는 사

람, 바로 그가 하박국이다. 그런 하나님을 더는 못 믿겠다고 박차고 나
가지 않고 집요하고도 처절하게 그분의 대답을 기다리고 앉아 있는 사
람, 바로 그가 하박국이다. 많은 말로 위로해 주기보다 아픈 자와 함께
있어 주는 사람, 말을 그치고 잠잠히 하나님의 응답을 침묵과 고요 가
운데 기다리는 사람, 바로 그가 하박국이다. 고난의 탈피를 부르짖는 내
소원이 아니라 고난 가운데서 하나님을 증언하기 원하며 하나님의 뜻
을 자기 소원과 의지로 삼는 사람, 바로 그가 하박국이다. 내 눈앞의 현
실을 믿지 않고 눈에 보이지 않는, 손에 잡히지 않는, 그렇지만 분명히
존재해서 도저히 의심할 수 없는 하늘의 소망을 노래하는 사람, 그렇게
목 놓아 노래하다 노래가 된 사람, 바로 그가 하박국이다.

18 닫는 말: 여호와는 나의 힘이시라

> 그 소리를 듣고 나의 창자가 뒤틀린다. 그 소리에 나의 입술이 떨린다. 나의 뼈가 속에서부터 썩어 들어간다. 나의 다리가 후들거린다. 그러나 나는, 우리를 침략한 백성이 재난당할 날을 참고 기다리겠다. 무화과나무에 과일이 없고 포도나무에 열매가 없을지라도, 올리브 나무에서 딸 것이 없고 밭에서 거두어들일 것이 없을지라도, 우리에 양이 없고 외양간에 소가 없을지라도, 나는 주님 안에서 즐거워하련다. 나를 구원하신 하나님 안에서 기뻐하련다. 주 하나님은 나의 힘이시다. 나의 발을 사슴의 발과 같게 하셔서, 산등성이를 마구 치닫게 하신다. 이 노래는 음악 지휘자를 따라서, 수금에 맞추어 부른다. 하박국 3:16-19

본래 이 글은 고난에 대한 세 가지 자세를 역설하면서 마칠 계획이었다. 첫째, 고난은 '문제'다. 여는 말에서 설명했듯이, 고난은 예수님에게도 어려운 시험이요 문제였다. 그래서 C. S. 루이스는 고통이 "문제"라는 뜻으로 책을 쓴 것이다. 앨빈 플랜팅가는 그 자신이 하나님의 존재 증명과 악의 문제에 관한 최상급의 철학자요 뛰어난 저술가임에도 불구하고, 자신을 포함한 우리 그리스도인들이 무지하다는 사실을 인정해야 한다고 말한다.[1] 그렇다고 그는 지성적으로 정직하게 대면하고 대결하기를 기피하지 않는다. 그의 작업을 통해 신앙을 보다 공고히 해줄 것을 기대한다. 어찌되었건 왜 고난이 존재하는가에 대한 인간의 지적 탐구는 결코 멈추지 않을 것이다.

둘째, 고난은 '응답'이다. 제럴드 싯처, 빅터 프랭클, 폴 투르니에의 글들은 고난이 인간에게 불가피하지만, 그래서 내 의지와 상관없는 것이지만, 고난에 어떻게 창조적으로 반응하느냐는 우리 자신의 몫이라고 공통적으로 말한다. 폴 투르니에의 말이다. "고통 그 자체는 창조적인 것이 아니더라도, 고통 없이는 창조적인 사람이 되기 어렵다."[2] 고통이 육체적이라면, 고난은 정신적 의미를 지닐 수 있다. 우리가 겪을 수밖에 없는 아픔은 어떻게 반응하느냐에 따라 새로울 수 있다.

그렇게 창조적 응답을 한 최고의 사례는 우리 주 예수 그리스도다. 인간이 무엄하게도 할 수 있는 모든 악한 일을 하나님의 아들에게 쏟아 부었지만, 그분은 비폭력적 평화의 방법으로 응대하셨다. 신학적으로는 대속의 기회로 삼으셨고, 고통과 관련해서는 십자가의 고통을 부활의 기쁨으로 승화시키셨다. 인간들의 '왜?', '언제?', '어떻게?'라는 멈추지 않는 물음에 말없이 십자가를 지심으로써 우리의 물음에 답하셨다. 그분 자신이 대답이시다. 십자가는 대속적 고난이요, 고통에 대한 하나님의 창조적 반응이다. 그러니 십자가가 대답이다.

셋째, 고난은 '신비'다. 인간이 할 수 있는 한 최선을 다해 악과 고난의 불합리성을 설명할 필요가 있고, 그래야 한다. 그러나 그것은 고난에 관한 한 지극히 일부에 지나지 않는다. 그것이 고난받는 자에게 대답이 되지 못하기 때문이다. "나는 왜 인간이 고통을 받는가에 대한 어떠한 합리적이거나 윤리적인 설명을 할 대안적 이론을 알지 못한다. 그것은 오직 신비일 뿐이다."[3] 오히려 하나님을 만나는 것, 하나님의 임재가 고난에 대한 대답이다.

마틴 로이드 존스Martyn Lloyd-Jones는 하박국에 관한 책의 제목을 '두려움에서 믿음으로'From Fear to Faith라고 했는데, 내가 보기에 워렌 위어스비Warren W. Wiersbe의 책 제목 '염려에서 예배로'From Worry to Worship가 더 마음에 든다.[4] 만약 내가 이 책의 제목을 영어로 한다면 '저항에서 기도로'From Protest to Prayer 혹은 '저항에서 노래로'From Protest to Praise라고 했을 것이다. 여하튼, 고난은 우리가 풀어야 할 문제이자 창조적으로 살아내야 할 현실이며, 하나님을 믿고 예배하며 기도하고 찬양해야 할 신비다.

　그렇다고 앞에서 언급한 문젯거리로서의 측면이 사라지는 것은 아니다. '신비'라는 단어에는 대략 네 가지 뜻이 있다. 문제가 풀리지 않는 것, 철학에서 사용하는 직관, 사랑에 빠지는 것과 같이 인격적인 개입과 참여, 마지막으로 이성과 경험으로 도달할 수 없고 하나님으로부터 우리에게 주어지는 계시다.[5] 신비를 이렇게 볼 때, 신비는 지성을 압살하지 않는다. 신비는 지성을 품는 것이지 내치지 않는다.

　닫는 말을 쓰는 중에 나는 하나님을 경험했다. 그 이야기를 들려주는 것으로 마치고 싶다. 과장과 포장 없이 꾸밈없이 담백하게 써 볼까 한다. 어느 저녁 사소한 일로 아이들을 나무랐고, 그런 나를 보던 아내가 힐문했다. "당신은 왜 설교한 대로 안 사는 거죠?" 별일도 아닌 것을 두고 호통 치던 그 입으로 어떻게 하나님의 사랑을 설교하느냐는 뜻이리라. 설교와 삶의 불일치가 늘 고민인 나로서는 그것을 타인의 목소리를 통해, 그것도 사랑하는 아내를 통해 듣자니 마음이 무척 힘들었다. 가족에게 미안하고, 나 자신에게도 무척 화가 났다.

　그래서 기도원으로 올라갔다. 나 자신이 누구인지, 그리고 내가 왜 이러는지 알고 싶어서 사복음서와 성 아우구스티누스의 『고백록』을 다 읽고 조용히 기도도 하리라 마음먹었다. 아우구스티누스는 반복해서 하나님을 떠나 진리와 사랑을 갈망했던 어리석음과, 하나님 안에서 누리는 안식과 평화, 그 안에서 찾은 진리를 고백한다.[6] 하나님을 말하지만, 정작 내 안에 하나님이 없다는 사실에 마음이 찔린다. 그는 하나님 밖에서 하나님을 찾던 자신의 욕망을 부끄럼 없이 실토하며, 그것이 "육신의 정욕과 안목의 정욕과 이생의 자랑"이라 설명한다(요일 2:16, 개역개정).

　마태복음과 마가복음을 읽는데, "하나님은 죽은 사람의 하나님이 아니라, 살아 있는 사람의 하나님"이라는 구절에 걸린다(마 22:32, 막 12:27). 하나님은 살아 계신다. 그러나 죽어 있는 자에게 산 하나님은 죽은 것과 다를 바 없다. 내가 죽어 있으니 하나님도 내게 죽어 있고, 내가 귀먹으니 그분 말씀이 들리지 않고, 내가 눈먼 장님이니 하나님이 아무 데도 보이지 않는다.

이튿날 오후, 마음도 답답하고 온종일 방 안에 틀어박혀서 성경과 독서에 매진하다 보니 피곤해서 기도원을 나와 주변을 산책했다. 기도원 주변이 무덤에 둘러싸여 있었는데, 어느 문중의 선산이었다. 하나하나 돌아보니 그 무덤이 영락없는 내 모습이다. 살아 있는 사람이 서로 만나 대화를 나누면, 무언가 오고 가는 것이 있다. 의사소통이 되고 영적인 교통이 있다. 상대방의 눈에 눈을 맞추고, 때로 고개를 주억거리기도 하고, 가끔 끼어들기도 하고, 슬며시 웃기도 하고, 박장대소도 하고, 재미없는 얘기면 시큰둥하게 듣기도 한다. 그러나 죽은 자는 말이 없다. 산 자가 어떤 말을 하고 어떤 행동을 한들 응답하지 않는 존재다. 무덤을 보니 안 그래도 죽은 자라는 말씀에 찔렸는데, 더욱 아프다.

한참을 돌다가 주변에서 가장 큰 무덤 위에 쪼그리고 앉았다. 앞의 비석을 대충 읽어 보니 그 집안의 최고 어른의 것인 듯하다. 비석에는 조상들 행적뿐 아니라 그분, 그리고 비석을 세운 분이 어떤 일을 했는지 소상히 적혀 있다. 하지만 죽은 자와 그것이 무슨 상관인가? 아무리 무덤을 화려하게 꾸미고, 큰 비석을 세우고, 아름다운 꽃을 심어 둔들 죽은 자가 알 턱이 없다. 산 자를 위한 것이요, 내 영혼의 복사본이다. 내가 나 자신에게 덕지덕지 붙여 놓은 레테르들이 허망하기 그지없다.

하나님에 대한 갈망과 가련한 내 영혼으로 인해 비통해서 잠시 울었다. 무덤 위에 앉아 앞을 보니, 소나무 숲 사이로 기도원 십자가가 햇

빛을 받아 반짝거린다. 사진 찍듯이 기막히게 내 영혼을 묘사하는 장면
이다. 살아 계신 십자가의 하나님은 햇빛을 받아 찬란하게 빛나고, 죽은
자는 무덤 속에 쓸쓸히 누워 있고, 그 위에 쪼그려 앉은 나는 죽은 자와
다름없는 영적 상태로 산 하나님을 찾느라 울고 있다. 죽어서 사신 하나
님 아들 예수님은 하나님 우편에 앉아 계시지만, 자아가 죽지 않고 활어
처럼 펄펄 살아 날뛰는 나는 죽어 있다.

그때 등 뒤에서 바스락거리는 소리가 들렸다. 깜짝 놀라 돌아보니,
사슴 한 마리가 언덕 너머로 깡충거리며 뛰어 넘어간다. 나와 눈이 마주
쳤다. 놀라 겁을 집어먹은 크고 맑은 눈망울이었다. 기도원 측에 물어보
니, 그것은 사슴이 아니라 노루란다. 그러면서 되묻는다. 보기 쉽지 않
은데 어떻게 노루를 보았냐고. 그래도 내 믿음의 눈에 그것은 사슴이다.
왜냐하면 기도원에 오기 전날, 이 책의 마지막 장을 완성하고 왔기 때문
이다. 하나님은 하박국을 사슴처럼 정상에 올라서게 하신다고 하셨던
그 말씀 말이다. 그러니 내 눈에 사슴으로 보인 것이 당연하다.

하나님은, 무화과나무가 무성하지 못한 현실이 되더라도 하나님 한
분만으로 만족할 수 있는지, 어떤 상황에서도 하나님을 노래하는 자가
될 수 있는지를, 그 사슴을 통해 내게 물으셨다. 현실에 얽매이고 상황
에 종속되어서 조금 넉넉하면 기뻐하고, 모자라면 어깨가 축 처지는 죽
은 자의 신앙을 내려놓으라고 명령하신다. 그러면서 "내가 너를, 저 험
한 산등성이도 힘들지 않게 가뿐히 뛰어다니는 저 사슴처럼 강하게 해
주리라, 높은 정상에 세워 주리라" 약속하셨다.

지금도 내 눈에 선명한 그날의 그 순간은, 내게는 하나님을 만난 몇
안 되는 일대 사건이다. 햇빛을 반사하여 반짝이는 십자가, 아무 말 없
이 누워 있는 무덤과 그 위에 죽은 자와 다름없는 내 영혼, 그런 내 등

뒤로 바스락거리는 소리와 함께 순식간에 작은 언덕 너머로 날듯이 뛰어다니는 사슴 한 마리. 고난에 대한 하나님의 최종적인 대답은 하나님 자신이며, 우리가 할 바는 그 하나님을 기뻐하는 것이다. 주 여호와가 나의 힘이기 때문이다. 바울 사도의 고백처럼, 어떤 처지에서도 하나님으로 자족할 수 있는 것은 그분만이 나의 유일한 힘이기 때문이다(빌 4:12). 이것이 욥, 하박국, 우리 주님이 고난을 이기신 원천이며, 고난 속에서 발견한 영적 보물이다. 다른 어떤 것이 아니라 하나님이다.

그때 이후로 내 삶은 아주 서서히 변했다. 내적인 삶과 외적인 삶모두! 적어도 몇 년 동안은 요지부동이었다. 이전과 이후가 그다지 다르지 않았다. 그러나 물밑에서 천천히 움직이던 파도가 마침내 수면 위마저도 뒤흔들듯이, 어느 순간 나는 오름직한 동산 위를 마구 뛰어다니고 있었다. 처음에는 그런 내가 너무 낯설었다. 그건 내가 아니었다. 나는 행복하면 안 되는 것이었다. 그렇게 생각하며 살았다. 복에 겨운 내 모습을 쉽게 받아들이지 못했다.

아직 덜 변했다. 지금도 변하고 있고, 앞으로도 변해 갈 것이다.[7] 그 지긋지긋한 고난을 다시 겪고 싶지 않다. 하지만, 그 고난으로 인해 나는 달라졌다. 이전과는 다른 길을 걷게 되었다. 용서의 하나님을 만났고, 책을 쓰는 작가가 되었고, 가정집 교회를 하면서 로고스서원을 운영한다. 행복해도 이리 행복해도 되는 것인지. 한국교회의 모든 목회자 중에서 내가 가장 행복한 목사일 것이라고 말하곤 한다. 이 모든 것 가운데 고난이 없었다면, 하박국의 하나님이 계시지 않았다면, 그분의 은혜가 아니라면, 단언컨대 나는 없다!

스탠리 존스는 자신의 삶을 노래하는 순례자에 비유한다. 이 순례자는 하릴없이 노래하지 않는다. 이유가 있다.

나는 주님을 '노래할 이유'로 삼는다. 나의 주제가는 예수 그리스도다.……내가 예수 그리스도에 대해 부르는 노래는 캄캄한 어둠 속에서 용기를 북돋우려고 부르는 휘파람이 아니다. 나의 노래는 나의 전부를 다해, 마음을 다하고, 감정을 다하고, 뜻을 다해 부르는 노래다. 나는 달리 어찌할 수 없어서 노래를 부른다. 만일 내가 침묵한다면 돌들—무뚝뚝한 삶의 현실들—이 소리쳤을 것이다.[8]

이제 나에게도 부를 노래가 있다. 노래할 이유가 있다. 노래할 주제가 있다. 바벨론 강가에서 시온을 기억하며 노래하기를 그치고 큰 울음을 울었던 사람들처럼, 나도 한때나마 노래하기를 거부했다(시 137:4). 어찌 노래할 흥이 있었겠는가마는, 지금은 어찌 노래하지 않겠는가. 주님이 새 노래요, 내 노래다.

구약성경의 모든 애가는 시편 88편을 제외하고, 모두 구슬픈 애가에서 밝은 찬양으로 승화된다.[9] 하박국의 노래가 분명 애가이지만, 눈물이 감추어져 있고 감추래야 감출 수 없는 통곡이지만, 끝내 하박국은 어깨춤을 덩실덩실 출 것이다. 그렇게 노래할 것이다. 하박국의 노래! 가짜 소망을 털어 버리고 참 소망 되신 하나님을 노래하는 그 노래가 하박국의 마지막 말이다. 나 역시 노래한다. 나는 나를 지으신 창조주 하나님을 믿음으로 노래한다. 나는 십자가에서 고통받은 하나님을 사랑한다고 노래한다. 나는 부활하신 희망의 하나님을 노래한다. 그리하여 고통은 그분 안에서 노래가 된다.

내 고난이 노래가 되기를!

내 고난이 그분의 노래처럼 되기를!

내 고난이 누군가의 노래가 되기를!

주

01. 여는 말: 인생, 단 하나의 물음

1. 조니 에릭슨 타다, 스티브 에스트, 『한 걸음 더』, 한명우 옮김(서울: 기독교문서선교회, 2002), 12.

2. Douglas John Hall, *God & Human Suffering: An Exercise in the Theology of the Cross*(Minneapolis: Augsburg Publishing House, 1986), 64.

3. 해롤드 쿠쉬너, 『왜 착한 사람에게 나쁜 일이 일어날까』, 김하범 옮김(도서출판 창, 2000), 15.

4. John Hick, *Philosophy of Religion*, 4th, ed(Englewood Cliffs: Prentice-Hall, Inc. 1900), 3. (『종교철학』 동문선)

5. 손봉호, 『고통하는 인간』(서울대학교출판부, 1995), 54.

6. Peter Kreeft, *Making Sense Out of Suffering*(Cincinnati, OH: St. Anthony Messenger Press, 1986), 17.

7. C. S. 루이스, 『고통의 문제』, 이종태 옮김(홍성사, 2002), 33.

8. Terrence W. Tilley, *The Evils of Theodicy*(Washington, D.C.: Georgetown University Press, 1991).

9. 루트비히 비트겐슈타인, 『논리-철학 논고』, 이영철 옮김(천지, 1991), 6.52. (책세상, 2006)

02. 하박국, 그는 누구인가

1. 아브라함 헤셸, 『예언자들』, 이현주 옮김(삼인, 2004), 33

2. 월터 브루그만, 『예언자적 상상력』, 김기철 옮김(복 있는 사람, 2009), 109.

3. 김희보, 『구약 하박국·스바냐 주해』(총신대출판부, 1987), 18.

4. 김희보, "하박국과 그의 시대 그리고 그의 메시지", 『그 말씀』, 147호(2001년 9월), 12.

5. 박동현, 『더딜지라도 기다리라!: 다시 읽는 하박국』(대한기독교서회, 2011), 36.

6. David Prior, *The Message of Joel, Micah & Habakkuk: Listening to the Voice of God*(Leicester, England: IVP, 1998), 203.

7. Arthur C. McGill, *Suffering: A Test of Theological Method*(Philadelphia: The Westminster Press, 1982), 19-21.

8. 쇠렌 키르케고르, 『그리스도교 훈련』, 임춘갑 옮김(종로서적, 1983), 91. (다산글방, 2005)

9. David Prior, *The Message of Joel, Micah & Habakkuk*, 205.

03. 의심하라

1. 알리스터 맥그래스, 『회의에서 확신으로』, 김일우 옮김(IVP, 1993), 25-26.

2. 니콜라스 월터스토프, 『나는 사랑하는 사람을 잃었습니다』, 박혜경 옮김(좋은씨앗, 2003), 113.

3. 루드비히 비트겐슈타인, 『확실성에 관하여』, 이영철 옮김(서광사, 1990), 115. (책세상, 2006)

4. Lesslie Newbigin, *Proper Confidence*(Grand Rapids: Eerdmans, 1995), 25.

5. 폴 틸리히, 『믿음의 역동성』, 최규택 옮김(그루터기하우스, 2005), 57-58.

6. 디트리히 본회퍼, 『나를 따르라』, 허혁 옮김(대한기독교서회, 1965), 61. (대한기독교서회, 2010)

7. 찰스 킴볼, 『종교가 사악해질 때』, 김승욱 옮김(에코리브로, 2005).

8. 스캇 펙, 『아직도 가야 할 길』, 신승철, 이종만 옮김(열음사, 2004), 396-399. (율리시즈, 2011)

9. 한나 아렌트, 『예루살렘의 아이히만: 악의 평범성에 대한 보고서』, 김선욱 옮김(한길사, 2006), 106.

04. 항의하라

1. Peter Kreeft, *Making Sense Out of Suffering*(Cincinnati, OH: St. Anthony Messenger Press, 1986), 12-13.

2. 유진 피터슨, 『주와 함께 달려가리이다』, 홍병룡 옮김(IVP, 2003), 123-24.

3. Douglas Stuart, *Hosea-Jonah* WBC 31(Waco: Word Books Publisher, 1987), 434.

4. 이동원, 『도망가다 얻어맞고 은혜받은 사람 요나』(나침반, 1988), 10.

5. 롤란드 베인톤, 『마르틴 루터의 생애』, 이종태 옮김(생명의말씀사, 1982), 55.

6. 짐 타운센드, 『의의 불을 밝힌 사람들』, 박사욱 옮김(조이선교회, 1995), 75.

7. William R. Estep, *Renaissance & Reformation*(Grand Rapids: Eerdmans, 1986), 149.

8. 폴 스티븐스, 마이클 그린, 『그분의 말씀 우리의 삶이 되어』, 윤종석 옮김(복 있는 사람, 2006), 143.

9. John Roth, "Roth's Critique", Stephen T. Davis, ed, *Encountering Evil: Live Options in Theodicy*(Atlanta: John Knox Press, 1981), 92.

10. 스캇 펙,『거짓의 사람들』, 윤종석 옮김(비전과 리더십, 2003), 129.

11. 해롤드 쿠쉬너,『왜 착한 사람에게 나쁜 일이 일어날까?』, 김하범 옮김(도서출판 창, 2000), 66-70.

12. 김기현,『공격적 책읽기』(SFC, 2004), 152.

13. 구스타보 구티에레즈,『욥기: 무고한 자의 고난과 하느님의 말씀』, 제3세계 신학연구소 번역실 옮김(나눔사, 1989), 47.

14. 유진 피터슨,『주와 함께 달려가리이다』, 123.

15. 루이스 스미디스,『용서의 미학: 어떻게 용서해야 할지 모를 때』, 이여진 옮김(이레서원, 2005), 226-27.

05. 포용하라

1. Ralph L. Smith, *Micah-Malachi*(Word Books, 1984), 93.

2. D. E. 고원,『의인의 고난: 하박국서 연구』, 임태수 옮김(대한기독교출판사, 1979), 14-15.

3. 김희보,『구약 하박국·스바냐 주해』(총신대학출판부, 1987), 13 주1.

4. 리차드 미들턴, 브라이언 왈쉬,『포스트모던 시대의 기독교 세계관』, 김기현, 신광은 옮김(살림, 2007), 175-217.

5. Walter Brueggemann, "A Shape for Old Testament Theology, II: Embrace of Pain", *Catholic Biblical Quarterly* 47, no. 3(1985), 395-415.

6. 폴 투르니에,『고통보다 깊은』, 오수미 옮김(IVP, 2004), 156.

7. 보다 자세한 내용은 이 책의 초판에 실린 글을 모태로 삼아 쓴『자살은 죄인가요?』(죠이선교회출판부, 2010)에서 다루었다.

8. 유호종, '고통에서 벗어나기 위해 자살할 만한가?',『철학과 현실』, 64호(2005년 봄), 142-49.

9. 폴 투르니에,『고통보다 깊은』, 39.

10. 유호종,『고통에게 따지다』(웅진, 2006), 161-173.

11. 서동우, 정상혁, "자살의 실태와 문제점", 한국자살예방협회 편,『자살의 이해와 예방』(학지사, 2007), 74-75.

12. Stanley Hauerwas, *Suffering Presence*(Notre Dame: University of Notre Dame Press, 1986), 168.

13. 스캇 펙,『아직도 가야 할 길』, 신승철, 이종만 옮김(열음사, 2004), 16. (율리시즈, 2011)

14. 폴 투르니에,『고통보다 깊은』, 128.

15. Campbell Morgan, *Voice of Twelve Hebrew Prophets*(Pickering and Inglis, no date), 116;

David Prior, *The Message of Joel, Micah & Habakkuk*, 205에서 재인용.

06. 내 탓이다, 내 탓이다

1. C. S. 루이스, 『헤아려 본 슬픔』, 강유나 옮김(홍성사, 2004), 22.
2. G. Tom Milazzo, *The Protest And The Silence*(Minneapolis: Fortress Press, 1992), 146.
3. 해롤드 쿠쉬너, 『왜 착한 사람에게 나쁜 일이 일어날까』, 김하범 옮김(도서출판 창, 2000), 96.
4. 유호종, 『고통에게 따지다』(웅진, 2006), 132-133.
5. 이삼열, '고통에 대한 기독교적 해석', 정해창 편, 『악이란 무엇인가』(창, 1992), 317-318.
6. 같은 책, 318-322.
7. Douglas John Hall, *God & Human Suffering: An Exercise in the Theology of the Cross*(Minneapolis: Augsburg Publishing House, 1986), 88-89.
8. Peter Kreeft, *Making Sense Out of Suffering*(Cincinnati, OH: St. Anthony Messenger Press, 1986), 160.
9. 요하네스 브란첸, 『고통이라는 걸림돌』, 배영호 옮김(바오로딸, 1990), 23.
10. 같은 책, 25.
11. 디트리히 본회퍼, 『나를 따르라』, 허혁 옮김(대한기독교서회, 1965), 24. (대한기독교서회, 2010)
12. 해롤드 쿠쉬너, 『왜 착한 사람에게 나쁜 일이 일어날까』, 96.
13. '교회나 절이 없다고 세상이 더 나빠질까', 「한겨레신문」(2006년 11월 1일), 28.
14. 김용옥, 『앙코르와트 월남 가다』, 163-66; 김재일, '병은 마귀 장난이 아니라 죄의 결과다', 「뉴스앤조이」, 108호(2006년 11월 15일) 23에서 재인용.
15. Peter Kreeft, *Making Sense Out of Suffering*, 14.

07. 내가 하겠습니다

1. 존 힉, 『신과 인간 그리고 악의 종교철학적 이해』, 김장생 옮김(열린책들, 2007), 21.
2. Stanley Grenz and others, *Pocket Dictionary of Theological Terms*(Downers Grove Il.: IVP, 1999), 112-113.
3. Terrence W. Tilley, *The Evils of Theodicy*(Washington, D.C.: Georgetown University Press, 1991), 2.
4. 이태하, 『종교적 믿음에 대한 몇 가지 철학적 반성』(책세상, 2000), 53-54.
5. J. L. Mackie, "Evil and Omnipotence", Michael L. Peterson ed, *The Problem of Evil: Selected Readings*(Notre Dame: University of Notre Dame Press, 1998), 89-90.

6. 같은 책, 97-101.

7. C. S. 루이스, 『고통의 문제』, 이종태 옮김(홍성사, 2002), 126.

8. 아우구스티누스, 『고백록』, 선한용 옮김(대한기독교서회, 2003), 7, 12, 18.

9. 존 힉, 『신과 인간 그리고 악의 종교철학적 이해』, 69.

10. 피터 브라운, 『어거스틴: 생애와 사상』, 차종순 옮김(대한예수교장로회총회출판국, 1992), 69-70.

11. 아우구스티누스, 『고백록』, 7권 3장 5절.

12. 존 힉, 『신과 인간 그리고 악의 종교철학적 이해』, 81.

13. John Roth, "A Theodicy of Protest", Stephen T. Davis, ed, *Encountering Evil: Live Options in Theodicy*(Atlanta: John Knox Press, 1981), 11.

14. 리 스트로벨, 『특종! 믿음 사건』, 윤종석 옮김(두란노, 2001), 58.

15. 로날드 사이더, 『이것이 진정한 기독교다』, 김선일 옮김(IVP, 1997), 7-8. 내용 일부를 각색했다.

08. 아프냐? 나도 아프다

1. 엘리 위젤, 『흑야』, 하종열 옮김(가톨릭출판사, 1978).

2. Arthur C. McGill, *Suffering: A Test of Theological Method*(Philadelphia: The Westminster Press, 1982), 64-82.

3. C. S. 루이스, 『순전한 기독교』, 장경철, 이종태 옮김(홍성사, 2001), 239-57.

4. McGill, Suffering, 79.

5. 기다모리 가죠, 『하나님 아픔의 신학』, 박종규 옮김(양서각, 1987), 28.

6. 아브라함 헤셀, 『예언자들』, 이현주 옮김(삼인, 2004), 355.

7. Peter Kreeft, *Making Sense Out of Suffering*(Cincinnati, OH: St. Anthony Messenger Press, 1986), 140.

8. 켈리 제임스 클락 엮음, 『기독교 철학자들의 고백』, 양성만 옮김(살림, 2006), 75.

9. 니콜라스 월터스토프, 『나는 사랑하는 사람을 잃었습니다』, 박혜경 옮김(좋은씨앗, 2003), 137.

10. 김성동, 『만다라 外』(동아출판사, 1995), 40-42.

11. 이그나시오 엘라꾸리아, 『해방과 선교신학』, 고재식 옮김(한국신학연구소, 1986).

12. 존 스토트, 『그리스도의 십자가』, 정옥배 옮김(IVP, 2007), 639-640.

09. 선한 하나님 vs. 악한 현실

1. 표도르 도스토예프스키, 『카라마조프 씨네 형제들』, 이대우 옮김(열린책들, 2007), 423.

2. 같은 책, 437.

3. C. S. 루이스, 『고통의 문제』, 이종태 옮김(홍성사, 2002), 17-21.

4. 프레드릭 뷰크너, 『삐딱한 그리스도인을 위한 통쾌한 희망사전』, 이문원 옮김(복 있는 사람, 2005), 55.

5. Hans Küng, *On Being a Christian* (New York: An Image Book, 1984), 431.

6. 빅터 프랭클, 『죽음의 수용소에서』, 이시형 옮김(청아출판사, 2005), 80-82.

7. C. S. 루이스, 『고통의 문제』, 55-58.

10. '탓'인가, '뜻'인가

1. 옥한흠, 『고통에는 뜻이 있다』(국제제자훈련원, 2007), 11.

2. Stanley Hauerwas, *Suffering Presence*, 26.

3. C. S. 루이스, 『고통의 문제』, 이종태 옮김(홍성사, 2002), 141.

4. 함석헌, 『뜻으로 본 한국역사』(한길사, 1983), 322.

5. 옥한흠, 『고통에는 뜻이 있다』, 11.

6. 알베르 카뮈, 『시지프의 신화』, 이가림 옮김(문예출판사, 1988).

7. 폴 투르니에, 『고통보다 깊은』, 오수미 옮김(IVP, 2004), 52.

8. 같은 책, 73.

9. 제럴드 L. 싯처, 『하나님의 뜻』, 윤종석 옮김(성서유니온선교회, 2004), 186.

10. 디트리히 본회퍼, 『신도의 공동생활』, 문익환 옮김(대한기독교서회, 1964), 32. (대한기독교서회, 2010)

11. 로버트 맥기, 『내 안의 위대한 나』, 홍종락 옮김(두란노, 2005), 101.

12. 스캇 펙, 『거짓의 사람들』, 윤종석 옮김(비전과 리더십, 2003), 95.

13. 프레드릭 뷰크너, 『삐딱한 그리스도인을 위한 통쾌한 희망사전』, 70-71.

14. 김기현, 『가룟 유다 딜레마』(IVP, 2008), 83-90.

15. 리처드 포스터, 『영적 훈련과 성장』, 권달천, 황을호 옮김(생명의 말씀사, 1995), 88-89.

16. 같은 책, 87.

17. 존 스토트, 『로마서 강해』, 정옥배 옮김(IVP, 1996), 323.

11. 오직 의인은 믿음으로

1. 필립 얀시, 『교회, 나의 고민 나의 사랑』, 김동완 옮김(요단, 2000), 10.

2. 빅터 프랭클, 『죽음의 수용소에서』, 이시형 옮김(청아출판사, 2005), 32-33.

3. David Prior, *The Message of Joel, Micah & Habakkuk: Listening to the Voice of God*(Leicester, England: IVP, 1998), 235에서 재인용.

4. 알리스터 맥그래스, 『종교개혁 사상입문』, 박종숙 옮김(성광문화사, 1992), 120-131.

5. 김희보, 『구약 하박국·스바냐 주해』(총신대출판부, 1987), 76.

6. D. E. 고원, 『의인의 고난: 하박국서 연구』, 임태수 옮김(대한기독교출판사, 1979), 56-57.

7. 이형원, '의인은 그 믿음으로 말미암아 살리라', 『그 말씀』, 147호(2001년 9월), 64.

8. 김기현, 김희림, 『그런 하나님을 어떻게 믿어요?』(SFC, 2014).

9. 김회권, 『하나님 나라 신학으로 읽는 사도행전 1』(복 있는 사람, 2007), 35.

10. 조이스 마이어, 『하나님, 도대체 언제입니까?』, 최종훈 옮김(엔크리스토, 2006), 32.

11. David Prior, *The Message of Joel, Micah & Habakkuk*, 228.

12. 마르바 던, 『약할 때 기뻐하라』, 박규태, 정소영 옮김(복 있는 사람, 2007), 29.

13. 헨리 나우웬, 『고독』, 최진영 옮김(성바오로출판사, 1993), 53.

12. 화 있을진저!

1. 유진 피터슨, 『자유』, 김명희 옮김(IVP, 2007), 47에서 재인용.

2. 같은 책, 47-57.

3. 더그 슈미트, 『복수 기도』, 이용복 옮김(규장, 2004), 168.

4. 제럴드 L. 싯처, 『하나님이 기도에 침묵하실 때』, 마영례 옮김(성서유니온선교회, 2005), 102.

5. 에버하르트 베트게, 『디트리히 본회퍼: 신학자-그리스도인-동시대인』, 김순현 옮김(복 있는 사람, 2014), 294.

6. Ralph L. Smith, *Micah-Malachi*, 110.

7. 김희보, 『구약 하박국·스바냐 주해』(총신대출판부, 1987), 90.

8. D. E. 고원, 『의인의 고난: 하박국서 연구』, 임태수 옮김(대한기독교출판사, 1979), 70-72.

9. David Prior, *The Message of Joel, Micah & Habakkuk: Listening to the Voice of God*(Leicester, England: IVP, 1998), 243-44.

10. 버트런드 러셀, 『나는 왜 기독교인이 아닌가』, 송은경 옮김(사회평론, 2005), 34. 또 다른 무신론자인 다니엘 하버도 같은 생각이다. 『지성인을 위한 무신론』, 유원기 옮김(이제이북스, 2002), 141.

11. 러셀과 하비의 무신론에 대한 비판과 기독교가 어떻게 대응해야 하는가에 대해서는 김기현, '무신론자보다 더 위험한 유신론자', 『공격적 책읽기』(SFC, 2004), 199-216을 참조하라.

12. 월터 브루그만, 『시편의 기도』, 김선길 옮김(기독교문서선교회, 2003), 93.

13. 미셸린느 먼디 글, R. W. 앨리 그림, 『화가 나는 건 당연해!』, 노은정 옮김(비룡소, 2003).

14. 더그 슈미트, 『복수 기도』, 212-214.

15. 월터 브루그만, 『시편의 기도』, 94-95.

16. 더그 슈미트, 『복수 기도』, 220.

17. John Wenham, *The Enigma of Evil*(Eagle: Guildford, Surrey, 1994/1974), 173.

18. 김근주, 『특강 예레미야』(IVP, 2013), 128.

13. 어떻게 용서하란 말입니까

1. 월터 윙크, 『사탄의 체제와 예수의 비폭력』, 한성수 옮김(한국기독교연구소, 2009), 401-23.

2. 디트리히 본회퍼, 『신도의 공동생활』, 문익환 옮김(대한기독교서회, 1964), 17. (대한기독교서회, 2010)

3. D. E. 고원, 『의인의 고난: 하박국서 연구』, 임태수 옮김(대한기독교출판사, 1979), 70.

4. 미로슬라브 볼프, 『베풂과 용서』, 김순현 옮김(복 있는 사람, 2008), 205.

5. 같은 책, 1, 4장.

6. 같은 책, 222.

7. 월터 윙크, 『사탄의 체제와 예수의 비폭력』, 407.

8. 「국민일보」 겨자씨 칼럼.

9. 루이스 스미디스, 『용서의 미학: 어떻게 용서해야 할지 모를 때』, 이여진 옮김(이레서원, 2005), 191-96.

10. 같은 책, 137.

11. 루이스 스미디스, 『용서의 기술』, 배웅준 옮김(규장, 2004), 225.

12. R. T. 켄달, 『완전한 용서』, 이숙희 옮김(죠이선교회, 2007), 16 & 55.

13. 루이스 스미디스, 『용서의 기술』, 216-17.

14. 김세윤, 『주기도문 강해』(두란노, 2000), 171.

15. '버지니아 공대에 부는 용서 바람', 「한겨레신문」(2007년 10월 4일), 19.

16. 쟈크 엘룰, 『인간예수』, 박건택 옮김(엠마오, 1993), 14.

17. 필립 얀시, 『놀라운 하나님의 은혜』, 윤종석 옮김(IVP, 1998), 16.

18. R. T. 켄달, 『완전한 용서』, 255.

19. 루이스 스미디스, 『용서의 기술』, 281.

14. 오직 여호와는 성전에 계시니

1. 라인홀드 니버, 『도덕적 인간과 비도덕적 사회』, 남정우 옮김(대한기독교서회, 2003).

2. 존 하워드 요더, 『제자도, 그리스도인의 정치적 책임』, 김기현 옮김(KAP, 2007), 29.

3. David Prior, *The Message of Joel, Micah & Habakkuk: Listening to the Voice of God*(Leicester, England: IVP, 1998), 257.

4. 강성열, 『열방을 향한 공의: 나훔, 하박국, 스바냐 해설서』(땅에 쓰신 글씨, 2003), 78-88.

5. 월터 윙크, 『사탄의 지배체제와 예수의 비폭력』, 한성수 옮김(한국기독교연구소, 2004), 41.

6. 같은 책, 42.

7. 폴 리쾨르, 『악의 상징』, 양명수 옮김(문학과 지성사, 1994), 171-77.

8. 구스타보 구티에레즈, 『해방신학』, 성염 옮김(분도출판사, 1977), 18-33.

9. 루드비히 비트겐슈타인, 『논고』, 이영철 옮김(천지, 1991), 7항. (책세상, 2006)

10. D. E. 고원, 『의인의 고난: 하박국서 연구』, 임태수 옮김(대한기독교출판사, 1979), 90.

11. 에버하르트 부쉬, 『칼 바르트』, 손성현 옮김(복 있는 사람, 2014), 849.

15. 기적을 바랐는데

1. David Prior, *The Message of Joel, Micah & Habakkuk: Listening to the Voice of God*(Leicester, England: IVP, 1998), 264.

2. 브루스 윌킨슨, 『야베스의 기도』, 마영례 옮김(디모데, 2001), 124-26.

3. D. E. 고원, 『의인의 고난: 하박국서 연구』, 임태수 옮김(대한기독교출판사, 1979), 95-99.

4. 이태하, "해제-극단적 회의주의에서 창조적 회의주의로", 데이비드 흄, 『기적에 관하여』, 이태하 옮김(책세상, 2003), 76-123.

5. 이기반, 『히말라야의 눈꽃: 썬다 싱의 생애』(홍성사, 1990); 멜 태리, 『급하고 강한 바람처럼』, 정운교 옮김(임마누엘, 1986).

6. 리처드 헤이스, 『신약의 윤리적 비전』, 유승원 옮김(IVP, 2002), 129-58.

7. J. L. Mackie, "Evil and Omnipotence", Michael L. Peterson ed, *The Problem of Evil: Selected Readings*, 92-97.

8. C. S. 루이스, 『고통의 문제』, 이종태 옮김(홍성사, 2002), 40-42.

9. 같은 책, 43-44.

10. 제럴드 L. 싯처, 『하나님이 기도에 침묵하실 때』, 마영례 옮김(성서유니온선교회, 2005), 107-08.

11. 같은 책, 110.

12. 레이 앤더슨, 『가룟 유다로부터 온 복음』, 진은경 옮김(가리온, 2003), 65-81.

13. 필립 얀시, 『기도』, 최종훈 옮김(청림출판, 2007), 433-34.

14. 스탠리 존스, 『인도의 길을 걷고 있는 예수』, 김상근 옮김(평단문화사, 2005), 291.

15. 같은 책, 292.

16. 오스왈드 챔버스, 『주님은 나의 최고봉』, 노익 옮김(두란노, 2002), 8월 28일.

16. 고통이 고통을 구원한다

1. 피에르 신부, 『하느님 왜?』, 임왕준 옮김(샘터, 2006), 23.

2. 같은 책, 25.

3. 스탠리 존스, 『인도의 길을 걷고 있는 예수』, 김상근 옮김(평단문화사, 2005), 70-75, 129-130.

4. 수전 손택, 『타인의 고통』, 이재원 옮김(이후, 2004).

5. David Prior, *The Message of Joel, Micah & Habakkuk: Listening to the Voice of God*(Leicester, England: IVP, 1998), 264.

6. 위르겐 몰트만, 『오늘 우리에게 그리스도는 누구신가?』, 이신건 옮김(대한기독교서회, 1997), 63-64.

7. 미로슬라브 볼프, 『베풂과 용서』, 김순현 옮김(복 있는 사람, 2008), 222.

8. 쉘던 베너컨, 『잔인한 자비』, 김동완 옮김(복 있는 사람, 2005), 396.

9. 요름 예레미아스, 『하나님의 후회』, 채홍식 옮김(대한기독교서회, 2002), 17.

10. 월터 브루그만, 『시편의 기도』, 김선길 옮김(기독교문서선교회, 2003), 106-107.

11. 요름 예레미아스, 『하나님의 후회』, 40-41.

12. 기다모리 가죠, 『하나님의 아픔의 신학』, 박종규 옮김(양서각, 1987), 3장 '하나님의 본질로서의 아픔'을 참조하라.

13. 리처드 헤이스, 『신약의 윤리적 비전』, 유승원 옮김(IVP, 2002), 277-280.

14. 요한 바오로 2세, 『구원에 이르는 고통』, 정한교 옮김(한국천주교중앙협의회, 1984), 40.

15. 함석헌, 『뜻으로 본 한국역사』, (한길사, 1983), 326.

16. 자세한 내용은 다음의 책을 참조하라. 제임스 H. 콘, 『맬컴 X Vs. 마틴 루터 킹』, 정철수 옮김(갑인공방, 2005), 1-2장.

17. 클레이본 카슨 엮음, 『나에게는 꿈이 있습니다: 마틴 루터 킹 자서전』, 이순희 옮김(바다출판사, 2000), 11.

18. 마틴 루터 킹, 『나에게는 꿈이 있습니다』, 채규철, 김태복 옮김(예찬사, 1989), 53.

19. 마틴 루터 킹, 『사랑의 힘』, 채규철, 서정렬 옮김(예찬사, 1987), 121.

20. 마틴 루터 킹, 『나에게는 꿈이 있습니다』, 45.

21. 빅터 프랭클, 『죽음의 수용소에서』, 이시형 옮김(청아출판사, 2005), 157-58.

22. 정찬, '슬픔의 노래', 『아늑한 길』(문학과 지성사, 1995), 280

23. 헨리 나우웬, 『상처 입은 치유자』, 최원준 옮김(두란노, 1999), 11.

24. 기타모리 가조, 『하나님의 아픔의 신학』, 78.

17. 그날이 오면

1. 빅터 프랭클, 『죽음의 수용소에서』, 이시형 옮김(청아출판사, 2005), 136.
2. 위르겐 몰트만, 『희망의 신학』, 이신건 옮김(대한기독교서회, 2002), 27.
3. D. E. 고원, 『의인의 고난: 하박국서 연구』, 임태수 옮김(대한기독교출판사, 1979), 99.
4. 같은 책, 112.
5. 김희보, 『구약 하박국·스바냐 주해』(총신대출판부, 1987), 125.
6. 스탠리 존스, 『순례자의 노래』, 김순현 옮김(복 있는 사람, 2007), 184.
7. 제럴드 L. 싯처, 『하나님의 뜻』, 윤종석 옮김(성서유니온선교회, 2004), 200.
8. John Hick, "An Irenaean Theodicy", *Encountering Evil: Live Options in Theodicy*(Atlanta: John Knox Press, 1981), 41.
9. 존 힉, 『신과 인간 그리고 악의 종교철학적 이해』, 김장생 옮김(열린책들, 2007), 371.
10. 같은 책, 395.
11. 송명희, 『내가 너를 들어 쓰리라』(기독신문사, 2002), 56.

18. 닫는 말: 여호와는 나의 힘이시라

1. 켈리 제임스 클락 엮음, 『기독교 철학자들의 고백』, 양성만 옮김(살림, 2006), 166.
2. 폴 투르니에, 『고통보다 깊은』, 오수미 옮김(IVP, 2004), 195.
3. 존 힉, 『신과 인간 그리고 악의 종교 철학적 이해』, 김장생 옮김(열린책들, 2007), 344.
4. 마틴 로이드 존스, 『하박국, 시 73편 강해』, 정정숙 옮김(개혁주의신행협회, 1991); 워렌 위어스비, 『어떻게 예배하면서 살 수 있는가?』, 김동원 옮김(나침반, 1985).
5. Peter Kreeft, *Making Sense Out of Suffering*(Cincinnati, OH: St. Anthony Messenger Press, 1986), 50-51.
6. 아우구스티누스, 『고백록』, 선한용 옮김(대한기독교서회, 2003).
7. 김기현, 『내 안의 야곱 DNA』(죠이출판부, 2011), 189-92.
8. 스탠리 존스, 『순례자의 노래』, 김순현 옮김(복 있는 사람, 2007), 30-31.
9. 마이클 카드, 『잃어버린 노래 애가』, 황병구 옮김(죠이선교회, 2007), 32.